《新青年》
LA JEUNESSE
精选

干天全 胡 畔 · 编

北京联合出版公司
Beijing United Publishing Co.,Ltd.

图书在版编目（CIP）数据

《新青年》精选 / 干天全，胡畔编. -- 北京：北京联合出版公司，2023.6（2025.1重印）

ISBN 978-7-5596-6862-2

Ⅰ.①新… Ⅱ.①干…②胡… Ⅲ.①期刊-汇编-中国-民国 Ⅳ.①Z62

中国国家版本馆CIP数据核字(2023)第077223号

《新青年》精选

编　　者：干天全　胡　畔
出 品 人：赵红仕
责任编辑：肖　桓

北京联合出版公司出版
（北京市西城区德外大街83号楼9层　100088）
三河市中晟雅豪印务有限公司　新华书店经销
字数297千字　710毫米×1000毫米　1/16　21.5印张
2023年6月第1版　2025年1月第7次印刷
ISBN 978-7-5596-6862-2
定价：58.00元

版权所有，侵权必究

未经书面许可，不得以任何方式转载、复制、翻印本书部分或全部内容。
本书若有质量问题，请与本公司图书销售中心联系调换。电话：（010）82069336

目 录

前言　　　　　　　　　　　　　　　　　　　　　　　1

言　论 >>>

敬告青年　陈独秀　　　　　　　　　　　　　　　002
驳康有为致总统总理书　陈独秀　　　　　　　　　008
文学革命论　陈独秀　　　　　　　　　　　　　　012
驳康有为《共和平议》　陈独秀　　　　　　　　　015
对于梁巨川先生自杀之感想　陈独秀　　　　　　　033
本志罪案之答辩书　陈独秀　　　　　　　　　　　035
马克思学说　陈独秀　　　　　　　　　　　　　　037
文学改良刍议　胡适　　　　　　　　　　　　　　046
归国杂感　胡适　　　　　　　　　　　　　　　　055
建设的文学革命论　胡适　　　　　　　　　　　　061
贞操问题　胡适　　　　　　　　　　　　　　　　074
青年与老人　李大钊　　　　　　　　　　　　　　082
我的马克思主义观（节选）　李大钊　　　　　　　085
以美育代宗教说　蔡元培　　　　　　　　　　　　092

新教育与旧教育之歧点　蔡元培　096
我之文学改良观　刘半农　099
礼论　吴虞　111
吃人与礼教　吴虞　118
女子问题　陶履恭　122
我之节烈观　鲁迅　127
人的文学　周作人　134
《新青年》之新宣言　瞿秋白　141
列宁与青年　任弼时　146

随感录 >>> 随感录一　陈独秀　156
随感录十七　钱玄同　158
随感录三五　鲁迅　159
随感录三九　鲁迅　161
随感录四三　鲁迅　163
随感录七一　调和论与旧道德　陈独秀　164
随感录七五　新出版物　陈独秀　167
随感录一二一　过渡与造桥　陈独秀　168

白话小说 >>> 狂人日记　鲁迅　170
孔乙己　鲁迅　179
药　鲁迅　183
风波　鲁迅　190
故乡　鲁迅　196
一个贞烈的女孩子　夬庵　204
碎簪记　苏曼殊　207
碎簪记（续前号）　苏曼殊　215

白话新诗

朋友　胡适	222
人力车夫　胡适	223
鸽子　胡适	224
老鸦　胡适	225
新婚杂诗　胡适	226
三溪路上大雪里一个红叶　胡适	229
一颗星儿　胡适	230
乐观　胡适	231
威权　胡适	233
《尝试集》集外诗五篇　胡适	234
梦与诗　胡适	240
平民学校校歌　胡适	242
希望　胡适	243
紫踯躅花之侧　康白情	244
相隔一层纸　刘半农	245
游香山纪事诗　刘半农	246
卖萝卜人　刘半农	248
窗纸　刘半农	250
无聊　刘半农	252
悼曼殊　刘半农	253
小湖　刘半农	255
牧羊儿的悲哀　刘半农	257
地中海　刘半农	259
奶娘　刘半农	261
一个小农家的暮　刘半农	263
鸽子　沈尹默	265
人力车夫　沈尹默	266
月夜　沈尹默	267
雪　沈尹默	268
月　沈尹默	269

耕牛　沈尹默		270
三弦　沈尹默		271
刘三来言子谷死矣　沈尹默		272
生机　沈尹默		273
小妹　沈尹默		274
香山早起作，寄城里的朋友们　沈兼士		275
山中杂诗一　沈兼士		276
山中杂诗二　沈兼士		277
小河　周作人		278
两个扫雪的人　周作人		281
微明　周作人		282
爱与憎　周作人		283
儿歌　周作人		284
病中的诗　周作人		285
山居杂诗　周作人		292

现代话剧 >>>

终身大事（游戏的喜剧）　胡适	296
人力车夫（短剧）　陈绵	306

通信 >>>

通信　胡适　陈独秀	310
通信　程演生　陈独秀	314
通信　钱玄同　陈独秀	315
通信　刘半农　陈独秀	321
通信　张厚载　胡适　钱玄同　刘半农　陈独秀	323
通信　周作人　钱玄同	330

前　言

　　辛亥革命推翻了统治中国几千年的君主专制制度，这是中国有史以来国家政体与制度划时代的一场伟大革命，这场革命建立起了共和政体，但并没有实现民主共和理念。面对根深蒂固的封建传统势力、帝国主义列强的控制和掠夺、窃国者复辟篡权和各地军阀混战，资产阶级和无产阶级的尖锐矛盾，中国并没有从根本上摆脱半封建半殖民地的状态。怎样寻求中国的出路，怎样唤醒中国民众特别是激励青年投身到现实斗争与振兴中华的宏伟事业中去？许多忧国忧民的仁人志士在苦苦求索。《新青年》的出现和所向披靡的发展，无疑在时代暗夜中为苦闷彷徨的青年带去了希望的光亮，进而照亮了更多民众改变命运的前行道路。

　　在任何时代，青年都是国家的未来，青年强，则国家强。《新青年》命名的寓意显而易见。该刊创始人陈独秀在当时认为"救中国、建共和，首先得进行思想革命"，他深知"思想革命"对于青年的重要，在《敬告青年》中对青年提出六点要求：自由的而非奴隶的；进步的而非保守的；进取的而非退隐的；世界的而非锁国的；实利的而非虚文的；科学的而非想象的（1915年9月15日《青年杂志》第一卷第一号）。这些要求鲜明地体现了民主与科学的思想，他希望青年革其奴性追求自由，反对守旧与时俱进，投身时代敢于进取，视野开阔胸怀世界，杜绝空谈讲究实效，放弃幻想相信科学。《敬告青年》是早期《新青年》的纲领性文章，也是新文化运动开始兴起的重要标志，在民主与科学两面大旗下，日益彰显出思想启蒙对掀起新文化运动和促进新民主主义革命的重大作用。

　　《新青年》创刊后，旗帜鲜明地抨击封建伦理道德、保守落后思潮、旧文学和旧教育，向落后保守和反动的意识形态发起猛烈进攻。当顽固反对共和制的康有为复辟论调一出，陈独秀立即针锋相对，尖锐地批判其"别尊卑、重阶级、事天尊君"的孔教思想，正为历代帝王所利用。定孔教为国教，不但违反思想自由之原则，而且违反宗教信仰自由之原则（1916年10月1日，《新青年》第二卷第二号发表《驳康有为致总统总理书》）。对康有为"中国不宜民主共和，而宜虚君共和"的反动主张，陈独秀也断然痛斥，"共和建设之初，所以艰难不易现实，往往复反专制或帝制之理由，乃因社会之惰力，阻碍新法使不易行，非共和本身之罪也……其反动所至，往往视改革以前黑暗尤甚，此亦自然之势也。然此反动时代之黑暗，不久必然消灭，胜利之冠，终加诸改革者之头上"（1918年3月15日，《驳康有为〈共和评议〉》《新青年》第四卷第三号）。这样的战斗姿态和必胜信心，极大地鼓舞着热血青年积极投入时代的改革大潮。胡适对男女不平等的封建意识和法律进行了无情地讽刺与抨击，他在《新青年》上发表《贞操问题》宣称，"我以为贞操是男女双方交互的道德""我绝对反对褒扬贞操的法律"，认为"以近世人道主义的眼光看来，褒扬烈妇烈女杀身殉夫，都是野蛮残忍的法律，这种法律，在今日没有存在的地位"（1918年7月15日，《新青年》第五卷第一号）。鲁迅对于吃人的封建礼教更是深恶痛绝，他以洞穿历史的深邃眼光，在《狂人日记》里写下了"我翻开历史一查，这历史没有年代，歪歪斜斜的每页上都写着'仁义道德'几个字。我横竖睡不着，仔细看了半夜，才从字缝里看出字来，满本都写着两个字是'吃人'！"振聋发聩地呼吁"救救孩子！"他史无前例地深刻揭露了封建专制社会和封建伦理道德"吃人"的本质，表现出彻底反对封建专制社会的战斗精神。吴虞后来也在《新青年》发表《吃人与礼教》（1919年11月《新青年》第六卷第六号），对吃人的礼教进行了抨击。正是由于《新青年》锐志改造社会，坚决反抗不合理的社会制度和腐朽反动的思想文化，受到了各种反动势力的围攻，陈独秀发表《本志罪案之答辩书》以明斗志，"本志同人本来无罪，只因为拥护那德莫克拉（Democracy）和赛因斯（Science）两位先生，便不得不反对孔教，礼法，贞节，旧伦理，旧政治。要拥护那赛先生，便不得不反对旧艺术，旧宗教。我们现在认定只有这两位先进，一切政府的迫压，社会的攻击笑骂，就是断头流血，都不推辞"（1919年1月15日《新青年》第六卷第一号）。这样的战斗宣言，充分体现了《新青年》强烈的时代使命感和无畏的斗争精神。

《新青年》掀起的新文化运动，不仅高高飘扬着民主与科学的战斗旗帜，同时也举起了"文学革命"的旗帜。1917年初，《新青年》先后发表了胡适的《文学改良刍议》和陈独秀的《文学革命论》，吹响了反对旧文学，创造新文学的号角。胡适认为："造中国将来白话文学的人，就是制定标准国语的人。"他和沈尹默、刘半农率先实践白话新诗，并在1918年初出版的第四卷第一期《新青年》发表。为了让文学成为新文化运动思想启蒙的武器，让广大民众更加普遍地接受，《新青年》于1918年5月第四卷第五期杂志全部改为白话，成为全国第一个用白话文宣传新思潮新文学的现代刊物。这期杂志上发表了鲁迅的短篇小说《狂人日记》。他后来的《孔乙己》《药》《风波》《故乡》和陈衡哲的《小雨点》、孙毓筠的《一个贞烈的女孩子》、苏曼殊的《碎簪记》等小说也相继在该刊发表。李大钊、陈独秀、鲁迅、周作人、俞平伯、沈尹默、康白情、沈兼士、汪静之等人陆续在《新青年》上实践白话新诗。受他们的影响，许多青年特别是在校大学生纷纷效法用白话写诗，形成了当时的白话新诗潮。为了创建中国的现代话剧，胡适发表了《终身大事》，成为最早的话剧尝试作品。还有陈绵，也发表了自己的尝试作品。《新青年》还开辟了"随感录"专栏，专门刊登针砭旧思想旧文化的随笔与时评短文。这些最早尝试的现代文学形式，为中国现代文学奠基并开辟了崭新的道路。尤其是鲁迅的那些白话小说，不仅在文学革命和新文化运动中成为最优秀的实绩，在中国当代文学迅速发展的今天，仍然让国人看到它们不减的光芒。

为了引导文学革命和探索新文学的发展方向，《新青年》刊发了不少相关的文章。胡适的《文学改良刍议》主要强调文学的语言形式革命和借鉴西方文学的表现手法。陈独秀的《文学革命论》则是文学革命的战斗檄文，他提出了文学革命的三大主义，既"推倒雕琢的、阿谀的贵族文学，建设平易的、抒情的国民文学；推倒陈腐的、铺张的古典文学，建设新鲜的、立诚的写实文学；推倒迂晦的、艰涩的山林文学，建设明了的、通俗的社会文学。以求革新文学，进而革新政治。"而周作人1918年12月《新青年》的《人的文学》从文学本质的角度提出对新文学的看法，他认为新文学应该提倡就是"人的文学"，应以人道主义为本，个性解放，充分表现"灵肉一致"的人性。李大钊则于1920年1月4日在《星期日周刊》刊登《什么是新文学》发表新的文学观，"我们所要求的文学是为社会写实的文学""是以博爱心为基础的文学""是为文学而创作的文学，不是为文学本身以外的什么东西而创作的文学"。这些不同的主张，对文学革命与五四前后的新文学都产生了广泛的影响，至今仍有它的现实意义。

后期《新青年》的内容和性质有了明显的变化，受俄国十月革命的影响，杂志登载了越来越多宣扬革命的文章，凸显出鲜明的政治倾向。1918年11月，李大钊在《新青年》第五卷第五号上发表了《Bolshevism 的胜利》《庶民的胜利》等文章，直接歌颂了苏联的共产主义和全世界正义力量抗击帝国主义与资本主义的精神。五四运动之后，李大钊在1919年9月负责编辑的第六卷第五号为"马克思主义思想研究专号"。《新青年》开始成为宣传马克思主义的思想阵地。1919年下半年到1921年中国共产党成立之前，《新青年》刊登了大量宣传马克思主义、俄国十月革命、中国工人运动及争取妇女翻身解放的文章，为中国共产党的成立做了理论上比较充分的准备。《新青年》于1923年6月改为季刊，成为纯政治性的中共中央理论性机关刊物。担任主编的瞿秋白在《〈新青年〉之新宣言》的发刊词中指出："真正的解放中国，终究是劳动阶级的事，所以新青年的职志，要予中国劳动平民以知识的武器。新青年乃不得不成为中国无产阶级革命的罗针。"

百年前，《新青年》呼唤着时代的觉醒，它用先进的思想作为罗针寻找改变中国命运的方向，它倡导的民主、科学精神和传播的马克思主义，引领时代的新青年肩负救国复兴的使命，投身到时代的革命洪流之中，和中国广大民众为反帝反封建，追求民主和科学，推进中国文化的现代转型和政治民主化的历史进程做出了巨大的贡献。百年后，中国已屹立于世界之林，成为影响世界的强国，当代的新青年们仍需不忘初心与使命，学习革命前辈的家国情怀，奋力扛起新时代赋予的人生使命，成为乐意为振兴中华努力奋斗和贡献的时代新人。

《新青年》作为中国新文化运动最重要的刊物和现代文化思想最有代表性的历史文献，为我们留下了宝贵的精神财富。为了让《新青年》以天下兴亡为己任的精神得到更好地宣传和弘扬，我们精选了这本《新青年》简本。从陈独秀1915年9月15日创办《青年》杂志，次年9月1日出版第二卷第一号开始改称《新青年》至1926年7月停刊，共出版发行9卷54号，包括的各类文章和文学作品数量太多，内容丰繁，如欲全览，需耗长时。为了方便今天的读者阅读，选编者精选出有代表性的部分论文、随感、诗歌、小说、戏剧汇集成简本，并将其中个别不妥之处予以括注，从而更可概观其风貌特色和思想境界。

干天全　胡畔
2022年5月4日

言 论

敬告青年

陈独秀

　　窃以少年老成，中国称人之语也；年长而勿衰（Keep young while growing old），英、美人相勖之辞也：此亦东西民族涉想不同现象趋异之一端欤？青年如初春，如朝日，如百卉之萌动，如利刃之新发于硎，人生最可宝贵之时期也。青年之于社会，犹新鲜活泼细胞之在人身。新陈代谢，陈腐朽败者无时不在天然淘汰之途，与新鲜活泼者以空间之位置及时间之生命。人身遵新陈代谢之道则健康，陈腐朽败与细胞充塞人身则人身死；社会遵新陈代谢之道则隆盛，陈腐朽败之分子充塞社会则社会亡。

　　准斯以谈，吾国之社会，其隆盛耶？抑将亡耶？非予之所忍言者。彼陈腐朽败之分子，一听其天然之淘汰，惟不愿以如流之岁月，与之说短道长，希冀其脱胎换骨也。予所欲涕泣陈词者，惟属望于新鲜活泼之青年，有以自觉而奋斗耳。

　　自觉者何？自觉其新鲜活泼之价值与责任，而自视不可卑也。奋斗者何？奋其智能，力排陈腐朽败者以去，视之若仇敌，若洪水猛兽，而不可与为邻，而不为其菌毒所传染也。

　　呜呼！吾国之青年，其果能语于此乎？吾见夫青年其年龄，而老年其身体者十之五焉；青年其年龄或身体，而老年其脑神经者十之九焉。华其发，泽其容，直其腰，广其膈，非不俨然青年也；及叩其头脑中所涉想、所怀抱，无一不与彼陈腐朽败者为一丘之貉。其始也未常不新鲜活泼，浸假而为陈腐朽败分子所同化者有之；浸假而畏陈腐朽败分子势力之庞大，瞻顾依回，不敢明目张胆，作顽狠之抗斗者有之。充塞社会之空气，无往而非陈腐朽败焉，求些少之新鲜活泼者，以慰吾人窒息之绝望，亦杳不可得。

循斯现象，于人身则必死，于社会则必亡。欲救此病，非太息咨嗟之所能济，是在一二敏于自觉勇于奋斗之青年，发挥人间固有之智能，抉择人间种种之思想，——孰为新鲜活泼而适于今世之争存，孰为陈腐朽败而不容留置于脑里，——利刃断铁，快刀斩麻，决不作迁就依违之想，自度度人，社会庶几其有清宁之日也。青年乎！其有以此自任者乎？若夫明其非，以供抉择，谨陈六义，幸平心察之。

一、自主的而非奴隶的

等一人也，各有自主之权，绝无奴隶他人之权利，亦绝无以奴自处之义务。奴隶云者，古之昏弱对于强暴之横夺，而失其自由权利者之称也。自人权平等之说兴，奴隶之名，非血气所忍受。世称近世欧洲历史为"解放历史"：破坏君权，求政治之解放也；否认教权，求宗教之解放也；均产说兴，求经济之解放也；女子参政运动，求男权之解放也。

解放云者，脱离夫奴隶之羁绊，以完其自主自由之人格之谓也。我有手足，自谋温饱；我有口舌，自陈好恶；我有心思，自崇所信。绝不认他人之越俎，亦不应主我而奴他人。盖自认为独立自主之人格以上，一切操行，一切权利，一切信仰，唯有听命各自固有之智能，断无盲从隶属他人之理。非然者，忠孝节义，奴隶之道德也〔德国大哲尼采（Nietzsche）别道德为二类：有独立心而勇敢者曰贵族道德（Morality of Noble），谦逊而服从者曰奴隶道德（Morality of Slave）。〕；轻刑薄赋，奴隶之幸福也；称颂功德，奴隶之文章也；拜爵赐第，奴隶之光荣也；丰碑高基，奴隶之纪念物也。以其是非荣辱，听命他人，不以自身为本位，则个人独立之人格，消灭无存，其一切善恶行为，势不能诉之自身意志而课以功过；谓之奴隶，谁曰不宜？立德立功，首当辨此。

二、进步的而非保守的

人生如逆水行舟，不进则退，中国之恒言也。自宇宙之根本大法言之，森罗万象，无日不在演进之途，万无保守现状之理；特以俗见拘牵，谓有二境，此法兰西当代大哲柏格森（H.Borgson）之创造进化论（L'Evolution Creatrice）所以风靡一世也。以人事之进化言之：笃古不变之族，日就衰亡；日新求进之民，方兴未已；存亡之数，可以逆睹。矧在吾国，大梦未觉，故步自封，精之政教文章，粗之布帛水火，无一不相形丑拙，而可与当世争衡？

举凡残民害理之妖言，率能征之故训，而不可谓诬。谬种流传，岂自今始！固有之伦理、法律、学术、礼俗，无一非封建制度之遗，持较晰种之所为，以并世之人，而思想差池，几及千载。尊重廿四朝之历史性，而不作改进之图，则驱吾民于二十世纪之世界以外，纳之奴隶牛马黑暗沟中而已，复何说哉！于此而言保守，诚不知为何项制度文物，可以适用生存于今世。吾宁忍过去国粹之消亡，而不忍现在及将来之民族，不适世界之生存而归消灭也。

呜呼！巴比伦人往矣，其文明尚有何等之效用耶？"皮之不存，毛将焉附？"世界进化，骎骎未有已焉。其不能善变而与之俱进者，将见其不适环境之争存，而退归天然淘汰已耳，保守云乎哉！

三、进取的而非退隐的

当此恶流奔进之时，得一二自好之士，洁身引退，岂非希世懿德；然欲以化民成俗，请于百尺竿头，再进一步。夫生存竞争，势所不免，一息尚存，即无守退安隐之余地。排万难而前行，乃人生之天职。以善意解之，退隐为高人出世之行；以恶意解之，退隐为弱者不适竞争之现象。欧俗以横厉无前为上德，亚洲以闲逸恬淡为美风：东西民族强弱之原因，斯其一矣。此退隐主义之根本缺点也。

若夫吾国之俗，习为萎靡：苟取利禄者，不在论列之数；自好之士，希声隐沦，食粟衣帛，无益于世，世以雅人名士目之，实与游惰无择也。人心秽浊，不以此辈而有所补救，而国民抗往之风，植产之习，于焉以斩。人之生也，应战胜恶社会，而不可为恶社会所征服；应超出恶社会，进冒险苦斗之兵，而不可逃遁恶社会，作退避安闲之想。呜呼！欧罗巴铁骑入汝室矣，将高卧白云何处也？吾愿青年之为孔墨，而不愿其为巢由；吾愿青年之为托尔斯泰与达噶尔（R.Tagore 印度隐遁诗人），不若其为哥伦布与安重根！

四、世界的而非锁国的

并吾国而存立于大地者，大小凡四十余国，强半与吾有通商往来之谊。加之海陆交通，朝夕千里。古之所谓绝国，今视之若在户庭。举凡一国之经济政治状态有所变更，其影响率被于世界，不啻牵一发而动全身也。立国于今之世，其兴废存亡，视其国之内政者半，影响于国外者恒亦半焉。以吾国近事证之：日本勃兴，以促吾革命维新之局；欧洲战起，日本乃有对我之要求。此非其彰彰者耶？投一国于世界潮流之中，笃旧者固速其危亡，善变者反因以竞进。

吾国自通海以来，自悲观者言之，失地偿金，国力索矣；自乐观者言之，倘无甲午、庚子两次之福音，至今犹在八股、垂发时代。居今日而言锁国闭关之策，匪独力所不能，亦且势所不利。万邦并立，动辄相关，无论其国若何富强，亦不能漠视外情，自为风气。各国之制度文物，形式虽不必尽同，但不思驱其国于危亡者，其遵循共同原则之精神，渐趋一致，潮流所及，莫之能违。于此而执特别历史国情之说，以冀抗此潮流，是犹有锁国之精神，而无世界之智识。国民而无世界智识，其国将何以图存于世界之中？《语》云："闭户造车，出门未必合辙。"今之造车者，不但闭户，且欲以周礼考工之制，行之欧美康庄，其患将不止不合辙已也！

五、实利的而非虚文的

自约翰·密尔（J.S.Mill）实利主义唱道于英，孔特（Comte）之实证哲学唱道于法，欧洲社会之制度，人心之思想为之一变。最近德意志科学大兴，物质文明，造乎其极，制度人心，为之再变。举凡政治之所营，教育之所期，文学技术之所风尚，万马奔驰，无不齐集于厚生利用之一途。一切虚文空想之无裨于现实生活者，吐弃殆尽。当代大哲，若德意志之倭根（R.Ecuken），若法兰西之柏格森，虽不以现时物质文明为美备，咸揭橥生活（英文曰Life，德文曰Leben，法文曰Lavie）问题，为立言之的。生活神圣，正以此次战争，血染其鲜明之旗帜。欧人空想虚文之梦，势将觉悟无遗。

夫利用厚生，崇实际而薄虚玄，本吾国初民之俗，而今日之社会制度，人心思想，悉自周、汉两代而来。周礼崇尚虚文，汉则罢黜百家而尊儒重道。名教之所昭垂，人心之所祈向，无一不与社会现实生活背道而驰。倘不改弦而更张之，则国力将莫由昭苏，社会永无宁日。祀天神而拯水旱，诵孝经以退黄巾，人非童昏，知其妄也。物之不切于实用者，虽金玉圭璋，不布粟粪土。若事之无利于个人或社会现实生活者，皆虚文也，诳人之事也。诳人之事，虽祖宗之所遗留，圣贤之所垂教，政府之所提倡，社会之所崇尚，皆一文不值也。

六、科学的而非想象的

科学者何？吾人对于事物之概念，综合客观之现象，诉之主观之理性而不矛盾之谓也。想象者何？既超脱客观之现象，复抛弃主观之理性，凭空构造，有假定而无实证，不可以人间已有之智灵，明其理由，道其法则者也。在昔蒙昧之世，当今浅化之民，有想象而无科学。宗教美文，皆想象时代之产物。近代欧洲之所以优越他族者，科学之兴，其功不在人权说下，若舟车之有两轮焉。今且日新月异，举凡一事之兴，一物之细，罔不诉之科学法则，以定其得失从违。其效将使人间之思想云为，一遵理性，而迷信斩焉，而无知妄作之风息焉。

国人而欲脱蒙昧时代，羞为浅化之民也，则急起直追，当以科学与人权并重。士不知科学，故袭阴阳家符瑞五行之说，惑世诬民，地气风水之谈，乞灵枯骨；农不知科学，故无择种去虫之术；工不知科学，故货弃于地，战斗生事之所需，一一仰给予异国；商不知科学，故惟识罔取近利，未来之胜算，无容心焉；医不知科学，既不解人身之构造，复不事药性之分析，菌毒传染，更无闻焉，惟知附会五行、生克、寒热、阴阳之说，袭古方以投药饵，其术殆与矢人同科。其想象之最神奇者，莫如"气"之一说，其说且通于力士羽流之术。试遍索宇宙间，诚不知此"气"之果为何物也。

凡此无常识之思，惟无理由之信仰，欲根治之，厥维科学。夫以科学说明真理，事事求诸证实，较之想象武断之所为，其步度诚缓，然其步步皆踏实地，不若幻想突飞者之终无寸进也。宇宙间之事理无穷，科学领土内之膏腴待辟者，正自广阔。青年勉乎哉！

（原载《青年杂志》第一卷第一号，一九一五年九月）

驳康有为致总统总理书

陈独秀

　　南海康有为先生,为吾国近代先觉之士,天下所同认。吾辈少时,读八股,讲旧学,每疾视士大夫习欧文谈新学者,以为皆洋奴,名教所不容也。后读康先生及其徒梁任公之文章,始恍然于域外之政教学术,粲然可观,茅塞顿开,觉昨非而今是。吾辈今日得稍有世界知识,其源泉乃康、梁二先生之赐,是二先生维新觉世之功,吾国近代文明史所应大书特书者矣。厥后任公先生且学且教,贡献于国人者不少,而康先生则无闻焉。不谓辛亥以还,且于国人流血而得之共和,痛加诅咒。《不忍》杂志,不啻为筹安会导其先河。天下之敬爱先生者,无不为先生惜之!中国帝制思想,经袁氏之试验,或不至死灰复燃矣。而康先生复于别尊卑、重阶级、事天尊君、历代民贼所利用之孔教,锐意提倡,一若惟恐中国人之"帝制根本思想"或至变弃也者。近且不惜词费,致书黎、段二公,强词夺理,率肤浅无常识,识者皆目笑存之,本无辩驳之价值。然中国人脑筋不清,析理不明,或震其名而惑其说,则为害于社会思想之进步也甚巨,故不能已于言焉。惟是康先生虽自夸,"三周大地,游遍四洲,经三十国,日读外国之书",然实不通外国文,于外国之论理学、宗教史、近代文明史、政治史,所得甚少,欲与之析理辨难,知无济也。曷以明其然哉!原书云:"今万国之人,莫不有教,惟生番野人无教。今中国不拜教主,岂非自认为无教之人乎?则甘认与生番野人等乎?"按台湾生番及内地苗民,迷信其宗教,视文明人尤笃。则人皆有教,生番、野人无教之大前提已误，不拜教主，且仅指不拜孔子，竟谓为无教之人乎？则不拜教主即为无教之小前提又误。大小前提皆误，则中国人无教与生番野人等之断案，诉诸论理学，谓为不误可乎？是盖与孟子"无父无君，是禽兽也"之说，同一谬见。故知其不通论理学也。欧美宗教，由"加特力教"（Catholicism）一变而为"耶稣新教"（Protestantism），再变而为"唯一神教"（Unitarianism），教律宗风，以次替废。"唯一神教"，但奉真神，不信三位一体之说。斥教主灵迹为惑世之诬言，谓教会之仪式为可废，此稍治宗教史者所知也。德之倭根，法之柏格森，皆当今大哲，且信仰宗教者也（倭根对于一切宗教皆信仰，非只基督教已也）。其主张悉类"唯一神教派"，而教主之膜拜，教会之仪式，尤所蔑视。审是西洋宗教，且已由隆而之杀。吾华宗教，本不隆重，况孔教绝无宗教之实质（宗教实质，重在灵魂之救济，出世之宗也。孔子不事鬼，不知死，文行忠信，皆人世之教。所谓性与天道，乃哲学非宗教）。与仪式，是教化之教，非宗教之教。乃强欲平地生波，惑民诬孔，诚吴稚晖先生所谓"凿孔栽须"者矣！君权与教权，以连带之关系同时削夺，为西洋近代文明史上大书特书之事。信教自由，已为近代政治之定则。强迫信教，不独不能行之本国，且不能施诸被征服之属地人民。其反抗最烈，影响最大者，莫如英国之"清教徒"，以不服国教专制之故，不惜移住美洲，叛母国而独立。康先生蔑视佛、道、耶、回之信仰，欲以孔教专利于国中，吾故知其所得于近世文明史、政治史之知识必甚少也。然此种理论，必为康先生所不乐闻，即闻之而不平心研究，则终亦不甚了了。吾今所欲言者，乃就原书中，指陈其不合事实、缺少常识、自相矛盾之言，以告天下，以质之康先生。

康先生电请政府拜孔尊教，南北报纸，无一赞同者。国会主张删除宪法中尊孔条文，内务部取消拜跪礼节，南北报纸，无一反对者，而原书一则曰"当道措施，殊有令国人骇愕者"。再则曰"国务有司所先行，在禁拜圣令，天下骇怪笑骂"。吾知夫骇愕笑骂者，康先生外宁有几人？乌可代表国人，厚诬天下？此不合事实者一也。欧洲"无神论"之哲学，由来已久，多数科学家，皆指斥宗教之虚诞，况教主耶？今德国硕学赫克尔，其代表也。"非宗教"之声，已耸动法兰西全国，即尊教信神之"唯一神教派"，亦于旧时教义教仪，多所吐弃。而原书云："数千年来，无论何人何位，无有敢议废拜教主之礼，黜教主之祀者。"不知何所见而云然？此不合事实者二也。吾国四万万人，佛教信者最众。其具完全宗教仪式者，耶、回二教，遍布国中，数亦匪鲜。而原书云："四万万人民犹在也，而先自弃其教，是谓无教。"又云："今以教主孔子之神圣，必黜绝而力攻之，是导其民于无教也。"以不尊孔即为无教，此不合事实者三也。原书命意设词，胥乏常识。其中最甚者，莫若袭用古人极无常识之套语，曰以《春秋》折狱，曰以"三百五篇"作谏书，曰以《易》通阴阳，曰以《中庸》传心，曰以《孝经》却贼，曰以《大学》治鬼，曰以半部《论语》治天下，吾且欲为补一言，曰以《禹贡》治水，谅为先生所首肯。夫《春秋》之所口诛笔伐者，乱臣贼子也。今有狱于此，首举叛旗，倾覆清室者，即原书所称"缁衣好贤宵旰忧劳"之今大总统，不知先生将何以折之？（辛亥义师起，康先生与其徒徐勤书，称之曰贼、曰叛，当不许以种族之故，废孔教之君臣大义也）所谓以《大学》治鬼者，未审与说部《绿野仙踪》所载齐贡生之伎俩如何？所谓半部《论语》治天下，不识"民可使由之，不可使知之"，"天下有道，则庶人不议"等语，是否在此半部中也？呜呼！先生休矣。先生胫胫以为议院、国务院，无擅议废拜废祀之权，一面又乞灵议院，以"以孔子为大教"，编入宪法，要求政府"明令保守府县学宫及祭田，皆置奉祀官"（以上皆原书语）。夫无权废之，何以有权兴之？然此犹矛盾之小者也。孔教与帝制，有不可离散之因缘。若并此二者而主张之，无论为祸中国与否，其一贯之精神，固足自成一说。不图以曾经通电赞成共和之康先生，一面又推尊孔教。既推尊孔教矣，而原书中又期以"不与民国相抵触者，皆照旧奉行"。主张民国之祀孔，不啻主张专制国之祀华盛顿与卢梭，推尊孔教者而计及抵触民国与否，是乃自取其说而根本毁之耳，此矛盾之最大者也！

吾最后尚有一言以正告康先生曰：吾国非宗教国，吾国人非印度、犹太人，宗教信仰心，由来薄弱。教界伟人不生此土，即勉强杜撰一教宗，设立一教主，亦必无何等威权，何种荣耀。若虑风俗人心之漓薄，又岂干禄作伪之孔教所可救治？古人远矣！近代贤豪，当时耆宿，其感化社会之力，至为强大，吾民之德敝治污，其最大原因，即在耳目头脑中无高尚纯洁之人物为之模范，社会失其中枢，万事循之退化（**法国社会学者孔特，谓人类进化，由其富于模仿性，英雄硕学，乃人类社会之中枢，资其模仿者也**）。若康先生者，吾国之耆宿，社会之中枢也。但务端正其心，廉洁其行，以为小子后生之模范，则裨益于风俗人心者，至大且捷，不必远道乞灵于孔教也。

（原载《新青年》第二卷第二号，一九一六年十月）

>>>

文学革命论

陈独秀

今日庄严灿烂之欧洲，何自而来乎？曰，革命之赐也。欧语所谓革命者，为革故更新之义，与中土所谓朝代鼎革，绝不相类。故自文艺复兴以来，政治界有革命，宗教界亦有革命，伦理道德亦有革命，文学艺术，亦莫不有革命，莫不因革命而新兴而进化。近代欧洲文明史，宜可谓之革命史。故曰，今日庄严灿烂之欧洲，乃革命之赐也。

吾苟偷庸懦之国民，畏革命如蛇蝎。故政治界虽经三次革命，而黑暗未尝稍减。其原因之小部分，则为三次革命，皆虎头蛇尾，未能充分以鲜血洗净旧污；其大部分，则为盘踞吾人精神界根深蒂固之伦理道德、文学、艺术诸端，莫不黑幕层张，垢污深积，并此虎头蛇尾之革命而未有焉。此单独政治革命所以于吾之社会，不生若何变化，不收若何效果也。推其总因，乃在吾人疾视革命，不知其为开发文明之利器故。

孔教问题，方喧呶于国中，此伦理道德革命之先声也。文学革命之气运，酝酿已非一日，其首举义旗之急先锋，则为吾友胡适。余甘冒全国学究之敌，高张"文学革命军"大旗，以为吾友之声援。旗上大书特书吾革命军三大主义：曰，推倒雕琢的、阿谀的贵族文学，建设平易的、抒情的国民文学；曰，推倒陈腐的、铺张的古典文学，建设新鲜的、立诚的写实文学；曰，推倒迂晦的、艰涩的山林文学，建设明了的、通俗的社会文学。

《国风》多里巷猥辞，《楚辞》盛用土语方物，非不斐然可观。承其流者，两汉赋家，颂声大作，雕琢阿谀，词多而意寡，此贵族之文、古典之文之始作俑也。魏、晋以下之五言，抒情写事，一变前代板滞堆砌之风，在当时可谓为文学一大革命，即文学一大进化。然希托高古，言简意晦，社会现象，非所取材，是犹贵族之风，未足以语通俗的国民之学也。齐梁以来，风尚对偶，演至有唐，遂成律体。无韵之文，亦尚对偶。《尚书》《周易》以来，即是如此。[古人行文，不但风尚对偶，且多韵语，故骈文家颇主张骈体为中国文章正宗之说（亡友王无生即主张此说之一人）。不知古书传抄不易，韵与对偶，以利传诵而已。后之作者，乌可泥此？]

东晋而后，即细事陈启，亦尚骈丽。演至有唐，遂成骈体。诗之有律，文之有骈，皆发源于南北朝，大成于唐代。更进而为排律，为四六。此等雕琢的、阿谀的、铺张的、空泛的贵族古典文学，极其长技，不过如涂脂抹粉之泥塑美人，以视八股试帖之价值，未必能高几何，可谓为文学之末运矣。韩、柳崛起，一洗前人纤巧堆朵之习，风会所趋，乃南北朝贵族古典文学，变而为宋、元国民通俗文学之过渡时代。韩、柳、元、白，应运而出，为之中枢。俗论谓昌黎文章起八代之衰，虽非确论，然变八代之法、开宋、元之先，自是文界豪杰之士。吾人今日所不满于昌黎者二事：

一曰，文犹师古。虽非典文，然不脱贵族气派，寻其内容，远不若唐代诸小说家之丰富，其结果乃造成一新贵族文学。

二曰，误于"文以载道"之谬见。文学本非为载道而设，而自昌黎以讫曾国藩所谓载道之文，不过抄袭孔孟以来极肤浅、极空泛之门面语而已。余尝谓唐宋八家文之所谓"文以载道"，直与八股家之所谓"代圣贤立言"，同一鼻孔出气。

以此二事推之，昌黎之变古，乃时代使然。于文学史上，其自身并无十分特色可观也。元、明剧本，明、清小说，乃近代文学之粲然可观者。惜为妖魔所厄，未及出胎，竟尔流产。以至今日中国之文学，猥琐陈腐，远不能与欧洲比肩。此妖魔为何？即明之前后七子及八家文派之归、方、刘、姚是也。此十八妖魔辈，尊古蔑今，咬文嚼字，称霸文坛，反使盖代文豪若马东篱、若施耐庵、若曹雪芹诸人之姓名，几不为国人所识。若夫七子之诗，刻意模古，直谓之抄袭可也。归、方、刘、姚之文，或希荣誉墓，或无病而呻，满纸之乎者也矣焉哉。每有长篇大作，摇头摆尾，说来说去，不知道说些什么。此等文学，作者既非创造才，胸中又无物，其伎俩惟在仿古欺人，直无一字有存在之价值。虽著作等身，与其时之社会文明进化无丝毫关系。

今日吾国文学，悉承前代之敝。所谓"桐城派"者，八家与八股之混合体也；所谓"骈体文"者，思绮堂与随园之四六也；所谓"西江派"者，山谷之偶像也。求夫目无古人、赤裸裸地抒情写世，所谓代表时代之文豪者，不独全国无其人，而且举世无此想。文学之文，既不足观，应用之文，益复怪诞。碑铭墓志，极量称扬，读者决不见信，作者必照例为之。寻常启事，首尾恒有种种谀词。居丧者即华居美食，而哀启必欺人曰"苫块昏迷"。赠医生以匾额，不曰"术迈岐黄"，即曰"著手成春"。穷乡僻壤极小之豆腐店，其春联恒作"生意兴隆通四海，财源茂盛达三江"。此等国民应用之文学之丑陋，皆阿谀的、虚伪的、铺张的贵族古典文学阶之厉耳。

际兹文学革新之时代，凡属贵族文学、古典文学、山林文学，均在排斥之列。以何理由而排斥此三种文学耶？曰：贵族文学，藻饰依他，失独立自尊之气象也；古典文学，铺张堆砌，失抒情写实之旨也；山林文学，深晦艰涩，自以为名山著述，于其群之大多数无所裨益也。其形体则陈陈相因，有肉无骨，有形无神，乃装饰品而非实用品；其内容则目光不越帝王权贵、神仙鬼怪，及其个人之穷通利达。所谓宇宙，所谓人生，所谓社会，举非其构思所及。此三种文学共同之缺点也。此种文学，盖与吾阿谀、夸张、虚伪、迂阔之国民性，互为因果。今欲革新政治，势不得不革新盘踞于运用此政治者精神界之文学。使吾人不张目以观世界社会文学之趋势，及时代之精神，日夜埋头纸堆中，所目注心营者，不越帝王、权贵、鬼怪、神仙与夫个人之穷通利达，以此而求革新文学，革新政治，是缚手足而敌孟贲也。

欧洲文化，受赐于政治科学者固多，受赐于文学者亦不少。予爱卢梭、巴士特之法兰西，予尤爱虞哥、左喇之法兰西；予爱康德、赫克尔之德意志，予尤爱桂特郝、卜特曼之德意志；予爱培根、达尔文之英吉利，予尤爱狄铿士、王尔德之英吉利。吾国文学界豪杰之士，有自负为中国之虞哥、左喇、桂特郝、卜特曼、狄铿士、王尔德者乎？有不顾迂儒之毁誉，明目张胆以与十八妖魔宣战者乎？予愿拖四十二生的大炮，为之前驱。

（原载《新青年》第二卷第六号，一九一七年二月）

驳康有为《共和平议》

陈独秀

一月前，即闻人言康有为近作《共和平议》，文颇冗长可观，当时以不能即获一读为憾。良以此老前后二十年，两次谋窃政权，皆为所援引之武人所摈斥（戊戌变法，见摈于袁世凯；丁巳复辟，见排于张勋），胸中郁抑不平之气，发为文章，必有可观。又以此老颇读旧书，笃信孔教尊君大义，新著中必奋力发挥君主政治之原理，足供吾人研究政治学说之资，虽论旨不同无伤也。乃近从友人求得第九、十两期合本《不忍》杂志读之，见有《共和平议》及与徐太傅书，一言民主共和之害，一言虚君共和之利（前者属于破坏，后者属于建设。不读后者，不明其主论之全旨，故此篇并及之），不禁大失望。《共和平议》凡三卷二万四千余言，多录其旧作及各报言论，杂举时政之失，悉归罪于共和，词繁而义约，不足观也。与徐书，颇指斥专制君主之非，盛称虚君共和之善。且譬言虚君共和之君主，如土木偶神，如衣顶荣身之官衔。一若国家有此土木偶神，有此衣顶荣身之官衔，立可拨乱而反治，转弱而为强，其言之滑稽如此。《共和平议》卷首题言，用《吕览》之例，有破其说者，酬千圆。吾观吕氏书，其自谓不能易一字，固是夸诞，然修词述事，毕竟有可取处。若康氏之《共和平议》虽攻之使身无完肤，亦一文不值。盖其立论肤浅，多自矛盾，实无被攻之价值也。

康氏原作，文繁不及备录，兹今录其篇目，要义可见矣。

导言

求共和，适得其反而得帝制

求共和，适得其反而得专制

求共和，为慕美国适得其反而为墨西哥

求共和若法今制，适得其反而递演争乱，复行专制如法革命之初

民国求共和设政府为保人民和平、安宁、幸福、权利、生命、财产而适得其反，生命、财产、权利、安宁皆不能保，并民意不能达

求共和为自强、自立、自由，一跃为头等国而适得其反，乃得美日协约之保护如高丽，且直设民政如属地，于是求得宣布中国死刑之日

《新闻报》论日美协同宣言曰

代议员绝非民意

号民国而无分毫民影

民国六年未尝开国民大会。所有约法、参议院、国会行政会议、约法会议、宪法，皆如一人或少数武人专制之意而非四万万民意

中国共和根本之误，在约法为十七省都督代表所定而非四万万之民意

民国政府明行专制，必不开国民大会，故中国宪法永不成而无共和之望

中国即成共和之宪法，亦虚文而不能行

中国武人干政，铁道未通，银行听政府盗支，无能监理，与共和成鸿沟绝流，无通至之理

中国武力专制，永无入共和轨道之望，不能专归罪于袁世凯一人

武人只有为君主之翼戴或自为君主，而与民主相反，不相容

中国若行民主，虽有雄杰亦必酿乱而不能救国

中国必行民主则国必分裂

中国若仍行民主始于大分裂，渐成小分裂，终遂灭亡

日本《每日新闻》论中国政局之支离灭裂，蹈俄国波斯突厥之覆辙

以上卷一

此卷各篇之总义：谓今之中国武人专政，国民无力实行共和，徒慕共和之虚名，必致召乱亡国。愚以为立国今世，能存在与否，全属国民程度问题，原与共和君主无关。倘国民程度不克争存，欲以立君而图存，与欲以共和而救亡，乃为同一之谬误。以吾国民程度而言，能否建设民主共和，固属疑问。即以之建设虚君共和制，或立宪君主制，果足胜任而愉快乎？敢问康氏及读者诸君以为如何？无论民主共和，或虚君共和，或君主立宪，只形式略异。而国为公有，不许一人私有。武人专政，则一也，吾国民果能遮禁武人专政，使国为公有，是岂有不能实行民主共和之理。倘曰未能，虽有君主，将何以立宪乎？更将何以虚君共和乎？纷争日久，国力消亡，外患乘之，覆灭是惧，此象共和君主之衰世皆有之，非独见诸共和时代也。不必远征往史，即前清道、咸之间，庚子之乱，取侮召亡，岂非眼前君主时代之事乎？

以上诸问：康氏倘不能解答，其主论之基础完全不能成立。

以下列举其荒谬之想，矛盾之言，以问康氏，以告国人：

康氏全文发端，即盛称共和之美曰："夫以专制之害也，一旦拔而去之，以土地人民为一国之公有，一国之政治，以一国之人民公议之。又举其才者贤者行之，岂非至公之理至善之制哉？"又曰："鄙人昔发明《春秋》太平世无天子之义，《礼运·大同》公天下之制，与夫遥望瑞士美法共和之俗，未尝不慨然神往，想望治平"。后文乃谓："吾国人民，本无民主共和之念。全国士夫，皆无民主共和之学。"又谓："若美法诸国，设代议士而号称民意，而选举之时，皆以金钱酒食买之，不过得一金钱一酒食之权云尔，非出于真知灼见是非好恶之公也，何民意之足云。"是不独其言前后自相矛盾，且对于美法共和而亦加以诅咒，况堕地六年之中华民国乎？康氏诅咒中国之共和，非谓其求共和为慕美法适得其反而诅咒之乎？今并美法之共和而亦诅咒之，

可见中国共和政治，即比隆美法而适得其反，亦不免康氏之诅咒也。以美法之共和，尚为人所诅咒。堕地六年之中华民国，虽为人所诅咒也，庸何伤？康氏须知善恶治乱，皆比较之词。今世共和政治，虽未臻至善极治，较古之君主时代之黑暗政治，岂不远胜乎？（即吾国之共和，虽尚无价值，而杀人夺货之惨酷，岂不愈于三国唐末五代之事乎？）且今世万事，皆日在进化之途，共和亦然。共和本无一定之限度，自废君以至极治之世，皆得谓之共和，虽其间程度不同，而世界政制，趋向此途，日渐进化，可断言也。因其未至，而指摘之，诅咒之，谓为不宜，必欲反乎君政，将共和永无生长发达之期，不亦悖乎？康氏若效张勋、辜鸿铭辈，自根本上绝对排斥共和，斯亦已矣，然明明主张无天子、公天下之义，又盛称共和拨去专制之害矣。复谓今非其时，但强行之，徒以乱国。夫共和果为善制，择善而行，岂有必待来年之理？吾人行善，更不应一遇艰难，即须反而为恶。譬之缠足妇人，初放足时，反觉痛苦不良于行，遂谓天足诚善，今非其时，复缠如旧，将终其生无放足之时矣。又如人露宿寒郊，僵冻欲死，初移温室，不克遽苏，而云仍返寒郊，始能续命乎？其谓共和虽善，此时行之中国而无效，不如仍立君主者，何以异是？

康氏谓："今中国六年来为民主共和之政，行天下为公之道，岂不高美哉！当辛亥以前未得共和也，望之若天上。及辛亥冬居然得之，以为国家敉宁，人民富盛，教化普及，德礼风行，则可追瑞士，媲美、法，可跻于上治，而永为万年有道之长矣，岂非吾人之至望至乐。嗟乎，宁知适传其反耶？"又曰："求共和为自强，自立，自由，一跃而为头等国，而适得其反。"夫民国六年操政权者，皆反对共和政治之人，共和名耳，何以责效，即令执政实行共和，国利民福，岂可因之立致。美、法、瑞士之兴隆，更非六年所可跻及（美法无论矣，即日本之改革，内无阻力，尚辛苦经营数十年，始有今日）；共和虽善，无此神奇。康氏讥国人误视共和为万应丸药，其实国人何尝如是，有之惟康氏自身耳，且其指摘六年以来之弊政，不遗余力。既云宁知适得其反，又云为民主共和之政，行天下为公之道，跌宕为文，固以作态，绳之论理，将焉自诠乎？

求共和适得其反，而得帝制，而得专制，诸共和先进国非无其例，何独以此归罪于吾国之共和耶？共和建设之初，所以艰难不易现实，往往复反专制或帝制之理由，乃因社会之惰力，阻碍新法使不易行，非共和本身之罪也。其阻力最强者，莫如守旧之武人（如中国北洋派军人张勋等）及学者（如中国保皇党人康有为等），其反动所至，往往视改革以前黑暗尤甚，此亦自然之势也。然此反动时代之黑暗，不久必然消灭，胜利之冠，终加诸改革者之头上，此中外古今一切革新历史经过之惯例，不独共和如斯也。平情论事，倘局视反动时代之黑暗，不于阻碍改革者之武人学者是诛，而归罪于谋改革者之酿乱，则天壤间尚有是非曲直之可言乎？此理此事，不必上征往古，取例远西，即以近事言之，戊戌变法，非吾国文明开发之始基乎？当时见阻于守旧之军人（荣禄、袁世凯等）、学者（张之洞、叶德辉等），致召庚子之难，一时复旧，残民之政，远甚于变法以前，平情论事，不于当时守旧党荣袁张叶是诛，而归罪于谋变法者康梁与夫死难六贤之酿乱，则天壤间尚有是非曲直之可言乎？康氏诅咒共和，无所不用其极，乃至以破坏共和者洪宪帝、督军团之所为，亦归罪于共和，休矣康氏，胡不自反！

吾人创业艰难，即一富厚之家，亦非万苦千辛莫致。况共和大业，欲不任极大痛苦，供极大牺牲而得之者，妄也。其痛苦牺牲之度，以国中反对共和之度为正比例。墨西哥及法国革命之初，所以痛苦牺牲剧烈者，正惟狄亚士、拿破仑辈反对共和剧烈之故耳，岂有他哉？中华民国六年之扰乱，亦惟袁氏及其余臭反对共和之故耳，岂有他哉？康氏倘不忍使祖国递演争乱，如墨西哥如法国革命之初，正宜大声疾呼，诏国人以"天下为民公有之义"与夫"《春秋》太平世无天子""《礼运》大同公天下"诸说，使窃国奸雄，知所敛抑。奈何日夜心怀复辟，且著书立说，诅咒共和，明目张胆，排斥民本主义，将以制造无数狄亚士、拿破仑、袁世凯以乱中国哉！

康氏既曰："以土地人民为一国之公有，一国之政，以一国之人民公议之，又举其才者贤者行之，岂非至公之理至善之制哉？"又曰："共和为治，非以民为主耶？考美国宪法，最重之权利法典，为保人民身体之自由及财产之安固，各国同之，美各州宪法，尤重此义，皆首举之。有二十六州，明定之曰：人民皆享受保护其生命自由与天然权利。"又曰："凡自由政府，以人民之权威为基础，政府为谋人民平和安宁幸福及保护财产而设之者，南州路易诗烟拿之宪法，尤深切著明曰：凡政府自人民而起，本人民之意志因人民之幸福而设立，其唯一之目的，在保护人民使享有生命自由财产。此数语乎，真共和国之天经地义矣！"又曰："夫民意乎，岂非民国之主体乎？"又曰："欧美之政体，只争国为公有，而不争君主民主。"又曰："吾三十年前，著大同书，先发明民主共和之义，为中国人最先。"又曰："以数千游学之士，……拾欧美已过之唾余，不中时之陈言，曰自由也，曰共和联邦也，……"又曰："今民国群众所尚，报纸所哗，则新世界之所谓共和，平等，自由，权利，思想，诸名词也。……以风俗所尚，孕育所成，则只有为洪水猛兽布满全国而已。"又曰："鄙人不以民主为然也。"又曰："吾国人醉于民本主义以为万应丸药，无人知其非者！俄、波、突厥亦然，甚矣，醉药之易于杀人也！"忽称自由权利为天经地义，忽又称为洪水猛兽，不中时之陈言。忽而赞美国为公有，凡政府自人民而起，为人民而设之说，忽又指斥为民本主义争国为公有者乃饮药自杀。忽自称为发明民主共和之先觉，忽又自称不以民主为然。是殆国便骋词，任意取舍，遂不觉言之矛盾也。

　　康氏所谓中国不宜民主共和，而宜虚君共和之理由有三：曰武人专政，曰铁道未通，曰银行听政府盗支。按此三者，本国之大患，无论若何国体，若何政制，都不相容，不独限于民主也。民主共和而武人专政，则为狄克推多；虚君共和而武人专政，则为权奸，其义一也。康氏谓："君主国之制，自上及下，故将校得藉君主之威灵而驭下，而后其下懔威而听命焉！民主国之制，自下以及上，故将校藉士卒之力而后其上畏威而听命焉。无世爵之延，以结其不叛之心；无忠义之名，以鼓其报效之气。故不足以收武人之用，而反以成其跋扈之风也。"夫以盛时而言，康氏见德、日军人服从其君主，独不闻法将霞飞，威震邻邦，而俯首听命于国会乎？以衰世而言，汉之莽、卓，唐之藩镇，独非君主时代之事乎？即以近事证之，辛亥之役，即不废帝政，袁世凯握八镇之兵,行操、莽之事,挟天子以令诸侯,视六载伪共和,不更暗无天日乎?(即就康氏自身而论,戊戌亡命所受之痛苦,岂不较今为甚?)再以最近事证之,去年复辟之役,康氏所谓:"复辟可反攻以讨逆,旧君之义可废,何有于法。"可见帝政复兴,亦无以结其不叛之心,鼓其报效之气也。

又康氏与徐东海书云:"惟绍帅专心兵事,其政治大计,皆付托左右,遂至其左右隐操大权,刚愎自用而专断。……先是吾代草诏书,用虚君共和之义,定中华帝国之名,立开国民大会而议宪法。即召集国会而速选举,其他除满、汉,合新旧,免拜跪,免避讳等诏,皆预草数十,以备施行,及见排不用……"呜呼!大权犹未操,已是何等景象!武人秉政而谓能国为公有,虚君言治邪?嗟嗟康氏,幸不为蔡伯喈耳,见排不用,犹未为大辱也。

康氏曰:"凡共和之国,必须道路交通而后民情可达。又必道路交通,而后无恃险阻兵,以酿战事。……今吾国创造铁路,南不能至川滇黔粤、北不能通新疆甘肃陕西,故西南得以负险而称兵,政府亦不能陈兵旅拒之。其初敢抗拒政府者,肇于僻远之云南,渐及负险之四川。"夫道路交通,固立国之要政,何独限于共和耶?岂君主国与夫虚君共和国,道路皆不必交通,民情可不必宣达耶?康氏所理想之虚君共和,不识是何等黑暗景象!西南义师,正以道路修阻,得扑袁帝而保共和。康氏所云,为袁帝鸣不平则可,若引此以为中国不宜共和之证,却正与事实相反。

康氏曰:"凡共和之国,必在财政与国民共之,而政府不能分毫妄支焉,今中国、交通两银行,皆为政府所欲为。国民虽有资本,国民虽有贮金,而政府妄支,以养私人,以行暗杀,以战敌党,而国民不能知其数,更不能监理之,坐听其亏空,停止兑现而已。"按袁皇帝盗国市以行暗杀,以战敌党,以致停止兑现,此正政府不行共和之果,非中国不宜共和之因,倒果为因,殊违论法。而康氏或曰:国民何以不能监督政府,听其妄支妄为,不行共和,此非中国不宜共和之因乎?然则国民若不能监督政府之妄支妄为,即君主国又何以立宪,又何以虚君共和,国为公有乎?

康氏以此三种理由,谓中国不宜民主共和,而宜虚君共和;毋宁谓中国不宜共和，而宜君主专制；毋宁谓中国不宜共和，而宜酋长专制；更毋宁谓其不能存在于今世！良以今世国家，若武人专政，道路不通，国民无力监督政府之妄支妄为，未有不灭亡者也，岂独不能共和哉？

  康氏所指摘民国六年以来之政象，谓为共和所致者，如下：
  袁世凯称帝
  失去外蒙西藏道里物产无算
  各督跋扈狎侮轻玩中央
  无国会，无宪法
  督军团跋扈于前，西南割据于后
  烟酒盐关教育实业之拒派遣
  府院争权
  令长吏授意，举其私人为议员
  增兵至八十师团，兵费至二万万两
  不经国会公决而组内阁，而借外债而宣战
  解散国会，召集参议而废约法
  增外债数万万
  围议院迫议员
  政府妄支国币以养私人，以行暗杀，以战敌党
  中国银行积款八千万已为洪宪盗而称帝
  矫诬民意强迫议员签名布告中外以拥袁帝
  总统总理日日盗取银行
  政费日增，赋敛日重，富者远徙，民生日蹙
  诸将争权，人民生命财产损失无算，生机断绝
  私抽赋税，妄刑无辜，民不堪命
  六年以来无预算决算之表示，民不敢过问
  新税加征，公债强迫

元年京、津之变，损失逾万万

袁世凯月用八十万金，其施之于侦探暗杀五百万金

六年四乱，商务大败，银行停止兑现，纸币低折

袁称帝而川、湘、粤大受蹂躏

开平之煤，招商局之船，汉冶萍之铁厂亦可押于外人

袁世凯善用金钱收买，习而成风

癸丑江、赣、粤、楚之战，死民无数

贤才摧弃，若赵秉钧、宋教仁以暗杀死，谭典虞、汤觉顿无辜被戮

对于蔡锷、曹锟、张敬尧、梁士诒等赏罚错乱

非法之假政府逮捕真国会之二百议员

密订军械借款及凤皇山铁矿合办之约

　　上列政象，有一非反对共和之袁世凯及其爪牙"会议徐州，决行复辟，出名画诺，信誓旦旦之十四省督军"（用康氏与徐东海书中语）之所为乎？此正不能厉行共和之果，而谓为共和所致，且据此以为中国不宜共和之因，倒果为因，何颠倒一至于此！

　　康氏谓民国六年，未尝开国民大会，又谓代议员绝非民意。试问康氏所谓国民大会，乃不用代议制乎？夫国民直接参政，诚属共和之极则，然非分裂至极小之国家，或自由都市，此事如何可期？康氏最恶分裂，又反对代议制，不知有何法以通之？倘谓君主国无论大小，国民大会皆可不用代议制，斯真梦呓矣。此时世界立宪国家，无论君主民主，皆采用代议制者，良非得已。代议员之意，固与国民总意（国民总意，亦只多数而非全体）有间，然不愈于君主一人或权贵少数人之意乎？康氏非难共和，并非难代议制，则世界民主共和君主立宪皆无价值，奈何独指此以为中国不宜共和之征乎？代议制虽非至善之法，然居今日遽舍此而言立宪，直藉口欺人耳，盖国民直接参政之时期尚远，必待此而始可共和，始可立宪。吾不知康氏所主张之虚君共和制，将以何法使吾"四万万人，人人自发其意"乎？"若中国土地之大，人民之多，

万事之赜，若事事待于合议，则意见各殊，运动不灵，大失事机。故瑞士议长之制，国民公决之法，共和至公至平之制也。但中国之大，则难行也"。此非康氏之言乎？夫自知其难行，而执以非难今日之共和，岂非藉口欺人乎？

康氏又谓："中国若行民主，虽有雄杰亦必酿乱，而不能救国。"并引墨西哥之狄亚士为证。康氏不知共和国行政首长不贵有雄杰也。狄亚士之乱墨西哥，正因其自雄杰不循共和轨道之故。康氏游墨诗有云："专制犹存乱岂平。"可谓知言矣。康氏称狄亚士，而惜其"若在中土，虽唐太宗宋太祖明太祖何以加焉，不幸生于墨西哥民主之国，而以专制治。夫以墨积乱三百年，非专制不能为治。然既为民主国而专制即大悖乎共和之法，而大失乎人心矣"。康氏《参政院提议立国之精神议书后》中，亦有相类之论调曰："今墨乱已三百年，而今乱日臻。南美共和廿国，殆皆类是。盖未可行共和而宜专制者，若误行之，祸害必大。"康氏论墨西哥事，既以"非专制不能为治"为前提，又惜狄亚士以共和专制而败，然则舍君主专制，墨固无治法矣。康氏数以墨乱戒中国，且云："中国之广土众民，远过于墨。鉴于去年府院争权，尤非专制不能定乱。"夫既曰："非专制不能为治""宜专制""尤非专制不能定乱"，其心其志，盖已昭然。何国为公有云乎哉！何虚君共和云乎哉！呜呼康氏！一面主张国为公有，讥民国政府"为专制君主之私有其国"，讥"国人不通政学，不知欧、美政体之徒争国为公有，而不争民主君主之虚名"，而一面又主张专制。呜呼康氏！果何以自解？吾知康氏所精通之政学，一言以蔽之曰：借口欺人而已。

民国两年已失蒙、藏、辽地二万里

民国之内乱如麻，川、粤惨剧将演于各省，而国民日危

近者，长沙内变，惠、潮兵争，而宁波又独立，浙江又风起云涌矣。凡此皆由南北争权利为之，而实共和为之也。湘、粤、浙之同胞乎，憾共和可也

曹、王、陈、李四督最后忠告之通电

民国之兵只可自乱

民国之兵费必亡国

民国数年之外债过于清室百年，再增一倍半，即可如埃及之亡国

民国苛敛数倍清室，加之丧乱频仍，致民生凋敝，四海困穷，

民国之官方只同盗妓

民国之贤才必隐沦摧弃

民国高谈法治，而法律赏罚皆颠倒奇谬，甚于野蛮无法

民国之物质扫地同于野蛮

民国之媚外类于尼固黑奴

民国之学术只导昧亡

民国之教化崇尚无良，无耻，无恒，沦于禽兽

民主政府内争者必一切不顾，甘卖国而竞当前之权利，而吾国民听其鬻若南洋之猪仔

凡共和政府必甘心卖国，若近者军器同盟及凤皇山铁矿其一端

李烈钧致南京李督军，武昌王督军，南昌陈督军电

民国之政俗坏乱，人莫不厌之，愤之，忧之，怒之

吾旧论中国行民主必不能出美洲、墨国、印度乱惨分立之轨道，不幸而言中

以上卷二

是卷各篇之总义：乃举所有中国丧权辱国兵争民困一切政治之不良，悉归罪于共和民主。夫共和果为如是不祥之怪物耶？君主政治之下，此等不良之政象，果无一能发生者耶？康氏所举事实，虽不尽诬，使民国字样，悉易以中国，则予固无词以驳之。若其归罪于共和，则共和不受也。若其归罪于伪共和则可，而真共和不受也。真共和而可不经国会许可，与外国订丧失蒙、藏之条约耶？真共和而有"以十五条易帝制"，听外人设警察之事耶？真共和而有谋复帝制，废弃国会，非法内阁，致演川、湘、浙、粤之兵争耶？真

共和而可以国币贿买海陆军，以制造内乱耶？真共和而可不经国会之认可，大借外债，以增军队杀敌党行专制耶？真共和而可任意苛敛浪费，无须国会之预算决算耶？真共和而文官可以妻妾营差，武官则不识字之督军（此等督军，只可与言复辟尊孔）遍国中耶？真共和而贤才隐沦且遭暗杀耶？真共和而有法律无效之事耶？真共和而有空言礼教，不尊重科学，力图物质文明者耶？真共和而容有因内争卖国之政府耶？真共和而可不经国会之认可，而订军器同盟私卖矿山之约耶？凡此康氏所痛恨者，吾人亦痛恨之。正惟痛恨之，乃希望实行真共和始有以救之。若君主专制，则无济也。盖君主专制之国，无法律（专制国之法律，君主得以个人私意兴废之），无民权，无公道，政无由宁，乱无由止，康氏谓中国非专制不能定乱，康氏独不思六朝五代晋室八王及欧洲中世之黑暗，皆帝王专制而非共和耶？

康氏或曰：专制定乱，纵不可必。然非至大同之世，真共和又岂可期。伪共和实为召乱之媒，故不若虚君共和，既去帝王专制之弊，又无以兵争政之忧，不亦善乎？按此亦似辩而实非也。夫自政治原理言之，虚君共和与民主共和，本非异物，施行此制时所需于国民之德之力，均不甚相远，所不同者，惟元首世袭与选举之别耳。康氏论选举制之弊曰："行总统制，则必由专制而复于帝制，人民不服，必复乱。行责任内阁制，则府院不和，必各拥各省督军以内乱。"又曰："美总统之制，仅统内阁之群吏，于各州自治无预也。中国之总统，则统各省之行政。其事权之大，百倍于美总统矣。然中南美之总统也，必以兵争。"又曰："法责任内阁之制，乃鉴于革命八十三年之乱，不敢复行旧总统制也。见英行虚君共和制之安乐也，乃仿行之，以总统为虚君也，岂知英之虚君，世袭而非选举，论门第而不论才能，故不与总理争权，故能行之而安也。"夫总统制与内阁制，各有利弊，本政治学者所苦心讨论之问题，然未闻有以虚君制能解决此难题者。盖虚君制虽不发生总统选举问题，而内阁制之弊依然存在也。内阁而亦世袭耶？则必无此事理。内阁而由君主任命耶？则专制而非虚君矣。内阁而由国会推举耶？则今之英制与法无异。虚君制之内阁，即不与虚君争权，保无以兵争总理之事乎？且保无欺虚君之无权，效操莽之篡窃乎？依人为而言政制，盖无一而可者。若云预防流弊，则采用康氏所深恶痛恨之联邦制，更益以责任内阁，岂不足以防总统之专制乎？兵争总统之事，不当稍杀乎？倘云诸制悉非至善，则舍从康氏"非专制不能定乱"之本怀，固无他法矣。

    中南美廿民国除智利、阿廷根外皆大乱

    俄改民主共和必内乱且分裂，苟不改，渐或致亡

    民主政体可行于小国，不可行于大国

    民主能行于大国，只有一美，然美有特因

    天下古今民主国无强者

    罗马与英皆由民主改君主而后盛强

    吾三十年前著大同书，先发明民主共和之义，为中国人最先

    美国共和之盛而与中国恰相反，无能取法，误慕师之，故致乱

    法国取法美国尚致乱，何况中国相反之极

    中南美洲廿共和国全师美国，尚致乱，何况中国去美之远

    法共和制不良，中国不可行

    葡制与中国不同，不能行

    瑞士制为小国联邦，与中国相反，尤不能行

    吾有自创之共和制立虑不能行

    中国古今无民主，国民不识共和而妄行，故败

以上卷三

    此卷各篇之总义：乃谓民主共和政体，不能造成强大国家，遂不能应国际之竞争。是以行之欧、美，尚利不胜害，况无共和学识与经验之中国乎？

    余第一欲问康氏者，今世强大国家果皆君主乎？君主国果皆强大乎？民主国果无一强大者乎？康氏倘未能用统计形式，确定此大前提，则所谓"民主共和不能造成强大国家"，与此反证"非君主不能造成强大国家"之说，

故当然不能成立。康氏亦尝称美国共和之盛矣,即法兰西可谓非今世强大国家乎?康氏不尝称雅典、罗马共和时代之武功乎?中南美虽曾经专制者之扰害,然今日果皆大乱如康氏所云乎?近世衰乱而亡之国,若波兰,若印度,若缅甸,若安南,若朝鲜,有一非君主国乎?有一可归罪于共和者乎?且何以近世国家行民主共和而灭亡者,反未之闻也?

第二欲问康氏者,即云共和不能造成强大国家。而近世国际竞争场里,除东洋式昏乱之君主专制国外,果非强大国家无一存在者乎?弱小而文明国若荷、比、瑞士人民之幸福,果不及强大而野蛮之俄罗斯人乎?此次欧战之结果,除国民消极的自卫外,积极的侵略的强大国家之观念,保无破坏乎?今日之中国,当以宁政苏民,徐图发展为要务(专制政体之下,政无由宁,民无由苏,民力国势,莫由发展),果有造成强大国家之必要与可能乎?

第三欲问康氏者,欧、美之行共和,果皆利不胜害,不若君主国一一强盛乎?美、法无论矣,瑞士之安乐如何?二十世纪俄罗斯之共和,前途远大,其影响于人类之幸福与文明,将在十八世纪法兰西革命之上,未可以目前政象薄之(此义非短篇所能罄,当专论之)。若论中南美诸共和国,智利,阿根廷,固康氏所称许。他若巴西、秘鲁诸邦之富盛,不远愈于康氏所梦想之大清帝国乎?康氏蔑视南美之谬见,章秋桐君在《甲寅杂志》中已力证其妄,康氏岂未见之耶?一八二五年,美国建革命纪念碑于 Bunker Hill 时,大雄辩家 Daniel Webster 著名之演说中有云:

When the Battle of Bunker Hill was Fought, the Existence of South America was scarcely fit in the civilized world. The Thirteen little colonies of north America habitually called themselves "Continent".Borne down by Colonial subjugation,Monopoly, and bigotry, these vast Regions of the south were hardly Visible above the horizon.But in Our day there has been, as it were, a new creation.The southen hemisphere emerges from the sea.Its lofty mountains begin to lift themselves into the light of heaven;

its broad and fertile plains stretch out, in beauty, to the eye of civilized man, and at the mighty bidding of the voice of political liberty the waters of darkness retire.

Webster 氏谓："此南方广土，蹂躏于殖民者屈服垄断顽固之下，不见天日，今始得有一新生命，南半球乃由海底而起。"康氏乃谓为岁岁争乱，视若地狱。又曰："共和国者，共乱国也。"（康氏谓共和国武人争政为共乱国，吾谓君主国武人专政为军主国，军主国有不终归大乱，不可救治者乎？）呜呼康氏，诅咒共和，至于斯极。倘有好事者译以告欧、美人，当大怪笑至陋极臭之豚尾奴，何以狂妄糊涂如此！

第四欲问康氏者，共和若必由有经验而成，则终古无经验，将终古无成理矣。且最初之经验，又何所托始乎？若不信古无而今有，则古无康有为，何今无经验而竟有之？康有为又未尝为《不忍》杂志，何今竟有之？《不忍》杂志前无《共和平议》一文，何今竟有之？康氏须知自盘古开辟，以至康有为撰《不忍》杂志，其间人事万端，无一非古无而今有也，何独于共和而疑之乎？康氏尝述春秋太平世无天子之义，《礼运·大同》公天下之制，又谓《易赞》群龙无首为政治之极轨，又称周召共和，又自称先发民主共和之义为中国人最先，又曰："共和民主国，岂待外求于欧、美哉？吾粤之乡治，久实行之。吾中国地大而治疏，上虽有君主之专制，而乡民实行自由共和。"又曰："九江乡绅多，无尤强大者，故无争，能守法，此与雅典略同，真吾国共和之模范也，何必欧、美？其不能穷极其治乐者，则以统于大国之下，无外交，无国史，故不煜耀耳。"今奈何忽一笔抹杀，谓"吾国人民，本无民主共和之念；全国士夫，皆无民主共和之学"。又谓："中国古今无民主，国民不识共和。"又谓："共和为中国数千年未尝试验之物。"嗟嗟康氏！任意骋词，大有六经皆我注脚之概，奈自相矛盾何。

帝制初改共和，照例必经过纷乱时代，此本不足为异。康氏纯以目前现象乱不乱为前提，遂不惜牺牲六年四战以鲜血购来之共和，欲戴清帝，以求定乱。然又云："今上海租界，已是小共和国，于中国共乱亦能不乱，然执政者谁哉，吾滋愧言之。"夫康氏政见，但求不乱耳，何必问执政者为何族，又何必言之滋愧。

卢骚所谓"民主之制宜于二万人国"之说，乃指人民直接参政而言。若用代议制，更益以联邦制，"民主政体可行于小国不可行于大国"之说，已完全不能成立。何以证之，请观美、法。康氏所谓大国不能共和之理曰："小国寡民，易于改良。其最要则不治兵，故无武人，故无武人之干政，即无改君主之事变。"又曰："若国土既大，则靖内对外，不能不待兵力。既用兵，则最强武者遂为国之君主矣。诸强者并立，则必以兵争政矣。"又曰："大国必待兵，待兵则不能禁武人干政，故不能行民主共和也。"夫武人干政，甚至以兵争政，固非共和之道。然以国为公有之虚君共和国家，即不妨武人干政，以兵争政乎？若曰未可，则大国不但不能行民主共和，亦并不能行虚君共和也。民主虚君，既均不能行，则治大国舍从康氏"非专制不能定乱"之本怀，固无他法矣。康氏须知今世国家，无论大小，皆有相当之兵力。倘民权未伸，舆论无力，豪强皆可盗以乱政，此固无择于国之大小君主共和也。若执此以为民主可行于小国不可行于大国之理由，康氏所谓为兵争政乱之南美诸邦，有一大国乎？亦自相矛盾而已。

康氏谓民主能行于大国，只有一挟有天然海界之美，以其四无强邻也。不知近代世界交通便利，宛若比邻；欧人足迹，无所不至；远洋荒岛，皆有主人；民主政治，若不能行之美国而致衰乱，天然海界，乌足以庇之。法兰西属地人口之众，不可谓非大国，岂亦有天然海界，四无强邻耶？

国家制度，犹之私人行为，舍短用长，断无取法一国之事，更无必须地理历史一一相同，然后可以取法之理。乃康氏举中国不同于美者七事，谓为无能取法；谓中国若欲师美，请先掘西藏，印度，波斯，安南，中亚细亚，为一大太平洋；迁西伯利亚之俄罗斯于欧洲，而听其为殖民地；移日本于南美洲，以为大东洋。则四无强邻，高枕而卧，可以学美矣。（一）又必烧中国数千年之历史书传，俾无四千年之风俗以为阻碍。又尽迁四万万人于世界之外，但留三百万之遗种（倘留三百万能一人，不知能师美国否？），以耕食此广土而复归于朴僿。（二）又令于明、清两朝时，先改为十三国殖民地（十二国不知可行否？），设十三议院，及十三总统。然后今乃费尽诸志士才人之心肝口舌，以八年奔走之力说合之。（三）又令英、俄、德、法、日本尽废其铁路，轮船，铁船，飞船，无线电，种种奇技异器。（四）国内又尽去百万之兵，只留警察。若能是，则学英之总统制可也，为联邦制亦可也。（五）然尚须上议院监限其总统之权"。夫必地理历史一一酷肖如此，然后可以取法它国政制，则世界各国，皆应自为风气，未可相师矣，有是理耶？康氏固以英之虚君制教国人者，试问英之地理历史，有一与吾华相同者乎？康氏其有以语我。虚君共和外，康氏复有自创之共和制，自谓："上禀孔子群龙无首之言，外采希腊、罗马、德、瑞、美、法之制，内采唐虞四岳，周召共和之法，合一炉而冶之，调众味而和之，其或可行乎。"其制维何？即于国会外，立元老院为最高机关，各省还公举元老一人，额数二十八，输选七人为常驻办事员，分掌外交、兵事、法律、平政、国教五事，公举议长副议长各一，其议长之制如瑞士。

　　接康氏此制，所谓元老院职掌之五事，皆不越行政范围，与立法事无关涉。所不同于总统府者，惟人数加多，不由国会选举耳。而康氏不曰改总统府为元老院，乃曰于国会外立元老院，诚令人索解不得也。人数加多，且分掌大政，适与内阁各部为骈枝，则院院之争，不将较府院尤烈乎？元老不由国会选举，而由各省区公举。夫公举法固不识如何，在康氏理想，被选举者必为该省区之贤豪无疑。所不解者，此等贤豪，何以不能屈尊于国会或内阁，必别立元老院始许为国宣劳也？近世政制之患，首在立法行政之隔阂耳。康氏此制，匪独不能沟通此二者，且以促进行政纷争之程度，瑞士之制，果如是乎？康氏赞成君主，则主张君主制可也，不必诡曰虚君共和。康氏赞成民主，则主张民主共和可也，不必别立此非驴非马之元老院。盖康氏所谓之元老院制，既非图行政立法之沟通，又不足以言行政部选举制，只为行政部增一促进纷争之赘疣耳。犹不若废去国会内阁，直效希腊贤人会议，罗马元老院及三头政治之为痛快也。吾知康氏之主张虚君共和,意在虚君而不在共和。其自创之共和制,意在元老院而不在共和。康氏脑中,去君主贵族,无以言治,殆犹犬马之舌,习于粪刍,舍此无以为甘美也。

康氏理论之最奇者,莫如"凡共和政府,必甘心卖国"。呜呼,是何言也!谓全世界凡共和政府皆如是耶?不知康氏将何以证实此前提之不误?谓以袁段政府,代表全世界凡共和政府耶?则亦必无此理。

康氏全文之结语曰:"要之一言:民国与中国不并立,民国成则中国败矣,民国存则中国亡矣。"康氏倘易其词曰:"民国与大清帝国或中华帝国不并立,民国成则帝国败,民国存则帝国亡。"则谁得而非之?或云:"民国即亡,而中国犹可存。"此亦不得而非之。以政制虽变更,而国犹存在也。若今后共和不亡,民国俨然存在,不知更指何物为中国,而谓之败谓之亡也?岂非大清帝国或中华帝国,即不可谓为中国乎?康氏其有以语我。

吾文之终。有应忠告康氏之言曰:

一、凡立论必不可自失其立脚点。康氏倘直主张其君主制,理各有当,尚未为大失。今不于根本上反对共和,而于现行制度及目前政象,刻意吹求,是枝叶之见也,是自失其立脚点也。

二、凡立论必不可自相矛盾。他人攻之,犹可曰是非未定也。自相矛盾,是自攻也,论何由立?

今之青年,论事析理,每喜精密,非若往时学究可欺以笼统之词也。康氏倘欲与吾人尚论古今,慎勿老气横秋,漠视余之忠告。

(原载《新青年》第四卷第三号,一九一八年三月)

对于梁巨川先生自杀之感想

陈独秀

梁巨川先生自杀前一个月，留下《敬告世人书》一篇，说明他自杀的宗旨，现在把这书中最紧要的几处录在下方：

吾今竭诚致敬以告世人曰：梁济之死，系殉清朝而死也。

吾因身值清朝之末，故云殉清。其实非以清朝为本位，而以幼年所学为本位。吾国数千年，先圣之诗礼纲常，吾家先祖先父先母之遗传与教训，幼年所闻，以对于世道有责任为主义。此主义深印于吾脑中，即以此主义为本位，故不容不殉。

今人为新说所震，丧失自己权威。自光、宣之末，新说谓敬君恋主为奴性，一般吃俸禄者靡然从之，忘其自己生平主意。苟平心以思，人各有尊信持循之学说。彼新说持自治无须君治之理，推翻专制，屏斥奴性，自是一说。我旧说以忠、孝、节、义范束全国之人心，一切法度纪纲，经数千年圣哲所创垂，岂竟毫无可贵？

今吾国人憧憧往来，虚诈惝恍，除希望侥幸便宜外，无所用心；欲求对于职事以静心真理行之者，渺不可得。此不独为道德之害，即万事可决其无效也。夫所谓万事者，即官吏军兵士农工商，凡百皆是。必万事各各有效，而后国势坚固不摇。此理最显，我愿世界人各各尊重其当行之事。

我为清朝遗臣，故效忠于清，以表示有联锁巩固之情；亦犹民国之人，对于民国职事，各各有联锁巩固之情。此以国性救国势之说也。

梁先生自杀的宗旨，简单说一句，就是想用对清殉节的精神，来提倡中国的纲常名教，救济社会的堕落。他这见解和方法，陶孟和先生已有评论；况且他老先生已死，我们也不必过于辩论是非了。我现在要说的，就是在梁先生见解和方法以外的几种感想：

第一感想，就是梁先生自杀，总算是为救济社会而牺牲自己的生命，在旧历史上真是有数人物。新时代的人物，虽不必学他的自杀方法，也必须有他这样真诚、纯洁的精神，才能救济社会上种种黑暗堕落。

第二感想，就是梁先生主张一致，不像那班圆通派，心里相信纲常礼教，口里却赞成共和；身任民主国的职务，却开口一个纲常，闭口一个礼教，这种人比起梁先生来，在逻辑上犯了矛盾律，在道德上要发生人格问题。

第三感想，就是梁先生自杀，无论是殉清不是，总算以身殉了他的主义。比那把道德、礼教、纲纪、伦常挂在口上的旧官僚，比那把共和、民权、自治、护法写在脸上的新官僚，到底真伪不同。

第四感想，就算梁先生是单纯殉了清朝，我们虽然不赞成，然而他的几根老骨头，比那班满嘴道德、暮楚朝秦、冯道式的元老，要重得几千万倍。

第五感想，就是梁先生《敬告世人书》中，预料一般人对他死后的评论，把鄙人放在大骂之列。不知道梁先生的眼中，主张革新的人，是一种什么浅薄小儿，实在是遗憾千万！

（原载《新青年》第六卷第一号，一九一九年一月）

本志罪案之答辩书

陈独秀

本志经过三年，发行已满三十册；所说的都是极平常的话，社会上却大惊小怪，八面非难，那旧人物是不用说了，就是呱呱叫的青年学生，也把《新青年》看作一种邪说，怪物，离经叛道的异端，非圣无法的叛逆。本志同人，实在是惭愧得很；对于吾国革新的希望，不禁抱了无限悲观。

社会上非难本志的人，约分两种：一是爱护本志的，一是反对本志的。这第一种人对于本志的主张，原有几分赞成，唯看见本志上偶然指斥那世界公认的废物，便不必细说理由，措辞又未装出绅士的腔调，恐怕本志因此在社会上减了信用。像这种反对，本志同人，是应该感谢他们的好意。

这第二种人对于本志的主张，是根本上立在反对的地位了。他们所非难本志的，无非是破坏孔教、破坏礼法、破坏国粹、破坏贞节、破坏旧伦理（忠、孝、节）、破坏旧艺术（中国戏）、破坏旧宗教（鬼神）、破坏旧文学、破坏旧政治（特权人治）这几条罪案。

这几条罪案，本社同人当然直认不讳。但是追本溯源，本志同人本来无罪，只因为拥护那德莫克拉西（Democracy）和赛因斯（Science）两位先生，才犯了这几条滔天的大罪。要拥护那德先生，便不得不反对孔教、礼法、贞节、旧伦理、旧政治。要拥护赛先生，便不得不反对旧艺术、旧宗教。要拥护德先生又要拥护赛先生，便不得不反对国粹和旧文学。大家平心细想，本志除了拥护德、赛两先生之外，还有别项罪案没有呢？若是没有，请你们不用专门非难本志，要有气力有胆量来反对德、赛两先生，才算是好汉，才算是根本的办法。

社会上最反对的，是钱玄同先生废汉文的主张。钱先生是中国文字音韵学的专家，岂不知道语言文字自然进化的道理（我以为只有这一个理由可以反对钱先生）？他只因为自古以来汉文的书籍，几乎每本每页每行，都带着反对德、赛两先生的臭味；又碰着许多老少汉学大家，开口一个国粹，闭口一个古说，不啻声明汉学是德、赛两先生天造地设的对头；他愤极了才发出这种激切的议论。像钱先生这种用石条压驼背的医法，本志同人多半是不大赞成的。但是社会上有一班人，因此怒骂他，讥笑他，却不肯发表意思和他辩驳，这又是什么道理呢？难道你们能断定汉文是永远没有废去的日子吗？

西洋人因为拥护德、赛两先生，闹了多少事，流了多少血，德、赛两先生才渐渐从黑暗中把他们救出，引到光明世界。我们现在认定只有这两位先生，可以救治中国政治上、道德上、学术上、思想上一切的黑暗。若因为拥护这两位先生，一切政府的迫压，社会的攻击笑骂，就是断头流血，都不推辞。

此时正是我们中国用德先生的意思废了君主第八年的开始，所以我要写出本志得罪社会的缘由，布告天下。

（原载《新青年》第六卷第一号，一九一九年一月）

马克思学说

陈独秀

（一）剩余价值

马克思是一个大经济学者，他的学说代表社会主义的经济学和亚当·斯密代表个人主义的经济学一样，在这一点无论赞成马克思或是反对者都应该一致承认。

马克思的经济学说，和以前个人主义的经济学说不同之特点，是在说明剩余价值之如何成立及实现。两千几百页的《资本论》里面所反复说明的，可以说目的就是在说明剩余价值这件事。亚当·斯密也曾说过："在土地未私有资本未集聚的最初状态，劳动者所生产的东西全属劳动者自己所有。"（见《原富》一卷六六页）又说："劳动者自己享有全部生产品的最初状态，土地私有资本集聚之后便不行了。"（见《原富》一卷六四页）这两段明明说土地和资本私有的缘故，劳动者不能得着所做的生产品部分，只得着一部分，那剩余的部分归了何人呢？照马克思的学说，这就叫作剩余价值，是归了资本家的荷包，资本家夺取了劳动者的剩余价值，作为他私有的资本，再生产再掠夺，以次递增，资本是这样集聚起来的，资本制度就是这样发达起来的。话虽这样简单，但是要真实明白剩余价值是什么，以及它是如何成立如何实现和分配的，本是一件很烦难的事，现在不得不略略说明一下。

要明白马克思所说的剩余价值是什么，首先要明白马克思所指的价值是什么，其次要明白马克思所说的劳动价值是什么及劳动价值如何定法。

亚当·斯密以来的经济学者，对于凡物之价格都分为自然价格（Natural Price）、市场价格（Market Price）两种。剩余价值所指的价值，是自然价格所表现的抽象价值，不是市场价格所表现的具体价值，我们千万不可弄错。劳动价值也分两种：（一）劳动力自身之价值，即劳动者每月拿若干工钱把劳动力卖给资本家之价值；（二）劳动生产品之价值，即是劳动者每月做出若干生产品之价值。这两种劳动价值是如何定的呢？照马克思的意思是说，凡两件货物互换，这两件货物一定有什么相同的地方，譬如拿若干布匹换若干面粉，这两样货物形式不同，物理的性质不同，用处不同，它们相同的地方只是都为劳动所作的结果；因此所费劳动相等的货物价值亦相等，用十二小时做成的货物，价值比用六小时做成的货物高一倍。一个茶碗价值二角，一个茶壶价值一元，壶的价值比碗大四倍，是因为做壶所用的劳动比做碗的多四倍，所以马克思说："一切用劳力所制造的商品（就是货物）之价值，乃是由制造时所需社会的劳动分量决定。"（劳动分量，就是劳动时间长短的意思。社会的劳动，是与个别劳动不同的意思；个别劳动有个别勤惰巧拙以及工具精粗的差异，所谓社会的劳动，是指在一定时代的社会状况之下，将这些个别的差异都作为平均程度，因此社会的劳动也叫作平均的劳动）劳动者把劳动卖给资本家，因此劳动力自身也是一种商品，所以马克思说："劳动力这种商品的价值，乃是由培养它所需的劳动分量，也就是制造劳动者及家族生活品所需的劳动分量而定。"马克思所谓制造一切商品所费的劳动分量，乃是兼"生的劳动"（制造该商品时所费的劳动）和"死的劳动"（制造该商品时所用原料工具建筑等以前所费的劳动）二者而言，这也是我们不可忽略的。

马克思的价值及劳动价值公例，略如以上所说，以下再说剩余价值是什么。

剩余价值究竟是什么呢？乃是货物的价值与制造这货物所费的价值（兼生的劳动之价值及死的劳动之价值而言）之差额。例如，费一万元生产一万五千元的货物，在这货物一万五千元的价值中，除去生产这货物所费一万元的价值，所剩余的五千元就是剩余价值。说详细一点，当分为剩余价值之成立及剩余价值之实现和分配二部分，剩余价值是如何成立的呢？照马克思说：剩余价值是在生产过程中成立的，不是在流通过程中成立的，这个意思十分重要，我们也千万不可弄错。此话怎讲？因为马克思所指出的剩余价值，虽然要在流通过程中才能够实际归到资本家的荷包，但是夺取的方法和剩余价值的本质，都不是指流通过程中一件一件产品的卖价，乃是指生产过程中劳动者为资本家所做"剩余劳动"的价值。"剩余劳动"又是什么呢？是因为近代利用机器，制造业的规模一天大似一天，手工的生产品比机器的生产品货色不好价钱又贵，因此手工业一天衰败似一天。于是由手工工业时代变了机器工业时代，由家庭工业时代变了工厂工业时代，由独立生产时代变了共同生产时代，这就叫作"产业革命。"自产业革命以来，所有生产所必需的工具（土地、矿山、房屋、机器、原料等）都为资本家所占有，资本家以外的人，除了将自身的劳动力卖给资本家，便做不成工，便得不着生活费用。资本家给他们多少生活费用（工钱）呢？照马克思的价值公例，一切商品之价值常与制造此商品时所费的劳力相等，劳力（也是一种商品）之价值（工钱）也常与培养这劳力所需的劳动（制造劳动者所必需的生活品之劳动）相等，那么，譬如一个劳动者每日所需的生活品值六小时的劳动分量，照理他每日做工六小时便已产出他生活品的价值，然而资本家往往要劳动者每日做工十二小时，所给工钱只值六小时的生活品，其余六小时，在实际上劳动者未曾得着工钱，是替资本家白做了，这白做的六小时就叫作"剩余劳动"；生产品之全部价值都是劳动者做出来的，而劳动者所得只一部分与六小时劳动价值相等的工钱，其余一部分由六小时剩余劳动而生的价值，就叫作"剩余价值"。

  剩余价值是如何实现和分配的呢？剩余价值虽然成立在生产过程中，但是必须到了流通过程中才能够实现。资本家雇用劳动者产出一定价值的货物，剩余价值的本质及作用固然已经包含在这货物之中；然必待将这货物卖给消费者，把这货物的价值变成市场价格，剩余价值变成货币归到资本家的荷包，这时剩余价值才算实现。譬如，一资本家费价值五成的劳动丁钱，造成价值十成的棉纱，这时剩余价值五成固然已经由剩余劳动五成在生产过程中成立了；然必待将棉纱卖给消费者，将价值十成的货物变成价格十成的货币归到资本家的荷包，那时五成剩余价值才算实现了；这是因为生产者不能将货物直接卖给最后消费者，中间必须经过贩卖者之手，贩卖者须得一定资本及劳力之报酬，于是生产者不得不在价值以下的价格卖出他的货物。譬如用价值五成工钱造成价值十成的棉纱，因为贩卖者之报酬，价值十成的棉纱至多只能卖得价格八成的货币，因此五成剩余价值中，制造棉纱的资本家只能得着三成，其余二成是归了贩卖棉纱的资本家；制造棉纱的资本家若是向其他资本家借过资本，便须拿一部分剩余价值付其他资本家的利息；纱厂地基若是向地主租的，又须拿一部分剩余价值付地租；剩余价值大概是如此分配的，各种资本家分配所余才是制造棉纱的资本家实际得着的剩余价值。所以说：剩余价值是在生产过程中成立的，是在流通过程中实现的。

资本家资本是夺取劳动者剩余价值变成的，剩余价值是剩余劳动之价值变成的；工作时间越长，剩余劳动越多，工钱越少，剩余劳动也越多，出产能力越提高，剩余劳动也越多，所以资本家想扩张剩余价值，天天在那里提高出产能力，天天在那里反对增加工钱反对减少工作时间，拿剩余价值变成货币，又拿货币制造商品增加剩余价值，再拿剩余价值变成货币，如此利上生利，这就叫作"资本主义的生产方法"。资本主义的生产营业的规模一天大过一天，掠夺兼并的规模也一天大过一天，加上交通机关一天便利过一天，殖民地新市场一天扩大过一天，精巧的机器一天增多过一天，大银行大公司便一天发达过一天，从前的小工业都跟随着这些制度之发展，逐渐被大工业吸收了压倒了。这种吸收压倒的结果，便是把全社会的资本聚集在少数人手里，这就叫作"资本集中"。在从前小工业时代，资本不集中，因此产业不能发达，所以资本集中使生产能力增加、产业规模扩大，资本主义的生产方法好过以前的生产方法只在这一点。但是在财产私有制度之下，把全社会的财产大部分集中在少数资本家手里，便自然发生以下各项结果：（一）无财产的佣工渐渐增多；（二）生产能力增加而无产佣工的购买能力不能随之增加，因以造成"生产过剩"的结果，生产过剩又必然造成"市场缩小经济恐慌"和"工人失业"两种结果。合起这几项结果，无产佣工的困苦一天比一天沉重，而他们的人数却一天比一天增多，他们的团结也就一天比一天庞大，这个随着资本集中产业扩张而集中而扩张的无产阶级，必有团结起来，夺取国家政权，用政权没收一切生产工具为国有，毁灭资本主义生产方法之一日。

像以上所说资本主义的生产方法怎样利用机器对手工业起了产业革命，怎样夺取剩余价值集中资本，怎样造成大规模的产业组成，同时便造成了大规模的无产阶级，又怎样造成无产阶级对于资本主义革命之危机，这种种历史上经济制度之必然的变化，在马克思学说里叫作"经济的历史观察"，又叫作"唯物的历史观察"。

（二）唯物史观

马克思的唯物史观学说虽然没有专书，但是他所著的《经济学批评》《共产党宣言》《哲学的贫困》三本书里都曾说明过这项道理。综合上列三书中所说明的唯物史观之要旨有二：

其一，说明人类文化之变动。大意是说：社会生产关系之总和为构成社会经济的基础，法律、政治都建筑在这基础上面。一切制度、文物、时代精神的构造都是跟着经济的构造变化而变化的，经济的构造是跟着生活资料之生产方法变化而变化的。不是人的意识决定人的生活，倒是人的社会生活决定人的意识。

其二，说明社会制度之变动。大意是说：社会的生产力和社会制度有密切的关系，生产力有变动，社会制度也要跟着变动，因为经济的基础（**生产力**）有了变动，在这基础上面的建筑物自然也要或徐或速地革起命来，所以手臼造出了封建诸侯的社会，蒸汽制粉机造出了资本家的社会。一种生产力所造出的社会制度，当初虽然助长生产力发展，后来生产力发展到这社会制度（**法律经济等制度**）不能够容它更发展的程度，那时助长生产力的社会制度反变为生产力之障碍物，这障碍物内部所包含的生产力仍是发展不已，两下冲突起来，结果，旧社会制度崩坏，新的继起，这就是社会革命；新起的社会制度将来到了不能与生产力适合的时候,它的崩坏亦复如是。但是一个社会制度,非到了生产力在其制度内更无发展的余地时,决不会崩坏。新制度之物质的生存条件,在旧制的母胎内未完全成立以前,决不能产生,至少也须在成立过程中才能产生。

马克思社会主义所以称为科学的不是空想的,正因为他能以唯物史观的见解,说明资本家主义的生产方法和资本主义的社会制度所以成立所以发达所以崩坏,都是经济发展之自然结果,是能够在客观上说明必然的因果,不是在主观上主张当然的理想,这是马克思社会主义和别家空想的社会主义不同之要点。

有人以为马克思唯物史观是一种自然进化说,和他的阶级争斗之革命说未免矛盾。其实马克思的革命说乃指经济自然进化的结果,和空想家的革命说不同;马克思的阶级争斗说乃指人类历史进化之自然现象,并非一种超自然的玄想;所以唯物史观说和阶级争斗说不但不矛盾,且可以互相证明。

马克思的好友恩格斯曾述说马克思的意见道:"在历史各时代,必然有它的生产分配之特殊方法,又必然由这种特殊方法造出一种社会制度,那时代的政治和文明之历史,都建设在那个基础上面,依据那个基础说明。所以人类全历史是阶级争斗的历史,即是掠夺阶级和被掠夺阶级,压制阶级和被压制阶级对抗的历史。这些阶级争斗的历史相连相续,构成社会进化之阶级,到了现在又达到一种新阶级,被掠夺被压制的阶级(无产劳动者)要脱离掠夺压制阶级(绅士阀资本家)的权力,将自己解放出来;同时还要将一切掠夺压制和阶级差别阶级争斗完全铲除,永远把社会全体解放出来。"这一段话可以说是把唯物史观说和阶级争斗说打成一片了。

(三)阶级争斗

一八四八年马克思和恩格斯著的《共产党宣言》,是马克思社会主义最重要的书,这书的精髓,正是根据唯物史观来说明阶级争斗的。其中要义有二:

（一）一切过去社会的历史都是阶级争斗的历史

例如，在古代有贵族与平民，自由民与奴隶；在中世纪有封建领主与农奴，行东与佣工；这些压制阶级与被压制阶级，自来都是站在反对的地位，不断的明争暗斗。封建废了，又发生了近代有产者与无产者这两个阶级新的对抗，新的争斗。

（二）阶级之成立和争斗崩坏都是经济发展之必然结果

例如，欧洲在封建时代的工业组织之下，生产事业是由同行组合一手把持的，到了发现了印度、中国等市场和美洲、非洲等殖民地的时候，便不能应付新市场需要的增加了，于是手工工场组织应运而生，各业行东遂被工场制造家所挤倒，接着市场日渐扩大，需要日渐增加，交通机关和交换方法都日渐发展，这时手工工场组织也不能应付了，于是又有蒸汽及大机器出来演成产业革命，从此手工工业又被大规模的近代产业所挤倒，近代的有产阶级便是这样成立的。近代产业建设了世界的市场，有了这些市场，商业、航业、陆路、交通都跟着发达，这些发达又转而促进产业发达，产业、商业、航业、铁路既这样发达，有产阶级也跟着照样发达，资本越多，产业越扩大，将中世纪留下的一切阶级都尽情推倒了，由此可知，近代有产阶级乃是长期发达和生产及交换方法迭次革命的结果。由此可知，有产阶级基础的生产和交换方法，是萌芽在封建社会里面，这种生产和交换方法发展到一定地步，封建社会的生产和交换制度（农业手工封建的制度）便不能和那已经发展的生产力适合，这种制度便成了生产力的障碍物，便必然要崩坏，结局果然崩坏了，封建的制度倒了，自由竞争的制度代之而兴，适合自由竞争的社会及政治制度也就跟着出现，有产阶级的经济及政治权力也就跟着得到了。有产阶级得势以后，造成了极雄大惊人的生产力（像工业、农业、轮船、铁道、电报、运河等），惹起这般大规模生产及交换的社会，将人口财产及生产机关都集中了，建设了许多都市，将乡村人口移到都市，使乡村屈服在都市支配之下，使多数人已脱离了朴素的乡村生活，使野蛮和未开化国屈服于文明国，农业国屈服于工业国，东洋屈服于西洋。但是到了有产阶级的生产力发展到了与有产阶级社会的制度不适合的时候，社会制度就成了社会生产障碍物，有产阶级及有产阶级社会的制度也是必然要崩坏的。崩坏的征兆就是商业上的恐慌，这种恐慌隔了一定期间便反复发生，一回凶过一回，常常震动有产阶级社会的全部。这恐慌发生的缘故，是由于资本主义的生产方法所造成的生产过剩，是由于有产阶级社会的制度过于狭小，不能包容那过于发展的大生产力。有产阶级救济这种恐慌的方法，不外一面开辟新市场，一面尽量剥削旧市场，这只能救济一时，终是朝着更广大更凶猛的恐慌方面走去，如此，有产阶级颠覆封建制度的武器现在却向着有产阶级自身了。有产阶级不但造成了致自己死亡的武器，还培养了一些使用武器的人，这些人就是近代的劳动阶级，也就是无产阶级。

无产阶级是跟着有产阶级照同一比例发达起来的，近代产业发展的结果，一般小资产的小商人小工业家，一方面因为他们的专门技能为新生产方法所压倒，一方面因为他们的小资本为大规模的产业所压倒，都不断地降到无产阶级，可是一方面产业愈加发展，一方面无产阶级不但人数愈加增多，而且渐次集中结成大团体，因为生活不安，对于有产阶级渐次增长阶级抵抗的觉悟，发生争斗，始于罢工，终于革命。有产阶级存在根本的条件，是在资本成立及蓄积；资本的重要条件，是在工钱制度；工钱制度，全靠劳动相互竞争；但有产阶级既已促进了产业进步，便已经使劳动者从竞争的孤立变成协力的团结了，近代产业发达，使有产阶级的生产及占有之基础从根破坏；有产阶级所造成的首先就是自身的坟墓，有产阶级之倾覆及无产阶级之胜利，都是不能免的事。

马克思说明阶级争斗大略如此，我们实在找不出和唯物史观有矛盾的地方。

（四）劳工专政

从前，有产阶级和封建制度争斗时，是掌了政权才真实打倒了封建，才完成了争斗之目的；现在，无产阶级和有产阶级争斗，也必然要掌握政权利用政权来达到争斗之完全目的，这是很明白易解的。所以马克思在《共产党宣言》里说：

"从前一切阶级一旦得了政权，没有不拼命使社会屈从他们的分配方法，巩固他们已得的地位。

"有产阶级发达一步，他们政治上的权力也跟着发达一步。……自他们成为有产阶级后，近代代议制度国家的政权都被他们一手把持。

"劳动阶级第一步事业就是必须握得政权。

"劳动阶级革命，第一步就是使他们跑上权力阶级的地位，也就是民主主义的战胜。既达到第一步，劳动阶级就利用政权渐次夺取资本阶级的一切资本，将一切生产工具集中在国家手里，就是集中在组织为支配阶级的劳动者手里……其初少不得要用强迫手段对付私有财产和资本家的生产方法，才得达到这种目的。

"原来政权这样东西，不过是一个阶级压制一个阶级一种有组织的权力；劳动者和资本家战斗的时候，迫于情势，自己不能不组织一个阶级，而且不能不用革命的手段去占领支配阶级的地位，不得不用权力去破坏旧的生产方法。"

他又在所著《法兰西内乱》里说：

"劳动阶级要想达到自己阶级之目的靠掌握现存的国家是不成功的。"

他又在所著《哥达纲领批判》里说：

"由资本主义的社会移到社会主义社会之中间，必然有一个政治的过渡时期。这政治的过渡时期，就是劳工专政。"

（原载《新青年》第九卷第六号，一九二二年七月）

文学改良刍议

胡适

今之谈文学改良者众矣。记者末学不文，何足以言此？然年来颇于此事再四研思，辅以友朋辩论，其结果所得，颇不无讨论之价值。因综括所怀见解，列为八事，分别言之，以与当世之留意文学改良者一研究之。

吾以为今日而言文学改良，须从八事入手。八事者何？

一曰，须言之有物。

二曰，不摹仿古人。

三曰，须讲求文法。

四曰，不作无病之呻吟。

五曰，务去烂调套语。

六曰，不用典。

七曰，不讲对仗。

八曰，不避俗字俗语。

一曰须言之有物。吾国近世文学之大病，在于言之无物。今人徒知"言之无文，行之不远"，而不知言之无物，又何用文为乎？吾所谓"物"，非古人所谓"文以载道"之说也。吾所谓"物"，约有二事：

（一）情感。《诗序》曰："情动于中而形诸言，言之不足，故嗟叹之；嗟叹之不足，故永歌之；永歌之不足，不知手之舞之、足之蹈之也。"此吾所谓情感也。情感者，文学之灵魂。文学而无情感，如人之无魂，木偶而已，行尸走肉而已（今人所谓"美感"者，亦情感之一也）。

（二）思想。吾所谓"思想"，盖兼见地、识力、理想三者而言之。思想不必皆赖文学而传，而文学以有思想而益贵，思想亦以有文学的价值而益贵也。此庄周之文、渊明老杜之诗、稼轩之词、施耐庵之小说所以复绝千古也。思想之在文学，犹脑筋之在人身。人不能思想，则虽面目姣好，虽能笑啼感觉，亦何足取哉！文学亦犹是耳。

文学无此二物，便如无灵魂、无脑筋之美人，虽有秾丽富厚之外观，抑亦末矣。近世文人沾沾于声调字句之间，既无高远之思想，又无真挚之情感，文学之衰微，此其大因已。此文胜之害，所谓言之无物者是也。欲救此弊，宜以质救之。质者，何？情与思二者而已。

二曰不摹仿古人。文学者，随时代而变迁者也。一时代有一时代之文学：周秦有周秦之文学，汉魏有汉魏之文学，唐宋元明有唐宋元明之文学。此非吾一人之私言，乃文明进化之公理也。即以文论，有《尚书》之文，有先秦诸子之文，有司马迁、班固之文，有韩、柳、欧、苏之文，有语录之文，有施耐庵、曹雪芹之文，此文之进化也。试更以韵文言之，《击壤》之歌，《五子》之歌，一时期也；《三百篇》之诗，一时期也；屈原、荀卿之骚赋，又一时期也；苏、李以下，至于魏晋，又一时期也；江左之诗流为排比，至唐而律诗大成，此又一时期也；老杜、香山之"写实"体诸诗（如杜之《石壕吏》《羌村》，白之《新乐府》）又一时期也。诗至唐而极盛，自此以后，词曲代兴。唐五代及宋初之小令，此词之一时代也；苏、柳（永）、辛、姜之词，又一时代也；至于元之杂剧传奇，则又一时代矣。凡此诸时代，各因时势风会而变，各有其特长。吾辈以历史进化之眼光观之，决不可谓古人文学皆胜于今人也。左氏史公之文奇矣，然施耐庵之《水浒传》视《左传》《史记》，何多让焉？"三都""二京"之赋富矣，然以视唐诗、宋词则糟粕耳。此可见文学因时进化，不能自止。唐人不当作商、周之诗，宋人不当作相如、子云之赋。即令作之，亦必不工，逆天背时，违进化之迹，故不能工也。

既明文学进化之理，然后可言吾所谓"不摹仿古人"之说。今日之中国，当造今日之文学，不必摹仿唐宋，亦不必摹仿周秦也。前见"国会开幕词"有云："于铄国会，遵晦时休。"此在今日而欲为三代以上之文之一证也。更观今之"文学大家"，文则下规姚、曾，上师韩、欧，更上则取法秦、汉、魏、晋，以为六朝以下无文学可言。此皆百步与五十步之别而已，而皆为文学下乘。即令神似古人，亦不过为博物院中添几许"逼真赝鼎"而已。文学云乎哉？昨见陈伯严先生一诗云：

"涛园钞杜句，半岁秃千毫。所得都成泪，相过问奏刀。

万灵噤不下，此老仰弥高。胸腹回滋味，徐看薄命骚。"

此大足代表今日"第一流诗人"摹仿古人之心理也。其病根所在，在于以"半岁秃千毫"之工夫作古人的钞胥奴婢，故有"此老仰弥高"之叹。若能洒脱此种奴性，不作古人的诗，而唯作我自己的诗，则决不致如此失败矣。

吾每谓今日之文学，其足与世界"第一流"文学比较而无愧色者，独有白话小说（*我佛山人、南亭亭长、洪都百炼生三人而已*）一项。此无他故，以此种小说皆不事摹仿古人（*三人皆得力于《儒林外史》《水浒传》《石头记》，然非摹仿之作也*）而唯实写今日社会之情状，故能成真正文学。其他学这个、学那个之诗古文家，皆无文学之价值也。今之有志文学者，宜知所从事矣。

三曰须讲求文法。今之作文作诗者，每不讲求文法之结构。其例至繁，不便举之，尤以作骈文、律诗者为尤甚。夫不讲文法，是谓"不通"，此理至明，无待详论。

四曰不作无病之呻吟。此殊未易言也。今之少年往往作悲观，其取别号则曰"寒灰""无生""死灰"。其作为诗文，则对落日而思暮年，对秋风而思零落，春来则惟恐其速去，花发又惟惧其早谢，此亡国之哀音也。老年人为之犹不可，况少年乎？其流弊所至，遂养成一种暮气，不思奋发有为、服劳报国，但知发牢骚之音、感喟之文。作者将以促其寿年，读者将亦短其志气，此吾所谓无病之呻吟也。国之多患，吾岂不知之。然病国危时，岂痛哭流涕所能收效乎？吾惟愿今之文学家作费舒特（Fichte）、作玛志尼

（Mazzini），而不愿其为贾生、王粲、屈原、谢皋羽也。其不能为贾生、王粲、屈原、谢皋羽而徒为妇人醇酒丧气失意之诗文者，尤卑卑不足道矣。

五曰务去烂调套语。今之学者，胸中记得几个文学的套语，便称诗人。其所为诗文处处是陈言烂调："蹉跎""身世""寥落""飘零""虫沙""寒窗""斜阳""芳草""春闺""愁魂""归梦""鹃啼""孤影""雁字""玉楼""锦字""残更"……之类，累累不绝，最可憎厌。其流弊所至，遂令国中生出许多似是而非、貌似而实非之诗文。今试举一例以证之：

"荧荧夜灯如豆，映幢幢孤影，凌乱无据。翡翠衾寒，鸳鸯瓦冷，禁得秋宵几度。幺弦漫语，早丁字帘前，繁霜飞舞。袅袅余音，片时犹绕柱。"

此词骤观之，觉字字句句皆词也。其实仅一大堆陈套语耳。"翡翠衾""鸳鸯瓦"用之白香山《长恨歌》则可，以其所言乃帝王之衾、之瓦也。"幺弦""丁字帘"皆套语也。此词在美国所作，其夜灯绝不"荧荧如豆"，其居室尤无"柱"可绕也。至于"繁霜飞舞"，则更不成话矣，谁曾见繁霜之"飞舞"耶？

吾所谓务去烂调套语者，别无他法，惟在人人以其耳目所亲见、亲闻、所亲身阅历之事物，一一自己铸词以形容描写之。但求其不失真，但求能达其状物写意之目的，即是功夫。其用烂调套语者，皆懒惰不肯自己铸词状物者也。

六曰不用典。吾所主张八事之中，惟此一条最受友朋攻击，盖以此条最易误会也。吾友江亢虎君来书曰：

"所谓典者，亦有广狭二义。饾饤獭祭，古人早悬为厉禁。若并成语故事而屏之，则非惟文字之品格全失，即文字之作用亦亡……文字最妙之意味，在用字简而含义多，此断非用典不为功。不用典不特不可作诗，并不可写信，且不可演说。来函满纸'旧雨''虚怀''治头治脚''舍本逐末''洪水猛兽''发聋振聩''负弩先驱''心悦诚服''词坛''退避三舍''无病呻吟''滔天''利器''铁证'……皆典也。试尽抉而去之，代以俚语俚字，将成何说话？其用字之繁简，犹其细焉，恐一易他词，虽加倍蓰而含义仍终不能如是恰到好处，奈何？……"

此论极中肯要，今依江君之言，分典为广狭二义，分论之如下：

（一）广义之典非吾所谓典也。广义之典约有五种：

（甲）古人所设譬喻，其取譬之事物，含有普通意义，不以时代而失其效用者，今人亦可用之。如古人言"以子之矛攻子之盾"。今人虽不读书者，亦知用"自相矛盾"之喻，然不可谓为用典也。上文所举例中之"治头治脚""洪水猛兽""发聋振聩"……皆此类也。盖设譬取喻，贵能切当，若能切当，固无古今之别也。若"负弩先驱""退避三舍"之类，在今日已非通行之事物。在文人相与之间，或可用之，然终以不用为上。如言"退避"千里亦可，百里亦可，不必定用"三舍"之典也。

（乙）成语。成语者，合字成辞，别为意义。其习见之句，通行已久，不妨用之。然今日若能另铸"成语"，亦无不可也。"利器""虚怀""舍本逐末"……皆属此类。此非"典"也，乃日用之字耳。

（丙）引史事。引史事与今所论议之事相比较，不可谓为用典也。如老杜诗云"不闻夏殷衰，中自诛褒妲"，此非用典也。近人诗云"所以曹孟德，犹以汉相终"，此亦非用典也。

（丁）引古人作比。此亦非用典也。杜诗云"清新庾开府，俊逸鲍参军"，此乃以古人比今人，非用典也。又云"伯仲之间见伊吕，指挥若定失萧曹"，此亦非用典也。

（戊）引古人之语。此亦非用典也。吾尝有句云："我闻古人言，艰难惟一死。"又云："尝试成功自古无，放翁此语未必是。"此乃引语，非用典也。

以上五种为广义之典，其实非吾所谓典也，若此者可用可不用。

（二）狭义之典，吾所主张不用者也。吾所谓"用典"者，谓文人词客不能自己铸词造句，以写眼前之景、胸中之意，故借用或不全切、或全不切之故事，陈言以代之，以图含混过去，是谓"用典"。上所述广义之典，除戊条外，皆为取譬比方之辞，但以彼喻此，而非以彼代此也。狭义之用典，则全为以典代言。自己不能直言之，故用典以言之耳，此吾所谓用典与非用典之别也。狭义之典亦有工拙之别，其工者偶一用之，未为不可，其拙者则当痛绝之已。

（子）用典之工者。此江君所谓用字简而含义多者也，客中无书不能多举其例，但杂举一二，以实吾言：

东坡所藏"仇池石"，王晋卿以诗借观，意在于夺。东坡不敢不借，先以诗寄之，有句云："欲留嗟赵弱，宁许负秦曲。传观慎勿许，间道归应速。"此用蔺相如返璧之典，何其工切也！

东坡又有"章质夫送酒六壶，书至而酒不达"。诗云："岂意青州六从事，化为乌有一先生。"此虽工已近于纤巧矣。

吾十年前尝有读《十字军英雄记》一诗云："岂有鸠人羊叔子，焉知微服赵主父。十字军真儿戏耳，独此两人可千古。"以两典包尽全书，当时颇沾沾自喜。其实此种诗，尽可不作也。

江亢虎代华侨诔陈英士文有"未悬太白，先坏长城。世无钮霓，乃戕赵卿"四句，余极喜之。所用赵宣子一典，甚工切也。

王国维咏史诗，有"虎狼在堂室，徙戎复何补？神州遂陆沉，百年委榛莽。寄语桓元子，莫罪王夷甫"。此亦可谓使事之工者矣。

上述诸例，皆以典代言。其妙处，终在不失设譬比方之原意，惟为文体所限，故譬喻变而为称代耳。用典之弊，在于使人失其所欲譬喻之原意。若反客为主，使读者迷于使事用典之繁，而转忘其所为设譬之事物，则为拙矣。古人虽作百韵长诗，其所用典不出一二事而已（《北征》与白香山《悟真寺》诗，皆不用一典），今人作长律则非典不能下笔矣。尝见一诗八十四韵，而用典至百余事，宜其不能工也。

（丑）用典之拙者。用典之拙者，大抵皆衰惰之人，不知造词，故以此为躲懒藏拙之计。惟其不能造词，故亦不能用典也，总计拙典亦有数类：

比例泛而不切，可作几种解释，无确定之根据。今取王渔洋《秋柳》一章证之：

"娟娟凉露欲为霜，万缕千条拂玉塘。浦里青荷中妇镜，江干黄竹女儿箱。空怜板渚隋堤水，不见琅琊大道王。若过洛阳风景地，含情重问永丰坊。"

此诗中所用诸典无不可作几样说法者。

僻典使人不解。夫文学所以达意抒情也,若必求人人能读五车之书,然后能通其文,则此种文可不作矣。

刻削古典成语,不合文法。"指兄弟以孔怀,称在位以曾是"(章太炎语),是其例也。今人言"为人作嫁"亦不通。

用典而失其原意。如某君写山高与天接之状,而曰"西接杞天倾"是也。

古事之实有所指,不可移用者,今往乱用作普通事实。如古人灞桥折柳以送行者,本是一种特别土风,阳关、渭城亦皆实有所指。今之懒人不能状别离之情,于是虽身在滇越,亦言灞桥;虽不解阳关、渭城为何物,亦皆言"阳关三叠""渭城离歌"。又如张翰因秋风起而思故乡之莼羹鲈脍,今则虽非吴人,不知莼鲈为何味者,亦皆自称有"莼鲈之思",此则不仅懒不可救,直是自欺欺人耳。

凡此种种,皆文人之下下工夫。一受其毒,便不可救,此吾所以有"不用典"之说也。

七曰不讲对仗。排偶乃人类言语之一种特性,故虽古代文字,如老子、孔子之文,亦间有骈句。如:"道可道,非常道;名可名,非常名。无名天地之始,有名万物之母。故常无,欲以观其妙;常有,欲以观其微。"此三排句也。"食无求饱,居无求安""贫而无谄,富而无骄""尔爱其羊,我爱其礼。"此皆排句也。然此皆近于语言之自然,而无牵强刻削之迹。尤未有定其字之多寡,声之平仄,词之虚实者也。至于后世文学末流,言之无物,乃以文胜;文胜之极,而骈文、律诗兴焉,而长律兴焉。骈文、律诗之中非无佳作,然佳作终鲜。所以然者何,岂不以其束缚人之自由过甚之故耶?(长律之中,上下古今,无一首佳作可言也)。今日而言文学改良,当"先立乎其大者",不当枉废有用之精力于微细纤巧之末,此吾所以有废骈、废律之说也。即不能废此两者,亦但当视为文学末技而已,非讲求之急务也。

今人犹有鄙夷白话小说为文学小道者,不知施耐庵、曹雪芹、吴趼人皆文学正宗,而骈文、律诗乃真小道耳。吾知必有闻此言而却走者矣。

八曰不避俗语俗字。吾惟以施耐庵、曹雪芹、吴趼人为文学正宗，故有"不避俗字俗语"之论也（参看上文第二条下）。盖吾国言文之背驰久矣。自佛书之输入，译者以文言不足以达意，故以浅近之文译之，其体已近白话。其后佛氏讲义、语录尤多用白话为之者，是为语录体之原始。及宋人讲学以白话为语录，此体遂成讲学正体（明人因之）。当是时，白话已久入韵文，观唐宋人白话之诗词可见也。及元时，中国北部已在异族之下三百余年矣（辽、金、元）。此三百年中，中国乃发生一种通俗行远之文学，文则有《水浒传》《西游记》《三国演义》之类，戏曲则尤不可胜计（关汉卿诸人，人各著剧数十种之多。吾国文人著作之富，未有过于此时者也）。以今世眼光观之，则中国文学当以元代为最盛，可传世不朽之作，当以元代为最多，此可无疑也。当是时，中国之文学最近言文合一，白话几成文学的语言矣。使此趋势不受沮遏，则中国几有一"活文学出现"，而但丁、路德之伟业，（欧洲中古时，各国皆有俚语，而以拉丁文为文言，凡著作书籍皆用之，如吾国之以文言著书也。其后意大利有但丁（Dante）诸文豪，始以其国俚语著作。诸国踵兴，国语亦代起。路德（Luthor）创新教，始以德文译《旧约》《新约》，遂开德文学之先。英、法诸国亦复如是。今世通用之英文《新（旧）约》，乃一六一一年译本，距今才三百年耳。故今日欧洲诸国之文学，在当日皆为俚语。迨诸文豪兴，始以"活文学"代拉丁之死文学。有活文学而后有言文合一之国语也）几发生于神州。不意此趋势骤为明代所沮，政府既以八股取士，而当时文人如何李七子之徒，又争以复古为高。于是此千年难遇言文合一之机会，遂中道夭折矣。然以今世历史进化的眼光观之，则白话文学之为中国文学之正宗，又为将来文学必用之利器，可断言也（此"断言"乃自作者言之。赞成此说者，今日未必甚多也）。以此之故，吾主张今日作文作诗，宜采用俗语俗字。与其作用三千年前之死字（如"于铄国会，遵晦时休"之类），不如用二十世纪之活字；与其作不能行远、不能普及之秦汉六朝文字，不如作家喻户晓之《水浒传》《西游记》文字也。

结论：

上述八事，乃吾年来研思此一大问题之结果。远在异国，既无读书之暇晷，又不得就国中先生、长者质疑问难，其所主张容有矫枉过正之处。然此八事皆文学上根本问题，一一有研究之价值，故草成此论，以为海内外留心此问题者作一草案。谓之刍议，犹云未定草也，伏惟国人同志有以匡纠是正之。

余恒谓中国近代文学史，施、曹价值，远在归、姚之上，闻者咸大惊疑。今得胡君之论，窃喜所见不孤。白话文学，将为中国文学之正宗。余亦笃信而渴望之。吾生倘亲见其成，则大幸也。元代文学、美术，本蔚然可观。余所最服膺者为东篱，词隽意远，又复雄富。余尝称为"中国之沙克士比亚"。质之胡君及读者诸君，以为然否？

独秀识

（原载《新青年》第二卷第五号，一九一七年一月）

归国杂感

胡适

我在美国动身的时候,有许多朋友对我道:"密斯忒胡,你和中国别了七个足年了,这七年之中,中国已经革了三次的命,朝代也换了几个了。真个是一日千里的进步。你回去时,恐怕要不认得那七年前的老大帝国了。"我笑着对他们说道:"列位不用替我担忧。我们中国正恐怕进步太快,我们留学生回去要不认得它了。所以它走上几步,又退回几步,它正在那里回头等我们回去认旧相识呢。"

这话并不是戏言,乃是真话。我每每劝人回国时莫存大希望:希望越大,失望越大。所以我自己回国时,并不曾怀什么大希望。果然船到了横滨,便听得张勋复辟的消息。如今在中国已住了四个月了,所见所闻,果然不出我所料。七年没见面的中国还是七年前的老相识!到上海的时候,有一天,有一位朋友拉我到大舞台去看戏。我走进去坐了两点钟,出来的时候,对我的朋友说道:"这个大舞台,真真是中国的一个绝妙的缩本模型。你看这大舞台三个字岂不很新?外面的房屋岂不是洋房?里面的座位和戏台上的布景装潢又岂不是西洋新式?但是做戏的人都不过是赵如泉、沈韵秋、万盏灯、何家声、何金寿这些人。没有一个不是二十年前的旧古董!我十三岁到上海的时候,他们已成了老角色了。如今又隔了十三年了,却还是他们在台上撑场面。这十三年造出来的新角色都到哪里去了呢?你再看那台上做的《举鼎观画》,

那祖先堂上的布景,岂不很完备?只是那小薛蛟拿了那老头儿的书信,就此跨马加鞭,却忘记了台上布的景是一座祖先堂!又看那出《四进士》,台上布景,明明有了门了,那宋士杰却还要做手势去关那没有的门!上公堂时,还要跨那没有的门槛!你看这二十年前的旧古董,在二十世纪的大舞台上做戏,装上了二十世纪的新布景,却偏要做那二十年前的旧手脚!这不是一幅绝妙的中国现势图吗?"

我在上海住了十二天,在内地住了一个月,在北京住了两个月,在路上走了二十天。看了两件大进步的事:第一件是"三炮台"的纸烟,居然行到我们徽州去了;第二件是"扑克"牌居然比麻雀牌还要时髦了。"三炮台"纸烟还不算稀奇,只有那"扑克"牌何以会这样风行呢?有许多老先生向来学A、B、C、D是很不行的,如今打起"扑克"来,也会说"恩德""累死""接客倭彭"了!这些怪不好记的名词,何以会这样容易上口呢?他们学这些名词这样容易,何以学正经的A、B、C、D,又那样蠢呢?我想这里面很有可以研究的道理。新思想行不到徽州,恐怕是因为新思想没有"三炮台"那样中吃罢?A、B、C、D不容易教,恐怕是因为教的人不得其法罢?

我第一次走过四马路,就看见了三部教"扑克"的书。我心想"扑克"的书已有这许多了,那别种有用的书,自然更不少了,所以我就花了一天的工夫,专去调查上海的出版界。我是学哲学的,自然先寻哲学的书。不料这几年来,中国竟可以算得没有出过一部哲学书。找来找去,找到一部《中国哲学史》,内中王阳明占了四大页,《洪范》倒占了八页!还说了些"孔子既受天之命""与天地合德"的话。又看见一部《韩非子精华》,删去了《五蠹》和《显学》两篇,竟成了一部"韩非子糟粕"了。文学书内,只有一部王国维的《宋元戏曲史》是很好的。又看见一家书目上有翻译的莎士比亚剧本,找来一看,原来把会话体的戏剧,都改作了《聊斋志异》体的叙事古文!又看见一部《妇女文学史》,内中苏蕙的回文诗足足占了六十页!又看见《饮冰室丛著》内有《墨学微》一书,我是喜欢看看墨家的书的人,自然心中很高兴。不料抽出来一看,原来是任公先生十四年前的旧作,不曾改了一个字!

此外只有一部《中国外交史》，是我从前很佩服的，如今居然到了三版了。只有这件事可以使人乐观。此外那些新出版的小说，看来看去，实在找不出一部可看的小说。有人对我说，如今最风行的是一部《新华春梦记》，这也可想见中国小说界的程度了。

总而言之，上海的出版界——中国的出版界——这七年来简直没有两三部以上可看的书！不但高等学问的书一部都没有，就是要找一部轮船上火车上消遣的书，也找不出！（后来我寻来寻去，只寻得一部吴稚晖先生的《上下古今谈》，带到芜湖路上去看）我看了这个怪现状，真可以放声大哭。如今的中国人，肚子饿了，还有些施粥的厂把粥给他们吃。只是那些脑子叫饿的人可真没有东西吃了。难道可以把些《九尾龟》《十尾龟》来充饥吗？

中文书籍既是如此，我又去调查现在市上最通行的英文书籍。看来看去，都是些什么莎士比亚的《威尼斯商人》《麦克白传》，阿狄生的《文报选录》，戈司密的《威克斐牧师》，欧文的《见闻杂记》……大概都是些十七世纪、十八世纪的书。内中有几部十九世纪的书，也不过是欧文、狄更斯、司各脱、麦考来几个人的书，都是和现在欧美的新思潮毫无关系的。怪不得我后来问起一位有名的英文教习，竟连 Bernard Shaw 的名字也不曾听见过，不要说 Tchekov 和 Andreyev 了。我想这都是现在一班教会学堂出身的英文教习的罪过。这些英文教习，只会用他们先生教过的课本。他们的先生又只会用他们先生的先生教过的课本。所以现在中国学堂所用的英文书籍，大概都是教会先生的太老师或太太老师们用过的课本！怪不得和现在的思想潮流绝无关系了。

有人说，思想是一件事，文学又是一件事，学英文的人何必要读与现代新思潮有关系的书呢？这话似乎有理，其实不然。我们中国人学英文，和英国、美国的小孩子学英文是两样的。我们学西洋文字，不单是要认得几个洋字，会说几句洋话。我们的目的在于输入西洋的学术思想。所以我以为中国学校教授西洋文字，应该用一种"一箭射双雕"的方法，把"思想"和"文字"同时并教。例如教散文，与其用欧文的《见闻杂记》或阿狄生的《文报选录》，不如用赫胥黎的《进化杂论》。又如教戏曲，与其教莎士比亚的《威尼斯商人》，不如用 Bernard Shaw 的 *Androcles and the Lion*，或是 Galsworthy 的 *Strife* 或 *Justice*。又如教长篇的文字，与其教麦考来的《约翰生行述》，不如教弥尔的《群己权界论》……我写到这里，忽然想起日本东京丸善书店的英文书目。那书目上，凡是英、美两国一年前出版的新书，大概都有。我把这书目和商务书馆与伊文思书馆的书目一比较，我几乎要羞死了。

我回中国所见的怪现状，最普通的是"时间不值钱"，中国人吃了饭没有事做，不是打麻雀，便是打"扑克"。有的人走上茶馆，泡了一碗茶，便是一天了。有的人拿一只鸟儿到处逛逛，也是一天了。更可笑的是朋友去看朋友，一坐下便生了根了，再也不肯走。有事商议，或是有话谈论，倒也罢了，其实并没有可议的事，可语的话。我有一天在一位朋友处有事，忽然来了两位客，是□□馆的人员。我的朋友走出去会客，我因为事没有完，便在他房里等他。我以为这两位客一定是来商议这□□馆办什么要事的。不料我听得他们开口道："□□先生，今回是打津浦火车来的，还是坐轮船来的？"我的朋友说是坐轮船来的。这两位客接着便说轮船怎样不便，怎样迟缓。又从轮船上谈到铁路上，从铁路上又谈到现在中、交两银行的钞洋跌价。因此又谈到梁任公的财政本领，又谈到梁士诒的行踪去迹……谈了一点多钟，没有谈上一句要紧的话。后来我等得没法了，只好叫听差去请我的朋友。那两位客还不知趣，不肯就走。我不得已，只好跑了，让我的朋友去领教他们的"二梁优劣论"罢！

美国有一位大贤名富兰克林（Benjamin Franklin）的，曾说道："时间乃是造成生命的东西。"时间不值钱，生命自然也不值钱了。上海那些拣茶叶的女工，一天拣到黑，至多不过得二百个钱，少的不过得五六十钱。茶叶店的伙计，一天做十六七点钟的工，一个月平均只拿得两三块钱！还有那些工厂的工人，更不用说了。还有那些更下等，更苦痛的工作，更不用说了。人力那样不值钱，所以卫生也不讲究，医药也不讲究。我在北京上海看那些小店铺里和穷人家里的种种不卫生，真是一种黑暗世界。至于道路的不洁净，瘟疫的流行，更不消说了。最可怪的是无论阿猫阿狗都可挂牌医病。医死了人，也没有人怨恨，也没有人干涉。人命的不值钱，真可算得到了极端了。

现今的人都说教育可以救种种的弊病。但是依我看来，中国的教育，不但不能救亡，简直可以亡国。我有十几年没到内地去了。这回回去，自然去看看那些学堂。学堂的课程表，看来何尝不完备。体操也有，图画也有，英文也有，那些国文、修身之类，更不用说了。但是学堂的弊病，却正在这课程完备上。例如我们家乡的小学堂，经费自然不充足了，却也要每年花六十块钱去请一个中学堂学生兼教英文唱歌。又花二十块钱买一架风琴。我心想这六十块一年的英文教习，能教什么英文？教的英文，在我们山里的小地方，又有什么用处？至于那音乐一科，更无道理了。请问那种学堂的音乐，还是可以增进"美感"呢？还是可以增进音乐知识呢？若果然要教音乐，为什么不去村乡里找一个会吹笛子的唱昆腔的人来教？为什么一定要用那实在不中听的二十块钱的风琴呢？那些穷人的子弟学了音乐回家，能买得起一架风琴来练习他所学的音乐知识吗？我真是莫名其妙了。所以我在内地常说："列位办学堂，尽不必问教育部规程是什么。须先问这块地方上最需要的什么。譬如我们这里最需要的是农家常识、蚕桑常识、商业常识、卫生常识，列位却把修身教科书去教他们做圣贤！又把二十块钱的风琴去教他们学音乐！又请一位六十块钱一年的教习教他们学英文！列位且自己想想看，这样的教育造得出怎么样的人才？所以我奉劝列位办学堂，切莫注重课程的完备，须要注意课程的实用。尽不必去巴结视学员，且去巴结那些小百姓。视学员说这个学堂好，是没有用的。需要小百姓都肯把他们的子弟送来上学，那才是教育有成效了。"

以上说的是小学堂。至于那些中学校的成绩，更可怕了。我遇见一位省立法政学堂的本科学生，谈了一会，他忽然问道："听说东文是和英文差不多的，这话可真吗？"我已经大诧异了。后来他听我说日本人总有些岛国的习气，忽然问道："原来日本也在海岛上吗？"……这个固然是一个极端的例，但是如今中学堂毕业的人才，高又高不得，低又低不得，竟成了一种无能的游民。这都由于学校里所教的功课,和社会上的需要毫无关涉。所以学校只管多,教育只管兴,社会上的工人、伙计、账房、警察、兵士、农夫……还只是用没有受过教育的人。社会所需要的是做事的人才。学堂所造成的是不会做事又不肯做事的人才。这种教育不是亡国的教育吗?

我说我的《归国杂感》,提起笔来,便写了三四千字。说的都是些很可以悲观的话。但是我却并不是悲观的人。我以为这二十年来中国并不是完全没有进步,不过惰性太大,向前三步又退回两步,所以到如今还是这个样子。我这回回家寻出了一部叶德辉的《翼教丛编》,读了一遍,才知道这二十年的中国实在已经有了许多大进步。不到二十年前,那些老先生,如叶德辉、王益吾之流,出了死力去驳康有为,所以这书叫作《翼教丛编》。我们今日也痛骂康有为。但二十年前的中国,骂康有为太新;二十年后的中国,却骂康有为太旧。如今康有为没有皇帝可保了,很可以做一部《翼教续编》来骂陈独秀了。这两部"翼教"的书的不同之处,便是中国二十年来的进步了。

我相信世间万事万物,无一不是新陈代谢,进化无穷。我预料二十年后,陈独秀也要做一部《翼教再续编》来骂他人。哈哈!"后之视今,亦犹今之视昔。"不知那日叶德辉、康有为、陈独秀三人,作何等感想。

独秀识

(原载《新青年》第四卷第一号,一九一八年一月)

建设的文学革命论

国语的文学——文学的国语

胡适

一

我的《文学改良刍议》发表以来,已有一年多了。这十几个月之中,这个问题居然引起了许多很有价值的讨论,居然受了许多很可使人乐观的响应。我想我们提倡文学革命的人,固然不能不从破坏一方面下手。但是我们仔细看来,现在的旧派文学实在不值得一驳。什么桐城派的古文哪,"文选"派的文学哪,江西派的诗哪,梦窗派的词哪,"聊斋志异"派的小说——都没有破坏的价值。它们所以还能存在国中,正因为现在还没有一种真有价值、真有生气、真可算作文学的新文学起来代它们的位置。有了这种"真文学"和"活文学",那些"假文学"和"死文学",自然会消灭了。所以我望我们提倡文学革命的人,对于那些腐败文学,个个都该存一个"彼可取而代也"的心理;个个都该从建设一方面用力,要在三五十年内替中国创造出一派新中国的活文学。

我现在做这篇文章的宗旨,在于贡献我对于建设新文学的意见。我且先把我从前所主张破坏的八事引来做参考的资料:

(一)不做"言之无物"的文字。

(二)不做"无病呻吟"的文字。

（三）不用典。

（四）不用套语烂调。

（五）不重对偶：文须废骈，诗须废律。

（六）不做不合文法的文字。

（七）不摹仿古人。

（八）不避俗话俗字。

这是我的"八不主义"，是单从消极的、破坏的一方面着想的。

自从去年归国以后，我在各处演说文学革命，便把这"八不主义"都改作了肯定的口气，又总括作四条，如下：

（一）要有话说，方才说话。这是"不做言之无物的文字"一条变相。

（二）有什么话，说什么话；话怎么说，就怎么说。这是二、三、四、五、六诸条的变相。

（三）要说我自己的话，别说别人的话。这是"不摹仿古人"一条的变相。

（四）是什么时代的人，说什么时代的话。这是"不避俗话俗字"的变相。

这是一半消极、一半积极的主张。一笔表过，且说正文。

二

我的"建设新文学论"的唯一宗旨只有十个大字："国语的文学，文学的国语"。我们所提倡的文学革命，只是要替中国创造一种国语的文学。有了国语的文学，方才可有文学的国语。有了文学的国语，我们的国语才可算得真正国语。国语没有文学，便没有生命，便没有价值，便不能成立，便不能发达。这是我这一篇文字的大旨。

我曾仔细研究：中国这两千年何以没有真有价值真有生命的"文言的文学"？我自己回答道："这都因为这两千年的文人所做的文学都是死的，都是用已经死了的语言文字做的。死文字决不能产出活文学。所以中国这两千年只有些死文学，只有些没有价值的死文学。"

我们为什么爱读《木兰辞》和《孔雀东南飞》呢？因为这两首诗是用白话作的。为什么爱读陶渊明的诗和李后主的词呢？因为他们的诗词是用白话作的。为什么爱杜甫的《石壕吏》《兵车行》诸诗呢？因为他们都是用白话作的。为什么不爱韩愈的《南山》呢？因为他用的是死字死话。……简单说来，自从三百篇到如今，中国的文学凡是有一些价值、有一些生命的，都是白话的，或是近于白话的。其余的都是没有生气的古董，都是博物院中的陈列品！

再看近世的文学：何以《水浒传》《西游记》《儒林外史》《红楼梦》可以称为"活文学"呢？因为他们都是用一种活文字作的。若是施耐庵、邱长春、吴敬梓、曹雪芹，都用了文言作书，他们的小说一定不会有这样生命，一定不会有这样价值。

读者不要误会：我并不曾说凡是用白话作的书都是有价值有生命的。我说的是：用死了的文言决不能作出有生命有价值的文学来。这一千多年的文学，凡是有真正文学价值的，没有一种不带有白话的性质，没有一种不靠这个"白话性质"的帮助。换言之，白话能产出有价值的文学，也能产出没有价值的文学；可以产出《儒林外史》，也可以产出《肉蒲团》。但是那已死的文言只能产出没有价值没有生命的文学，决不能产出有价值有生命的文学；只能作几篇"拟韩退之《原道》"或"拟陆士衡《拟古》"，决不能作出一部《儒林外史》。若有人不信这话，可先读明朝古文大家宋濂的《王冕传》，再读《儒林外史》第一回的《王冕传》，便可知道死文学和活文学的分别了。

为什么死文字不能产生活文学呢？这都由于文学的性质。一切语言文字的作用在于达意表情；达意达得妙，表情表得好，便是文学。那些用死文言的人，有了意思，却须把这意思翻成几千年前的典故；有了感情，却须把这感情译为几千年前的文言。明明是客子思家，他们须说"王粲登楼""仲宣作赋"；明明是送别，他们却须说"《阳关》三叠""一曲《渭城》"；明明是贺陈宝琛七十岁生日，他们却须说是贺伊尹、周公、傅说；更可笑的，明明是乡下老太婆说话，他们却要她打起唐宋八家的古文腔儿；明明是极下流的妓女说话，他们却要她打起湖天游、洪亮吉的骈文调子！……请问这样作文章，如何能达意表情呢？既不能达意，既不能表情，哪里还有文学呢？即如那《儒林外史》里的王冕，是一个有感情、有血气、能生动、能谈笑的活人。这都因为作书的人能用活言语、活文字来描写他的生活神情。那宋濂集子里的王冕，便成了一个没有生气、不能动人的死人。为什么呢？因为宋濂用了两千年前的死文字来写两千年后的活人；所以不能不把这个活人变作两千年前的木偶，才可合那古文家法。古文家法是合了，那王冕也真"作古"了！

因此我说，"死文言决不能产出活文学"。中国若想有活文学，必须用白话，必须用国语，必须作国语的文学。

三

上节所说，是从文学一方面着想，若要活文学，必须用国语。如今且说从国语一方面着想，国语的文学有何等重要。

有些人说："若要用国语做文学，总须先有国语。如今没有标准的国语，如何能有国语的文学？"我说，这话似乎有理，其实不然。国语不是单靠几位语言学的专家就能造得成的；也不是单靠几本国语教科书和几部国语字典，就能造成的。若要造国语，先须造国语的文学。有了国语的文学，自然有国语。这话初听了似乎不通。但是列位仔细想想便可明白了。天下的人谁肯从国语教科书和国语字典里面学习国语？所以国语教科书和国语字典，虽是很要紧，决不是造国语的利器。真正有功效有势力的国语教科书，便是国语的文学，便是国语的小说、诗文、戏本。国语的小说、诗文、戏本通行之日，便是中国国语成立之时。试问我们今日居然能拿起笔来做几篇白话文章，居然能写得出好几百个白话的字，可是从什么白话教科书上学来的吗？可不是从《水浒传》《西游记》《红楼梦》《儒林外史》等书学来的吗？这些白话文学的势力，比什么字典教科书都还大几百倍。字典说"这"字该读"鱼彦反"，我们偏读它做"者个"的者字；字典说"么"字是"细小"，我们偏把它用作"什么""那么"的"么"字；字典说"没"字是"沈也""尽也"，我们偏用它做"无有"的无字解；字典说"的"字有许多意义，我们偏把它用来代文言的"之"字、"者"字、"所"字和"徐徐尔，纵纵尔"的"尔"字。……总而言之，我们今日所用的"标准白话"，都是这几部白话的文学定下来的。我们今日要想重新规定一种"标准国语"，还须先造无数国语的《水浒传》《西游记》《儒林外史》《红楼梦》。

所以我以为我们提倡新文学的人，尽可不必问今日中国有无标准国语。我们尽可努力去做白话的文学。我们可尽量采用《水浒传》《西游记》《儒林外史》《红楼梦》的白话；有不合今日的用的，便不用它；有不够用的，便用今日的白话来补助；有不得不用文言的，便用文言来补助。这样做去，决不愁语言文字不够用，也决不用愁没有标准白话。中国将来的新文学用的白话，就是将来中国的标准国语。造中国将来白话文学的人，就是制定标准国语的人。

我这种议论并不是"向壁虚造"的。我这几年来研究欧洲各国国语的历史，没有一种国语不是这样造成的，没有一种国语是教育部的老爷们造成的，没有一种是语言学专家造成的，没有一种不是文学家造成的，我且举几条例为证：

（一）意大利。五百年前，欧洲各国但有方言，没有"国语"。欧洲最早的国语是意大利文。那时欧洲各国的人多用拉丁文著书通信。到了十四世纪的初年，意大利的大文学家 Dante 极力主张用意大利话来代拉丁文。他说拉丁文是已死了的文字，不如他本国俗话的优美。所以他自己的杰作《喜剧》，全用 Tuscany（意大利北部的一邦）的俗话。这部《喜剧》风行一世，人都称它作《神圣喜剧》。

那《神圣喜剧》的白话后来便成了意大利的标准国语。后来的文学家 Boccaccio（1331—1375）和 Lorenzode、Medici 诸人也都用白话作文学。所以不到一百年，意大利的国语便完全成立了。

（二）英国。英伦虽只是一个小岛国，却有无数方言。现在通行全世界的"英文",在五百年前还只是伦敦附近一带的方言,叫作"中部土话"。当十四世纪时,各处的方言都有些人用来作书。后来到了十四世纪的末年,出了两位大文学家,一个是 Chaucer(1340—1400),一个是 Wycliffe(1320—1384)。Chaucer 作了许多诗歌散文,都用这"中部土话"。Wycliffe 把耶教的《旧约》《新约》也都译成"中部土话"。有了这两个人的文学,便把这"中部土话"变成英国的标准国语。后来到了十五世纪,印刷术输进英国,所印的书多用这"中部土话",国语的标准更确定了。到十六世纪、十七世纪,Shakespeare 和"伊里沙白时代"的无数文学大家,都用国语创造文学。从此以后,这一部分的"中部土话"不但成了英国的标准国语,几乎竟成了全地球的世界语了。

此外,法国、德国及其他各国的国语,大都是这样发生的,大都是靠着文学的力量才能变成标准的国语的。我也不去一一细说了。

意大利国语成立的历史,最可供我们中国人研究。为什么呢?因为欧洲西部北部的新国,如英吉利、法兰西、德意志,他们的方言和拉丁文相差太远了,所以他们渐渐地用国语著作文学,还不算稀奇。只有意大利是当年罗马帝国的京畿近地,在拉丁文的故乡,各处的方言,又和拉丁文最近。在意大利提倡用白话代拉丁文,真正和在中国提倡用白话代汉文,有同样的艰难。所以英法德各国语,一经文学发达以后,便不知不觉地成为国语了。在意大利却不然。当时反对的人很多,所以那时的新文学家,一方面努力创造国语的文学,一方面还要做文章鼓吹何以当废古文,何以不可不用白话。有了这种有意的主张(*最有力的是* Dante *和* Albert *两个人*),又有了那些有价值的文学,才可造出意大利的"文学的国语"。

我常问我自己道:"自从施耐庵以来,很有了些极风行的白话文学,何以中国至今还不曾有一种标准的国语呢?"我想来想去,只有一个答案。这一千年来,中国固然有了一些有价值的白话文学,但是没有一个人出来明目张胆地主张用白话为中国的"文学的国语"。有时陆放翁高兴了,便作一首白话诗;有时柳耆卿高兴了,便作一首白话词;有时朱晦庵高兴了,便写几封白话信，作几条白话札记；有时施耐庵、吴敬梓高兴了，便作一两部白话的小说。这都是不知不觉的自然出产品，并非有意的主张。因为没有"有意的主张"，所以作白话的只管作白话，作古文的只管作古文，作八股的只管作八股。因为没有"有意的主张"，所以白话文学从不曾和那些"死文学"争那"文学正宗"的位置。白话文学不成为文学正宗，故白话不曾成为标准国语。

我们今日提倡国语的文学，是有意的主张。要使国语成为"文学的国语"。有了文学的国语，方有标准的国语。

四

上文所说，"国语的文学，文学的国语"，乃是我们的根本主张。如今且说要实行做到这个根本主张，应该怎样进行。

我以为创造新文学的进行次序，约有三步：（一）工具，（二）方法，（三）创造。前两步是预备，第三步才是实行创造新文学。

（一）工具。古人说得好："工欲善其事，必先利其器。"写字的要笔好，杀猪的要刀快。我们要创造新文学，也须先预备下创造新文学的"工具"。我们的工具就是白话。我们有志造国语文学的人，应该赶紧筹备这个万不可少的工具，预备的方法，约有两种：

（甲）多读模范的白话文学。例如《水浒传》《西游记》《儒林外史》《红楼梦》；宋儒语录，白话信札，元人戏曲，明清传奇的说白。唐宋的白话诗词该选读。

（乙）用白话作各种文学。我们有志造新文学的人，都该发誓不用文言作文：无论通信、作诗、译书、作笔记、作报馆文章、编学堂讲义、替死人作墓志、替活人上条陈……都该用白话来作。我们从小到如今，都是用文言作文，养成了一种文言的习惯，所以虽是活人，只会作死人的文字。若不下一些狠劲，若不用点苦工夫，决不能使用白话圆转如意。若单在《新青年》

里面作白话文字，此外还依旧作文言的文字，那真是"一日曝之十日寒之"的政策，决不能磨炼成白话的文学家。不但我们提倡白话文学的人应该如此作去，就是那些反对白话文学的人，我也奉劝他们用白话作文字。为什么呢？因为他们若不能作白话文字，便不配反对白话文学。譬如，那些不认得中国字的中国人若主张废汉文，我一定骂他们不配开口。若是我的朋友钱玄同要主张废汉文，我决不敢说他不配开口了。那些不会做白话文字的人来反对白话文学，便和那些不懂汉文的人要废汉文，是一样的荒谬。所以我劝他们多作些白话文字，多作些白话诗歌，试试白话是否有文学的价值。如果试了几年，还觉得白话不如文言，那时再来攻击我们也还不迟。

还有一层，有些人说："做白话很不容易，不如做文言的省力。"这是因为中毒太深之过。受病深了，更宜赶紧医治。否则真不可救了。其实作白话并不难。我有一个侄儿，今年才十五岁，一向在徽州不曾出过门，今年他用白话写信来，居然写得极好。我们徽州话和官话差得很远，我的侄儿不过看了一些白话小说，便会作白话文字了。这可见作白话并不是难事，不过人性懒惰的居多数，舍不得抛"高文典册"的死文字罢了。

（二）方法。我以为中国近来文学所以这样腐败，大半虽由于没有适用的"工具"，但是单有"工具"，没有方法，也还不能造新文学。做木匠的人，单有锯凿钻刨，没有规矩师法，决不能造成木器。文学也是如此。若单靠白话便可造新文学，难道把郑孝胥、陈三立的诗翻成了白话，就可算得新文学了吗？难道那些用白话做的《新华春梦记》《九尾龟》，也可算作新文学吗？我以为现在国内新起的一班"文人"，受病最深的所在，只在没有高明的文学方法。我且举小说一门为例。现在的小说（单指中国人自己著的），看来看去，只有两派。一派最下流的，是那些学《聊斋志异》的札记小说，篇篇都是"某生，某处人，生有异禀，下笔千言，……一日于某地遇一女郎，……好事多磨，……遂为情死"；或是"某地某生，游某地，眷某妓，情好綦笃，遂订白头之约，……而大妇妒甚，不能相容，女抑郁以死，……生抚尸一恸几绝"；……此类文字，只可抹桌子，固不值一驳。还有那第二派是些学《儒林外史》或是学《官场现形记》的白话小说。上等的如《广陵潮》，下等的如《九尾龟》。这一派小说只学了《儒林外史》的坏处，却不曾学得它的好处。《儒林外史》的坏处在于体裁结构太不紧严，全篇是杂凑起来的，例如娄府一群人，自成一段，杜府两公子自成一段；马二先生又成一段；虞博士又成一段；萧云仙、郭孝子又各自成一段。分出来，可成无数札记小说；接下去，可长至无穷无极。《官场现形记》便是这样。如今的章回小说，大都犯这个没有结构、没有布局的懒病。却不知道《儒林外史》所以能有文学价值者，全靠一副写人物的画工本领。我十年不曾读这书了，但是我闭了眼睛，还觉得书中的人物，如严贡生、如马二先生、如杜少卿、如权勿用……个个都是活的人物。正如读《水浒传》的人，过了二三十年，还不会忘记鲁智深、李逵、武松、石秀……一班人。请问列位读过《广陵潮》和《九尾龟》的人，过了两三个月，心目中除了一个"文武全才"的章秋谷之外，还记得几个活灵活现的书中人物？——所以我说，现在的"新小说"，全是不懂得文学方法的：既不知布局，又不知结构，又不知描写人物，只做成了许多又长又臭的文字；只配与报纸的第二张充篇幅，却不配在新文学上占一个位置。——小说在中国近年，比较的说来，要算文学中最发达的一门了。小说尚且如此，别种文学，如诗歌戏曲，更不用说了。

如今且说什么叫作"文学的方法"呢？这个问题不容易回答，况且又不是这篇文章的本题，我且约略说几句。

大凡文学的方法可分三类：

（1）集收材料的方法。中国的"文学"，大病在于缺少材料。那些古文家，除了墓志、寿序、家传之外，几乎没有一毫材料，因此他们不得不做那些极无聊的《汉高帝斩丁公论》《汉文帝、唐太宗优劣论》。至于近人的诗词，更没有什么材料可说了。近人的小说材料，只有三种：一种是官场，一种是妓女，一种是不官而官、非妓而妓的中等社会（**留学生、女学生之可作小说材料者，亦附此类**）。除此以外，别无材料。最下流的，竟至登告白征求这种材料。做小说竟须登告白征求材料，便是宣告文学家破产的铁证。我以为将来的文学家收集材料的方法，约如下：

（甲）推广材料的区域。官场、妓院与龌龊社会三个区域，决不够采用。即如今日的贫民社会，如工厂之男女工人、人力车夫、内地农家、各处小负贩及小店铺，一切痛苦情形，都不曾在文学上占一位置。并且今日新旧文明相接触，一切家庭惨变、婚姻苦痛、女子之位置、教育之不适宜……种种问题，都可供文学的材料。

（乙）注重实地的观察和个人的经验。现今文人的材料大都是关了门虚造出来的，或是间接又间接的得来的，因此我们读这种小说，总觉得浮泛敷衍，不痛不痒的，没有一毫精彩。真正文学家的材料大概都有"实地的观察和个人自己的经验"做个根底。不能做实地的观察，便不能做文学家；全没有个人的经验，也不能做文学家。

（丙）要用周密的理想做观察经验的补助。实地的观察和个人的经验，固是极重要，但是也不能全靠这两件。例如，施耐庵若单靠观察和经验，决不能做出一部《水浒传》。个人所经验的、所观察的究竟有限。所以必须有活泼精细的理想（Imagination），把观察经验的材料，一一体会出来，一一整理如式，一一组织完全；从已知的推想到未知的，从经验过的推想到不曾经验过的，从可观察的推想到不可观察的。这才是文学家的本领。

（2）结构的方法。有了材料，第二步需要讲究结构。结构是个总名词，内中所包甚广，简单说来，可分剪裁和布局两步：

（甲）剪裁。有了材料，先要剪裁，譬如做衣服，先要看哪块料可做袍子、哪块料可做背心。估计定了，方可下剪。文学家的材料也要如此办理。先须看这些材料该用作小诗呢？还是作长歌呢？该用作章回小说呢？还是作短篇小说呢？该用作小说呢？还是作戏本呢？筹划定了，方才可以剪下那些可用的材料，去掉那些不中用的材料；方才可以决定作什么体裁的文字。

（乙）布局。体裁定了，再可讲布局。有剪裁，方可决定"做什么"。有布局，方可决定"怎样做"。材料剪定了，须要筹算怎样做。始能把这材料用得最得当又最有效力。例如，唐朝天宝时代的兵祸、百姓的痛苦，都是材料。这些材料，到了杜甫的手里，便成了诗料。如今且举他的《石壕吏》一篇，作布局的例。这首诗只写一个过路的客人一晚上在一个人家内偷听得的事情；只用一百二十个字，却不但把那一家祖孙三代的历史都写出来，并且把那时代兵祸之惨、壮丁死亡之多、差役之横行、小民之苦痛，都写得逼真活现，使人读了生无限的感慨这是上品的布局功夫。又如古诗"上山采蘼芜，下山逢故夫"一篇，写一家夫妇的惨剧，却不从"某人娶妻甚贤，后别有所欢，遂出妻再娶"说起，只挑出那前妻山上下来遇着故夫的时候下笔，却也能把那一家的家庭情形写得充分满意。这也是神品的功夫。——近来的文人全不讲求布局，只顾凑足多少字可卖几块钱；全不问材料用的得当不得当，动人不动人。他们今日做上回的文章，还不知道下一回的材料在何处！这样的文人怎样造得出有价值的新文学呢！

（3）描写的方法。局已布定了，方才可讲描写的方法。描写的方法，千头万绪，大要不出四条：一写人；二写境；三写事；四写情。

写人要举动、口气、身份、才性……都要有个性的区别：件件都是林黛玉，决不是薛宝钗；件件都是武松，决不是李逵；写境要一喧、一静、一石、一山、一云、一鸟……也都要有个性的区别：《老残游记》的大明湖，决不是西湖，也决不是洞庭湖；《红楼梦》里的家庭，决不是《金瓶梅》里的家庭。写事要线索分明，头绪清楚，近情近理，亦正亦奇。写情要真，要精，要细腻婉转，要淋漓尽致。——有时须用境写人，用情写人，用事写人；有时须用人写境，用事写境，用情写境……这里面的千变万化，一言难尽。

如今且回到本文。我上文说的：创造新文学的第一步是工具，第二步是方法。方法的大致，我刚才说了。如今且问，怎样预备方才可得着一些高明的文学方法？我仔细想来，只有一条法子：就是赶紧多多地翻译西洋的文学名著做我们的模范。我这个主张，有两层理由：

第一，中国文学的方法实在不完备，不够作我们的模范。即以体裁而论，散文只有短篇，没有布置周密、论理精严、首尾不懈的长篇；韵文只有抒情诗，绝少纪事诗，长篇诗更不曾有过；戏本更在幼稚时代，但略能纪事掉文，全不懂结构；小说好的，只不过三四部，这三四部之中，还有许多疵病，至于最精彩之"短篇小说""独幕戏"，更没有了。若从材料一方面看来，中国文学更没有做模范的价值。才子佳人、封王挂帅的小说；风花雪月、涂脂抹粉的诗；不能说理、不能言情的"古文"；学这个、学那个的一切文学。这些文字，简直无一毫材料可说。至于布局一方面，除了几首实在好的诗之外，几乎没有一篇东西当得"布局"两个字！——所以我说，从文学方法一方面看去，中国的文学实在不够给我们做模范。

第二，西洋的文学方法比我们的文学，实在完备得多、高明得多，不可不取例。即以散文而论，我们的古文家至多比得上英国的 Bacon 和法国的 Montaene，至于像 Plato 的"主客体"，Huxley 等的科学文萃，Boswell 和 Morley 等的长篇传记，Mill、Franklin、Gikdon 等的"自传"，Taine 和 Buckle 等的史论……都是中国从不曾梦见过的体裁。更以戏剧而论，两千五百年前的希腊戏曲，一切结构的功夫，描写的功夫，高出元曲何止十倍。近代的 Shakespeare 和 Moliere，更不用说了。最近六十年来欧洲的散文戏本，千变万化，远胜古代，体裁也更发达了。最重要的，如"问题戏"，专研究社会的种种重要问题；"寄托戏"（Symbolic Drama）专以美术的手腔，做的"意在言外"的戏本；"心理戏"，专描写种种复杂的心境，做极精密的解剖；"讽刺戏"，用嬉笑怒骂的文章，达愤世救世的苦心，——我写到这里，忽然想起今天梅兰芳正在唱新编的《天女散花》，上海的人还正在等着看新排的《多尔衮》呢！我也不往下数了，——更以小说而论，那材料之精确，体裁之完备，命意之高超，描写之工切，心理解剖之细密，社会问题讨论之透彻……真是美不胜收，至于近百年新创的"短篇小说"，真如芥子里面藏着大千世界；真如百炼的精金，曲折委婉无所不可；真可说是开千古未有的创局，掘百世不竭的宝藏，——以上所说，大旨只在约略表示西洋文学方法的完备，因为西洋文学真有许多可给我们做模范的好处，所以我说：我们如果真要研究文学的方法，不可不赶紧翻译西洋的文学名著，做我们的模范。

现在中国所译的西洋文学书，大概都不得其法，所以收效甚少。我且拟几条翻译西洋文学名著的办法如下：

（1）只译名家著作，不译第二流以下的著作。我以为国内真懂得西洋文学的学者应该开一会议，公共选定若干种不可不译的第一流文学名著：约数如一百种长篇小说，五百篇短篇小说，三百种戏剧，五十家散文，为第一部西洋文学丛书，期五年译完，再选第二部。译成之稿，由这几位学者审查，并一一为作长序及著者略传，然后付印。其第二流以下，如哈葛得之流，一概不选。诗歌一类，不易翻译，只可从缓。

（2）全用白话，韵文之戏曲，也都译为白话散文。用古文译书，必失原文的好处。如林琴南的"其女珠，其母下之"，早成笑柄，且不必论。前天看见一部侦探小说《圆室案》中，写一位侦探"勃然大怒，拂袖而起"。不知道这位侦探穿的是不是康桥大学的广袖制服！——这样译书，不如不译。又知林琴南把 Shakespeare 的戏曲，译成了记叙体的古文！这真是 Shakespear 的大罪人，罪在《圆室案》译者之上。

（三）创造。上面所说工具与方法两项，都只是创造新文学的预备工具，用得纯熟自然了，方法也懂了，方才可以创造中国的新文学。至于创造新文学是怎样一回事，我可不配开口了。我以为现在的中国，还没有做到实行预备创造新文学的地步，尽可不必空谈创造的方法和创造的手段，我们现在且先去努力做那第一、第二两步预备的工夫罢！

（原载《新青年》第四卷第四号，一九一八年四月）

贞操问题

胡适

（一）

周作人先生所译的日本与谢野晶子的《贞操论》，(《新青年》四卷五号)我读了很有感触。这个问题，在世界上受了几千年的无意识的迷信，到近几十年中，方才有些西洋学者正式讨论这问题的真意义。文学家如易卜生的《群鬼》和 Thomas Hardy 的《苔史》(Tess)，都带着讨论这个问题。如今家庭专制最厉害的日本居然也有这样大胆的议论！这是东方文明史上一件极可贺的事。

当周先生翻译这篇文字的时候，北京一家很有价值的报纸登出一篇恰相反的文章，这篇文章是海宁朱尔迈的《会葬唐烈妇记》。（七月二十三四日北京《中华新报》）上半篇写唐烈妇之死如下：

唐烈妇之死，所闻灰水，钱卤，投河，雉经者五，前后绝食者三；又益之以砒霜，则其亲试乎杀人之方者凡九。自除夕上溯其夫亡之夕，凡九十有八日。夫以九死之惨毒，又历九十八日之长，非所称百挫千折有进而无退者乎？……

下文又借出一件"俞氏女守节"的事来替唐烈妇作陪衬：

女年十九，受海盐张氏聘，未于归，夫夭，女即绝食七日；家人劝之力，始进糜曰，"吾即生，必至张氏，宁服丧三年，然后归报地下。"

最妙的是朱尔迈的论断：

嗟乎，俞氏女盖闻烈妇之风而兴起者乎？……俞氏女果能死于绝食七日之内岂不甚幸？乃为家人阻之，俞氏女亦以三年为己任。余正恐三年之间，凡一千八十日有奇，非如烈妇之九十八日也。且绝食之后，其家人防之者百端……虽有死之志，而无死之间，可奈何？烈妇倘能阴相之以成其节，风化所关，猗欤盛矣！

这种议论简直是全无心肝的贞操论。俞氏女还不曾出嫁，不过因为信了那种荒谬的贞操迷信，想做那"青史上留名的事"，所以绝食寻死，想做烈女。这位朱先生要维持风化，所以忍心害理地巴望那位烈妇的英灵来帮助俞氏女赶快死了，"岂不甚幸"！这种议论可算得贞操迷信的极端代表。《儒林外史》里面的王玉辉看他女儿殉夫死了，不但不哀痛，反仰天大笑道："死得好！死得好！"（五十二回）王玉辉的女儿殉已嫁之夫，尚在情理之中。王玉辉自己"生这女儿为伦纪生色"，他看他女儿死了反觉高兴，已不在情理之中了。至于这位朱先生巴望别人家的女儿替他未婚夫做烈女，说出那种"猗欤盛哉"的全无心肝的话，可不是贞操迷信的极端代表吗？

贞操问题之中，第一无道理的，便是这个替未婚夫守节和殉烈的风俗。在文明国里，男女用自由意志，由高尚的恋爱，订了婚约，有时男的或女的不幸死了，剩下的那一个因为生时爱情太深，故情愿不再婚嫁。这是合情理的事，若在婚姻不自由之国，男女订婚以后，女的还不知男的面长面短，有何情爱可言？不料竟有一种陋儒，用"青史上留名的事"来鼓励无知女儿做烈女、"为伦纪生色"、"风化所关，猗欤盛矣！"我以为我们今日若要作具体的贞操论，第一步就该反对这种忍心害理的烈女论，要渐渐养成一种舆论，不但永不把这种行为看作"猗欤盛矣"可旌表褒扬的事，还要公认这是不合人情，不合天理的罪恶；还要公认劝人做烈女，罪等于故意杀人。

这不过是贞操问题的一方面。这个问题的真相，已经与谢野晶子说得很明白了。他提出几个疑问，内中有一条是："贞操是否单是女子必要的道德，还是男女都必要的呢？"这个疑问，在中国更为看重。中国的男子要他们的妻子替他们守贞守节，他们自己却公然嫖妓，公然纳妾，公然"吊膀子"。再嫁的妇人在社会上几乎没有社交的资格；再婚的男子，多妻的男子，却一毫不损失他们的身份。这不是最不平等的事吗？怪不得古人要请"周婆制礼"来补救"周公制礼"的不平等了。

我不是说，因为男子嫖妓，女子便该偷汉；也不是说，因为老爷有姨太太，太太便该有姨老爷。我说的是，男子嫖妓，与妇人偷汉，犯的是同等的罪恶；老爷纳妾，与太太偷人，犯的也是同等的罪恶。

为什么呢？因为贞操不是个人的事，乃是人对人的事；不是一方面的事，乃是双方面的事。女子尊重男子的爱情，心思专一，不肯再爱别人，这就是贞操。贞操是一个"人"对别一个"人"的一种态度。因为如此，男子对于女子，也该有同等的态度。若男子不能照样还敬，他就是不配受这种贞操的待遇。这并不是外国进口的妖言，这乃是孔丘说的"己所不欲，勿施于人"。孔丘说：

君子之道四，丘未能一焉：所求乎子以事父，未能也；所求乎臣以事君，未能也；所求乎弟以事兄，未能也；所求乎朋友，先施之，未能也。

孔丘五伦之中，只说了四伦，未免有点欠缺。他理该加上一句道：

所求乎吾妇，先施之，未能也。

这才是大公无私的圣人之道！

（二）

我这篇文字刚才做完，又在上海报上看见陈烈女殉夫的事。今先记此事大略如下：

陈烈女名宛珍，绍兴县人，三世居上海。年十七，字王远甫之子菁士。菁士于本年三月廿三日病死，年十八岁。陈女闻死耗，即沐浴更衣，潜自仰药。其家人觉察，仓皇施救，已无及。女乃泫然曰："儿志早决，生虽未获见夫，殁或相从地下……"言讫，遂死，死时距其未婚夫之死仅三时而已（此据上海绍兴同乡会所出征文启）。

过了两天，又见上海县知事呈江苏省长请予褒扬的呈文中说：

呈为陈烈女行实可风，造册具书证明，请予按例褒扬事。……（事实略）……兹据呈称，……并开具事实，附送褒扬费银六元前来。……知事复查无异。除先给予"贞烈可风"匾额，以资旌表外，谨援《褒扬条例》……之规定，造具清册，并附证明书，连同褒扬费，一并备文呈送，仰祈鉴核，俯赐咨行内务部将陈烈女按例褒扬，实为德便。

我读了这篇呈文，方才知道我们中华民国居然还有什么《褒扬条例》。于是我把那些条例寻来一看，只见第一条九种可褒扬的行谊的第二款便是"妇女节烈贞操可以风世者"；第七款是"著述书籍，制造器用，于学术技艺或发明或改良之功者"；第九款是"年逾百岁者"！一个人偶然活到了一百岁，居然也可以与学术技艺上的著作发明享受同等的褒扬！这已是不伦不类可笑得很了。再看那条例《施行细则》解释第一条第二款的"妇女节烈贞操可以风世者"如下：

第二条：《褒扬条例》第一条第二款所称之"节"妇，其守节年限自三十岁以前守节至五十岁以后者。但年未五十而身故，其守节已及六年者同。

第三条：同条款所称之"烈"妇"烈"女，凡遇强暴不从致死，或羞愤自尽，及夫亡殉节者，属之。

第四条：同条款所称之"贞"女，守贞年限与节妇同。其在夫家守贞身故，及未符年例而身故者，亦属之。

以上各条乃是中国贞操问题的中心点。第二条褒扬"自三十岁以前守节至五十岁以后"的节妇，是中国法律明明认三十岁以下的寡妇不该再嫁；再嫁为不道德。第三条褒扬"夫亡殉节"的烈妇烈女，是中国法律明明鼓励妇人自杀以殉夫；明明鼓励未嫁女子自杀以殉未嫁之夫。第四条褒扬未嫁女子替未婚亡夫守贞二十年以上，是中国法律明明说未嫁而丧夫的女子不该再嫁人，再嫁便是不道德。

这是中国法律对于贞操问题的规定。

依我个人的意思看来，这三种规定都没有成立的理由。

第一，寡妇再嫁问题 这全是一个个人问题。妇人若是对他已死的丈夫真有割不断的情义，她自己不忍再嫁；或是已有了孩子，不肯再嫁；或是年纪已大，不能再嫁；或是家道殷实，不愁衣食，不必再嫁；——妇人处于这种境地，自然守节不嫁。还有一些妇人，对她丈夫，或有怨心，或无恩意，年纪又轻，不肯抛弃人生正当的家庭快乐；或是没有儿女，家又贫苦，不能度日；——妇人处于这种境遇没有守节的理由，为个人计，为社会计，为人道计，都该劝她改嫁。贞操乃是夫妇相待的一种态度。夫妇之间爱情深了，恩意厚了，无论谁生谁死，无论生时死后，都不忍把这爱情移于别人，这便是贞操。夫妻之间若没有爱情恩意，即没有贞操可说。若不问夫妇之间有无可以永久不变的爱情，若不问做丈夫的配不配受他妻子的贞操，只晓得主张做妻子的总该替她丈夫守节；这是一偏的贞操论，这是不合人情公理的伦理。再者，贞操的道德，"照各人境遇体质的不同，有时能守，有时不能守；在甲能守，在乙不能守。"（用与谢野晶子的话）若不问个人的境遇体质，只晓得说"忠臣不事二君，烈女不更二夫"；只晓得说"饿死事极小，失节事极大"；（用程子语）这是忍心害理，男子专制的贞操论。——以上所说，大旨只要指出寡妇应否再嫁全是个人问题，有个人恩情上，体质上，家计上种种不同的理由，不可偏于一方面主张不近情理的守节。因为如此，故我极端反对国家用法律的规定来褒扬守节不嫁的寡妇。褒扬守节的寡妇，即是说寡妇再嫁为不道德，即是主张一偏的贞操论。法律既不能断定寡妇再嫁为不道德，即不该褒扬不嫁的寡妇。

第二，烈妇殉夫问题　寡妇守节最正当的理由是夫妇间的爱情。妇人殉夫最正当的理由也是夫妇间的爱情。爱情深了，生离尚且不能堪，何况死别？再加以宗教的迷信，以为死后可以夫妇团圆。因此有许多妇人，夫死之后，情愿杀身从夫于地下。这个不属于贞操问题。但我以为无论如何，这也是个人恩爱问题，应由个人自由意志去决定。无论如何，法律总不该正式褒扬妇人自杀殉夫的举动。一来呢，殉夫既由于个人的恩爱，何须用法律来褒扬鼓励？二来呢，殉夫若由于死后团圆的迷信，更不该有法律的褒扬了。三来呢，若用法律来褒扬殉夫的烈妇，有一些好名的妇人，便要借此博一个"青史留名"；是法律的褒扬反发生一种沽名钓誉，作伪不诚的行为了！

第三，贞女烈女问题　未嫁而夫死的女子，守贞不嫁的，是"贞女"；杀身殉夫的是"烈女"。我上文说过，夫妇之间若没有恩爱，即没有贞操可说。依此看来，那未嫁的女子，对于她丈夫有何恩爱？既无恩爱，更有何贞操可守？我说到这里，有个朋友驳我道，"这话别人说了还可，胡适之可不该说这话。为什么呢？你自己曾作过一首诗，诗里有一段道：

我不认得他，他不认得我，我却常念他，这是为什么？
岂不因我们，分定常相亲？由分生情意，所以非路人。
海外土生子，生不识故里，终有故乡情，其理亦如此。

依你这诗的理论看来,岂不是已订婚而未嫁娶的男女因为名分已定,也会有一种情意。既有了情意,自然发生贞操问题。你如今又说未婚嫁的男女没有恩爱,故也没有贞操可说,可不是自相矛盾吗?"

我听了这段驳论,几乎开口不得。想了一想,我才回答道:我那首诗所说名分上发生的情意,自然是有的;若没有那种名分上的情意,中国的旧式婚姻决不能存在。如旧日女子听人说她未婚夫的事,即面红害羞,即留神注意,可见她对她未婚夫实有这种名分上所发生的情谊。但这种情谊完全属于理想的。这种理想的情谊往往因实际上的反证,遂完全消灭。如女子悬想一个可爱的丈夫,及到嫁时,只见一个极下流不堪的男子,她如何能坚持那从前理想中的情谊呢?我承认名分可以发生一种情谊,我并且希望一切名分都能发生相当的情谊。但这种理想的情谊,依我看来实在不够发生终身不嫁的贞操,更不够发生杀身殉夫的节烈。即使我更让一步,承认中国有些女子,例如,吴趼人《恨海》里那个浪子的聘妻,深中了圣贤经传的毒,由名分上真能生出极浓挚的情谊,无论她未婚夫如何淫荡,人格如何堕落,依旧贞操不变。试问我们在这个文明时代,是否应该赞成提倡这种盲从的贞操?这种盲从的贞操,只值得一句"其愚不可及也"的评论,却不值得法律的褒扬。法律既许未嫁的女子夫死再嫁,便不该褒扬处女守贞。至于法律褒扬无辜女子自杀以殉不曾见面的丈夫,那更是男子专制时代的风俗,不该存在于现今的世界。

总而言之,我对于中国人的贞操问题,有三层意见。

第一,这个问题,从前的人都看作"天经地义",一味盲从,全不研究"贞操"两字究竟有何意义。我们生在今日,无论提倡何种道德,总该想想那种道德的真意义是什么。墨子说得好:

子墨子问于儒者曰,"何故为乐?"曰,"乐以为乐也。"子墨子曰,"子未我应也。今我问曰,'何故为室?'曰,'冬避寒焉,夏避暑焉,室以为男女之别也',则子告我为室之故矣。今我问曰,'何故为乐?'曰'乐以为乐也。'是犹曰,'何故为室?'曰,'室以为室也。'"(公孟篇)

今试问人"贞操是什么？"或"为什么你褒扬贞操？"他一定回答道，"贞操就是贞操。我因为这是贞操，故褒扬它"。这种"室以为室也"的论理，便是今日道德思想宣告破产的证据，故我作这篇文字的第一个主意只是要大家知道"贞操"这个问题并不是"天经地义"，是可以彻底研究，可以反复讨论的。

第二，我以为贞操是男女相待的一种态度，乃是双方交互的道德，不是偏于女子一方面的。由这个前提，便生出几条引申的意见：（一）男子对于女子，丈夫对于妻子，也应有贞操的态度；（二）男子做不贞操的行为，如嫖妓娶妾之类，社会上应该用对待不贞妇女的态度来对待他；（三）妇女对于无贞操的丈夫，没有守贞操的责任；（四）社会法律既不认嫖妓纳妾为不道德，便不该褒扬女子的"节烈贞操"。

第三，我绝对的反对褒扬贞操的法律。我的理由是：（一）贞操既是个人男女双方对待的一种态度，诚意的贞操是完全自动的道德，不容有外部的干涉，不须有法律的提倡。（二）若用法律的褒扬为提倡贞操的方法，势必至造成许多沽名钓誉，不诚不实，无意识的贞操举动。（三）在现代社会，许多贞操问题，如寡妇再嫁、处女守贞等问题的是非得失，却都还有讨论余地，法律不当以武断的态度制定褒贬的规条。（四）法律既不奖励男子的贞操，又不惩男子的不贞操，便不该单独提倡女子的贞操。（五）以近世人道主义的眼光看来，褒扬烈妇烈女杀身殉夫，都是野蛮残忍的法律，这种法律，在今日没有存在的地位。

（原载《新青年》第五卷第一号，一九一八年七月）

青年与老人

李大钊

现代之文明，协力之文明也。贵族与平民协力，资本家与工人协力，地主与佃户协力，老人与青年亦不可不协力。现代之社会，调和之社会也。贵族与平民调和，资本家与工人调和，地主与佃户调和，老人与青年亦不可不调和。惟其协力与调和，而后文明之进步，社会之幸福，乃有可图。

青年贵能自立，尤贵能与老人协力；老人贵能自强，尤贵能与青年调和。盖社会之优美境地，必由青春与白发二种之质色性能缀配匀称，始能显著而呈鲜明壮丽之观；否则零落销沉，无复生气矣。故青年与老人之于社会，均为其构成之要素，缺一不可，而二者之间，尤宜竭尽其所长，相为助援，以助进社会之美利，文明之发展。若为青年，则当鼓舞其活泼畅旺之气力，为社会摧除其沈滞之质积；若为老人，则当运用其稳静深沉之体验，为社会整理其善良之秩序。若夫互相轻侮与妄自菲薄者，如老人一闻青年之行动，辄骇为危险；青年一见老人之云为，辄嗤为腐败；此其无当，正与青年之以后进自贬，老人之颓衰自废者无殊。吾人均认为野蛮的，非文明的；专制的，非立宪的。若而青年，若而老人，皆在吾人排斥之列矣。

吾尝论之，群演之道，乃在一方固其秩序，一方促其进步。无秩序则进步难期，无进步则秩序莫保。阐论斯旨最精者莫如弥尔，其言曰："凡于政治或社会之所企，无独关于秩序者，亦无独关于进步者，欲兴其一，二者当必共起也。……进步之所需，与秩序之所需，其质相同，惟用于进步者视用于秩序者为量较多耳。安巩之所需，与进步之所需，其质亦无异，惟用于安巩者视用于进步者为量较少耳。安巩也，秩序也，进步也，盖同质而异量者也。……一群之中，老人与青年之调和，有其自然之域界。老人以名望地位之既获，举动每小心翼翼，敬慎将事；青年以欲获此名望与地位，则易涉于过激。政府有司调和于老人青年之间，苟得其宜，不妄以人为之力于天然适当之调和有所损益，则缓激适中，刚柔得体，政治上调和之志的达矣。"古里天森氏论世界观与政治的确信，谓皆基于二种之执性，即急进与保守是也。亦曰："有一义焉当牢记于心者，即此基于执性之二种世界观，不可相竞以图征服或灭尽其他。盖二者均属必要，同为永存，其竞立对抗乃为并驾齐驱以保世界之进步也。"准二子之言，益知世界之进化，全为二种观念与确信所驱驰以行，正如车之有两轮，鸟之有双翼，二者缺一，进步必以废止。此等观念，判于人之性质者，即进步与保守；判于人之年龄者，即青年与老人而已矣。

轻蔑老人为蛮僿社会之恶风。中央亚非利加之土人，将与他部落战争时，必先食其亲。盖恐战争一经开始，老人易为敌所捕虏，或遭虐遇，甚至虐杀；故为老人者，宁以为己子所食为福，而为之子者，亦以食其亲为孝，诚奇闻也。马来群岛之布尔聂伊附近某岛中人，遇达于一定年龄之老人，则穷追之，使登于亭亭大木之颠，部落中之青年，群集于其下，摇其木使之坠地而惨死焉。日本古代亦有姥舍山之语，相传为舍弃老人之地云。此以证老人于未开之群，实无生存之资格；文明进步之结果，老人之价值乃从之日增。现代文明诸国，对于老人之平生卓著劳绩于其社会国家者，且与以养老年金，以为晚年之慰安，而寓报功崇德之意焉。其故一由于社会之进步，争存之道，渐由腕力而趋于知力也。蛮人社会上之地位由腕力之强弱而分优劣，文明人社会上之地位，则由知力之深浅而判崇卑。未开时代之老人，以于腕力为弱者，故遭虐待；开明时代之老人，以于知力为优者（西谚有云：白发即知识之意），故蒙敬礼。今日之社会，实厚与老人以与青年竞争之机会。此老人所当益自奋勉，以报答社会之恩宠者也。一由于老人之自强，体力益以健康，知力益以丰富也。老人之体力，虽视青年为衰，而依其不断之修养，亦可减其程度，而其知识与经验，乃足以其长于青年者补其体力之所短，故其为用于社会，亦殊无劣于青年。吾闻欧美老人之活动于社会者，为数之众，使人惊叹不置。今日之老人，实能多助社会文明之进步，此社会所当设立种种制度，以酬慰老人对于社会之勋劳者也。盖夫宇宙之间，森罗万象，莫不有其存在之意义，苟存在于兹世，即有应尽之职分，可为之事业。西谚有云："不劳者无食"（Man that does not work shall not eat）。老人岂得以老人之故，而有坐食之权利耶？吾爱二十四岁为英国内阁总理之比特，吾尤爱以八十四龄之老躯为爱尔兰问题奋战之格兰士顿；吾敬以二十六岁之青年驱百万雄师越亚尔白士天险征服意大利之拿破仑，吾尤敬以八十二岁之老翁驰驱于铁血光中卒以委骨伏尸于战场之罗巴慈。

吾国现代之老人，以其于青年时代既无相当之修养，一至耄耋之年，辄皆呻吟辗转于病榻之间，投足举手尚待青年之扶持，其知力之固陋，亦几不识今日之世界为汉唐何代。青年而欲与之协力，与之调和，殊为至难。吾人惟有怜之、惜之、以奉养之，此外无所希望于彼等。吾惟盼吾新中国之新青年速起而耸起双肩，负此再造国家民族之责任，即由青年以迄耄老，一息尚存，勿怠其努力，勿荒其修养，期于青年时代为一好青年，即老人时代为一好老人，勿令后之青年怜惜今之青年，亦如今之青年怜惜今之老人也。

注

① 见 Mill, *Consideration on Representative Government*. 第二章 The Criterion of A Good Horm of Goverument.

② 见 Chrestensen, *Political and Crowd-morality*. 第一章 World View and Political Conviction。

李君此文，引密尔、古里天森二氏言，以明社会所需进步保守之量，义极精确。劝诫青年不可轻蔑老人。愚亦以为有至理。惟吾青年对于李君之教言，不得不有二种感想。其一则吾国社会，自古保守之量，过于进步。今之立言者，其轻重宜慎所择。其一则此时国人之年龄，与知力为反比例。倘由知力之深浅而判崇卑，则吾国之老人，当敬礼少壮。愚甚望现时诸老人，其勿误会李君立论之旨，真自以为于社会文明之进步，已有何德可崇何功应报也。质之李君，以为然否。

独秀 识

（原载《新青年》第三卷第二号，一九一七年四月）

我的马克思主义观（节选）

李大钊

（一）

一个德国人说过，五十岁以下的人说他能了解马克思的学说，定是欺人之谈。因为马克思的书卷帙浩繁，学理深晦。他那名著《资本论》三卷，合计两千一百三十五页，其中第一卷是马氏生存时刊行的，第二、第三两卷是马氏死后他的朋友恩格斯替他刊行的。这第一卷和二、三两卷中间，难免有些冲突矛盾的地方，马氏的书本来难解，添上这一层越发难解了。加以他的遗著未曾刊行的还有很多，拼上半生的工夫来研究马克思，也不过仅能就他已刊的著书中，把他反复陈述的主张得个要领，究不能算是完全了解"马克思主义"的。我平素对于马氏的学说没有什么研究，今天硬想谈"马克思主义"已经是僭越得很。但自俄国革命以来，"马克思主义"几有风靡世界的势子，德奥匈诸国的社会革命相继而起，也都是奉"马克思主义"为正宗。"马克思主义"既然随着这世界的大变动，惹动了世人的注意，自然也招了很多的误解。我们对于"马克思主义"的研究，虽然极其贫弱，而自一九一八年马克思诞生百年纪念以来，各国学者研究他的兴味复活，批评介绍他的很多。我们把这些零碎的资料，稍加整理，乘本志出"马克思研究号"的机会，把他转介绍于读者，使这为世界改造原动的学说，在我们的思辨中，有点正确的解释，吾信这也不是绝无裨益的事。万一因为作者的知能谫陋，有误解马氏学说的地方，亲爱的读者肯赐以指正，那是作者所最希望的。

（二）

我于评述"马克思主义"以前，先把"马克思主义"在经济思想史上占若何的地位，略说一说。

由经济思想史上观察经济学的派别，可分为三大系，就是个人主义经济学、社会主义经济学与人道主义经济学。

个人主义经济学，也可以叫作资本主义经济学。三系中以此为最古。著《原富》的亚丹·斯密（Adam Smith）是这一系的鼻祖。亚丹·斯密以下，若马查士（Malthus）、李嘉图（Ricardo）、杰慕士·穆勒（James Mill）等，都属于这一系。把这一系的经济学发挥光大，就成了正系的经济学，普通称为正统学派。因为这个学派是在模范的资本家国的英国成立的，所以英国以外的学者也称他为英国学派。这个学派的根本思想是承认现在的经济组织为是，并且承认在此经济组织内，各个人利己的活动为是。他们以为现在的经济组织，就是个人盈利主义的组织，是最巧最妙、最经济不过的组织。从生产一面讲，各人为自己的利益，自由以营经济的活动，自然努力以使自己的利益于最大的限度。其结果：社会全体的利益不期增而自增。譬如各人所有的资本，自然都知道把它由利益较少的事业，移到利益较多的事业上去。社会全体的资本，自然也都舍了那利益较少的事业，投到利益较多的事业上去。所以用不着什么政治家的干涉，自由竞争的结果，社会上资本的全量自然都利用到社会全体最有利的方面去。而事业家为使他自己的利益达于最大的限度，自然努力以使他自己制品全体的价增大，努力以求其商品全体的卖出额换回很多的价来。社会全体的富是积个人的富而成的。个人不断地为增加自己的富去努力，你这样做，他也这样做，那社会全体的富也不期增而日增了。再从消费一面讲，我们日用的一切物品，都不是在自己家内生产的，都是人家各自为盈利、为商卖而生产的。自己要得一种物品：米、盐、酱、醋，乃至布匹、伞、屐、新闻、杂志之属，都不是空手向人家讨得来的。依今日的经济组织，都是各人把物卖钱，各人拿钱买货。各人按着自己最方便的法子去活动，比较着旁人为自己代谋代办，亲切得多，方便得多，经济得多。总而言之，他们对于今日以各人自由求各自利益为原则的经济组织，很满足，很以为妥当。他们主张维持它，不主张改造它。这是个人主义经济学。也就是以资本为本位，以资本家为本位的经济学。

以上所述个人主义经济学，有二个要点：其一是承认现在的经济组织为是；其二是承认在这经济组织内，各个人利己的活动为是。社会主义经济学正反对他那第一点。人道主义经济学正反对他那第二点。人道主义经济学者以为无论经济组织改造到怎么好的地步，人心不改造仍是现在这样的贪私无厌，社会仍是没有改善的希望，于是否认经济上个人利己的活动，欲以爱他的动机代那利己的动机；不置重于经济组织改造的一方面，而置重于改造在那组织下活动的各个人的动机。社会主义经济学者以为现代经济上、社会上发生了种种弊害，都是现在经济组织不良的缘故，经济组织一经改造，一切精神上的现象都跟着改造，于是否认现在的经济组织，而主张根本改造。人道主义经济学者持人心改造论，故其目的在道德的革命。社会主义经济学者持组织改造论，故其目的在社会的革命。这两系都是反对个人主义经济学的，但人道主义者同时为社会主义者的也有。

现在世界改造的机运，已经从俄、德诸国闪出了一道曙光。从前经济学的正统，是在个人主义。现在社会主义、人道主义的经济学，将要取此正统的位系，而代个人主义以起了。从前的经济学，是以资本为本位，以资本家为本位。以后的经济学，要以劳动为本位，以劳动者为本位了。这正是个人主义向社会主义、人道主义过渡的时代。

马克思是社会主义经济学的鼻祖，现在正是社会主义经济学改造世界的新纪元，"马克思主义"在经济思想史上的地位如何重要，也就可以知道了。

本来社会主义的历史并非自马氏始的，马氏以前也很有些有名的社会主义者，不过他们的主张，不是偏于感情，就是涉于空想，未能造成一个科学的理论与系统。至于马氏才用科学的论式，把社会主义的经济组织的可能性与必然性，证明与从来的个人主义经济学截然分立，而别树一帜，社会主义经济学才成一个独立的系统，故社会主义经济学的鼻祖不能不推马克思。

（三）

"马克思主义"在经济思想史上的价值，即如上述，我当更进而就他的学说的体系略为大体的分析，以便研究。

马氏社会主义的理论，可分为三部：一为关于过去的理论，就是他的历史论，也称社会组织进化论；二为关于现在的理论，就是他的经济论，也称资本主义的经济；三为关于将来的理论，就是他的政策论，也称社会主义运动论，就是社会民主主义。离了他的特有的史观，去考他的社会主义，简直是不可能。因为他根据他的史观，确定社会组织是由如何的根本原因变化而来的；然后根据这个确定的原理，以观察现在的经济状态，就把资本主义的经济组织，为分析的、解剖的研究，预言现在资本主义的组织不久必移入社会主义的组织，是必然的运命；然后更根据这个预见，断定实现社会主义的手段、方法仍在最后的阶级竞争。他这三部理论，都有不可分的关系，而阶级竞争说恰如一条金线，把这三大原理从根本上联络起来。所以他的唯物史观说："既往的历史都是阶级竞争的历史。"他的《资本论》也是首尾一贯的根据那"在今日社会组织下的资本阶级与工人阶级，被放在不得不仇视、不得不冲突的关系上"的思想立论。关于实际运动的手段，他也是主张除了诉于最后的阶级竞争，没有第二个再好的方法。为研究上便利起见，就他的学说各方面分别观察，大概如此。其实他的学说是完全自成一个有机的有系统的组织，都有不能分离不容割裂的关系。

（四）

请先论唯物史观。

唯物史观也称历史的唯物主义。他在社会学上曾经，并且正在表现一种理想的运动，与前世纪初，在生物学上发现过的运动，有些相类。在那个时候是用以说明各种形态学上的特征、关系的重要，志在得一个种的自然分类，与关于生物学上有机体生活现象更广的知识。这种运动既经指出那内部最深的构造，比外部明显的建造，若何重要，唯物史观就站起来反抗那些历史学家与历史哲学家，把他们多年所推崇为非常重要的外部的社会构造，都列于第二的次序；而那久经历史学家辈蔑视，认为卑微暧昧的现象的，历史的唯物论者却认为于研究这很复杂的社会生活全部的构造与进化，有莫大的价值。

历史的唯物论者观察社会现象，以经济现象为最重要，因为历史上物质的要件中，变化发达最甚的，算是经济现象。故经济的要件是历史上唯一的物质的要件。自己不能变化的，也不能使别的现象变化。其他一切非经济的物质的要件，如人种的要件、地理的要件等，本来变化很少，因之及于社会现象的影响也很小，但于它那最少的变化范围内，多少也能与人类社会的行程以影响。在原始未井时代的社会，人类所用的劳作工具，极其粗笨，几乎完全受制于自然。而在新发现的地方，向来没有什么意味的地理特征，也成了非常重大的条件。所以历史的唯物论者，于那些经济以外的一切物质的条件，也认它于人类社会有意义，有影响。不过因为它的影响甚微，而且随着人类的进化日益减退，结局只把它们看作经济的要件的支流罢了。出于这个缘故，有许多人主张改称唯物史观为经济史观。

唯物史观，也不是由马氏创的。自孔道西（Condorcet）依着器械论的典型，想把历史作成一科学，而期发现出一普遍的力，把那变幻无极的历史现象，一以贯之，已经开了唯物史观的端绪。故孔道西算是唯物史观的开创者。至桑西门（Saint-Simon）把经济的要素，比精神的要素看得更重。十八世纪时有一种想象说，说法兰西历史的内容不过是佛兰坎人与加利亚人间的人种竞争。他受了此说的影响，谓最近数世纪间的法国历史不外封建制度与产业的竞争，其争以大革命期达于绝顶。而产业初与君国制联合，以固专制的基础，基础既成又扑灭王国制。产业的进步是历史的决定条件，科学的进步又为补助他的条件。Thierry、Mignet 及 Guizot 辈继起，袭桑西门氏的见解，谓一时代的理想、教义、宪法等，毕竟不外当时经济情形的反映。关于所有权的法制，是尤其重要的。蒲鲁东亦以国民经济为解释历史的钥匙，信前者为因，后者为果。至于马氏用他特有的理论，把从前历史的唯物论者不能解释的地方，与以创见的说明，遂以造成马氏特有的唯物史观，而于从前的唯物史观有伟大的功绩。

唯物史观的要领，在认经济的构造对于其他社会学上的现象，是最重要的；更认经济现象的进路，是有不可抗性的。经济现象虽用它自己的模型，制定形成全社会的表面构造（如法律、政治、伦理，及种种理想上、精神上的现象都是），但这些构造中的那一个也不能影响它一点。受人类意思的影响，在它是永远不能的。就是人类的综合意思，也没有这么大的力量。就是法律它是人类的综合意思中最直接的表示，也只能受经济现象的影响，不能与丝毫的影响于经济现象。换言之，就是经济现象只能由它一面与其他社会现象以影响，而不能与其他社会现象发生相互的影响，或单受别的社会现象的影响。

经济构造是社会的基础构造，全社会的表面构造，都依着它迁移变化。但这经济构造的本身，又按它每个进化的程级，为它那最高动因的连续体式所决定。这最高动因，依其性质，必须不断的变迁，必然的与社会的经济的进化以诱导。

这最高动因究为何物，却又因人而异。Loria 所认为最高动因的，是人口的稠庶。人口不断的增加，曾经决定过去四个连续的根本状态，就是集合、奴隶所有、奴仆（Servile）、佣工。以后将次发生的现象，也该由此决定。马克思则以"物质的生产力"为最高动因：由家庭经济变为资本家的经济，由小产业制变为工场组织制，就是由生产力的变动而决定的。其他学者所认为最高动因的，又为他物。但它们有一个根本相同的论点，就是：经济的构造，依它内部的势力自己进化，渐于适应的状态中，变更全社会的表面构造，此等表面构造，无论用何方法，不能影响到它这一方面，就是这表面构造中最重要的法律，也不能与它以丝毫的影响。

有许多事实，可以证明这种观察事物的方法是合理的。我们晓得有许多法律，在经济现象的面前暴露出来它的无能。十七八世纪间那些维持商业平准，奖励金块输入的商法，与那最近英国禁遏脱拉斯（Trust）的法律都归无效，就是法律的力量不能加影响于经济趋势的明证。也有些法律，当初即没有力量与经济现象竞争，而后来它所适用的范围，却自一点一点地减缩，至于乌有。这全是经济现象所自致的迁移，无与于法律的影响。例如，欧洲中世纪时禁抑暴利的法律，最初就无力与那高利率的经济现象竞争，后来到了利润自然低落，钱利也跟着自然低落的时候，还继续存在，但它始终没有一点效果。它虽然形式上在维持它的存在，实际上久已无用，久已成为废物。它的存在全是法律上的惰性，只足以证明法律现象远追不上它所欲限制的经济现象，却只在它的脚后一步一步地走，结局惟有服从而已。潜深的社会变动，惟依它自身可以产生，法律是无从与知的。当罗马帝国衰颓时代，一方面呈出奴隶缺乏，奴价腾贵的现象；另一方面那一大部分很多而且必要的寄生阶级造成一个自由民，与新自由民的无产阶级。他们的贫困日益加甚，自然渐由农业上的奴仆劳动、工业上的佣工劳动，生出来奴隶制度的代替，因为这两种劳动全于经济上有很多的便利。若是把废奴的事业全委之于当时的基督教、人类同胞主义的理想，那是绝无效果的。十八世纪间英人曾标榜过一种高尚的人道主义的宗教。到了资本家经济上需要奴隶的时候，他们却把奴制输入到美洲殖民地，并且设法维持它。这类的事例不胜枚举，要皆足以证明法律现象只能随着经济现象走，不能越过它，不能加它以限制，不能与它以影响。而欲以法律现象奖励或禁遏一种经济现象的，都没有一点效果。那社会的表面构造中最重要的法律，尚且如此，其他如综合的理想等，更不能与经济现象抗衡。

（原载《新青年》第六卷第五号，一九一九年五月）

>>>

以美育代宗教说
——在北京神州学会演讲

蔡元培

兄弟于学问界未曾为系统的研究，在学会中本无可以表示之意见。唯既承学会诸君子责以讲演，则以无可如何中，择一于我国有研究价值之问题为到会诸君一言，即以美育代宗教之说是也。

夫宗教之为物，在彼欧西各国已为过去问题。盖宗教之内容，现皆经学者以科学的研究解决之矣。吾人游历欧洲，虽见教堂棋布，一般人民亦多入堂礼拜，此则一种历史上之习惯。譬如前清时代之袍褂，在民国本不适用，然因其存积甚多，毁之可惜，则定为乙种礼服而沿用之，未尝不可。又如祝寿、会葬之仪，在学理上了无价值，然戚友中既以请帖、讣闻相招，势不能不循例参加，借通情愫。欧人之沿袭宗教仪式，亦犹是耳。所可怪者，我中国既无欧人此种特别之习惯，乃以彼邦过去之事实作为新知，竟有多人提出讨论。此则由于留学外国之学生，见彼国社会之进化，而误听教士之言，一切归功于宗教，遂欲以基督教劝导国人。而一部分之沿袭旧思想者，则承前说而稍变之，以孔子为我国之基督，遂欲组织孔教，奔走呼号，视为今日重要问题。自兄弟观之，宗教之原始，不外因吾人精神之作用而构成。

吾人精神上之作用，普通分为三种：一曰知识；二曰意志；三曰感情。最早之宗教，常兼此三作用而有之。盖以吾人当未开化时代，脑力简单，视吾人一身与世界万物，均为一种不可思议之事。生自何来，死将何往，创造之者何人，管理之者何术？凡此种种，皆当时之人所提出之问题，以求解答者也。于是有宗教家勉强解答之，如基督教推本于上帝，印度旧教则归之梵天，我国神话则归之盘古。其他各种现象，亦皆以神道为唯一之理由。此知识作用之附丽于宗教者也。且吾人生而有生存之欲望，由此欲望而发生一种利己之心。其初以为非损人不能利己，故恃强凌弱，掠夺攫取之事，所在多有。其后经验稍多，知利人之不可少，于是有宗教家提倡利他主义。此意志作用之附丽于宗教者也。又如跳舞、唱歌，虽野蛮人亦皆乐此不疲。而对于居室、雕刻、图画等事，虽石器时代之遗迹，皆足以考见其爱美之思想。此皆人情之常，而宗教家利用之以为诱人信仰之方法。于是未开化人之美术，无一不与宗教相关联。此又情感作用之附丽于宗教者也。天演之例，由浑而画。当时精神作用至为混沌，遂结合而为宗教。又并无他种学术与之对，故宗教在社会上遂具有特别之势力焉。迨后社会文化日渐进步，科学发达，学者遂举古人所谓不可思议者，皆一一解释之以科学。日星之现象、地球之缘起、动植物之分布、人种之差别，皆得以理化、博物、人种、古物诸科学证明之。而宗教家所谓吾人为上帝所创造者，从生物进化论观之，吾人最初之始祖，实为一种极小之动物，后始日渐进化为人耳。此知识作用离宗教而独立之证也。宗教家对于人群之规则，以为神之所定，可以永远不变。然希腊诡辩家，因巡游各地之故，知各民族之所谓道德，往往互相抵触，已怀疑于一成不变之原则。近世学者据生理学、心理学、社会学之公例，以应用于伦理，则知具体之道德不能不随时随地而变迁。而道德之原理，则可由种种不同之具体者而归纳以得之。而宗教家之演绎法，全不适用。此意志作用离宗教而独立之证也。知识、意志两作用，既皆脱离宗教以外，于是宗教所最有密切关系者，唯有情感作用，即所谓美感。凡宗教之建筑，多择山水最胜之处，吾国人所谓天下名山僧占多，即其例也。其间恒有古木名花，传播于诗人之笔，是皆利用自然之美以感人者。其建筑也，恒有峻秀之塔，崇闳幽邃之殿堂，饰以精致之造像，瑰丽之壁画，构成黯淡之光线，佐以微妙之音乐。赞美者必有著名之歌词，演说者必有雄辩之素养。凡此种种，皆为美术作用，故能引人入胜。苟举以上种种设施而摒弃之，恐无能为役矣。

然而美术之进化史，实亦有脱离宗教之趋势。例如，吾国南北朝著名之建筑，则伽蓝耳，其雕刻，则造像耳，图画，则佛像及地狱变相之属为多。文学之一部分，亦与佛教为缘。而唐以后诗文，遂多以风景人情世事为对象。宋元以后之图画，多写山水花鸟等自然之美。周以前之鼎彝，皆用诸祭祀。汉唐之吉金，宋元以来之名瓷，则专供把玩。野蛮时代之跳舞，专以娱神，而今则以之自娱。欧洲中古时代留遗之建筑，其最著者率为教堂，其雕刻图画之资料，多取诸新、旧约，其音乐，则附丽于赞美歌，其演剧，亦排演耶稣故事，与我国旧剧《目莲救母》相类。及文艺复兴以后，各种美术渐离宗教而尚人文。至于今日，宏丽之建筑，多为学校、剧院、博物院。而新设之教堂，有美学上价值者，几无可指数。其他美术，亦多取资于自然现象及社会状态。于是以美育论，已有与宗教分合之两派。以此两派相较，美育之附丽于宗教者，常受宗教之累，失其陶养之作用，而转以激刺感情。

  盖无论何等宗教，无不有扩张己教、攻击异教之条件。回教之穆罕默德，左手持《可兰经》，而右手持剑，不从其教者杀之。基督教与回教冲突，而有十字军之战几及百年。基督教中又有新、旧教之战，亦亘数十年之久。至佛教之圆通，非他教所能及。而学佛者苟有拘牵教义之成见，则崇拜舍利受持经忏之陋习，虽通人亦肯为之。甚至为护法起见，不惜于共和时代，附和帝制。宗教之为累，一至于此，皆激刺感情之作用为之也。鉴激刺感情之弊，而专尚陶养感情之术，则莫如舍宗教而易以纯粹之美育。纯粹之美育，所以陶养吾人之感情，使有高尚纯洁之习惯，而使人我之见、利己损人之思念，以渐消沮者也。盖以美为普遍性，决无人我差别之见能参入其中。食物之入我口者，不能兼果他人之腹；衣服之在我身者，不能兼供他人之温，以其非普遍性也。美则不然。即如北京左近之西山，我游之，人亦游之。我无损于人，人亦无损于我也。隔千里兮共明月，我与人均不得而私之。中央公园之花石，农事试验场之水木，人人得而赏之。埃及之金字塔、希腊之神祠、罗马之剧场，瞻望赏叹者若干人，且历若干年，而价值如故。各国之博物院，无不公开者，即私人收藏之珍品，亦时供同志之赏览。各地方之音乐会、演剧场，均以容多数人为快。所谓独乐乐不如众乐乐，与寡乐乐不如与众乐乐。以齐宣王之惛，尚能承认之，美之为普遍性，可知矣。且美之批评，虽间亦因人而异，然不曰是于我为美，而曰是为美，是亦以普遍性为标准之一证也。

美以普遍性之故，不复有人我之关系，遂亦不能有利害之关系。马、牛、人之所利用者。而戴嵩所画之牛、韩干所画之马，决无对之而作服乘之想者。狮、虎，人之所畏也。而卢沟桥之石狮、神虎桥之石虎，决无对之而生搏噬之恐者。植物之花，所以成实也。而吾人赏花，决非作果实可食之想。善歌之鸟，恒非食品。灿烂之蛇，多含毒液。而以审美之观念对之，其价值自若。美色，人之所好也，对希腊之裸像，决不敢作龙阳之想。对拉飞尔若鲁滨司之裸体画，决不致有周昉秘戏图之想。盖美之超绝实际也如是。且于普通之美以外，就特别之美而观察之，则其义益显。例如，崇闳之美，有至大至刚两种。至大者，如吾人在大海中，唯见天水相连，茫无涯涘。又如夜中仰数恒星，知一星为一世界，而不能得其止境，顿觉吾身之小虽微尘不足以喻，而不知何者为所有。其至刚者，如疾风震霆，覆舟倾屋，洪水横流，火山喷薄，虽拔山盖世之气力，亦无所施，而不知何者为好胜。夫所谓大也、刚也，皆对待之名也。今既自以为无大之可言，无刚之可恃，则且忽然超出乎对待之境，而与前所谓至大至刚者肸合而为一体，其愉快遂无限量。当斯时也，又岂尚有利害得丧之见能参入其间耶！其他美育中，如悲剧之美，以其能破除吾人贪恋幸福之思想。《小雅》之怨悱，屈子之离忧，均能特别感人。《西厢记》若终于崔、张团圆，则平淡无奇，唯如原本之终于草桥一梦，始足发人深省。《石头记》若如《红楼后梦》等，必使宝黛成婚，则此书可以不作。原本之所以动人者，正以宝黛之结果一死一亡，与吾人之所谓幸福全然相反也。又如滑稽之美，以不与事实相应为条件。如人物之状态，各部分互有比例。而滑稽画中之人物，则故使一部分特别长大或特别短小。作诗则故为不谐之声调，用字则取资于同音异义者。方朔割肉以遗细君，不自责而反自夸。优旃谏漆城，不言其无益，而反谓漆城荡荡，寇来不得上。皆与实际不相容，故令人失笑耳。要之美学之中，其大别为都丽之美、崇闳之美（日本人译言优美、壮美）。而附丽于崇闳之悲剧，附丽于都丽之滑稽，皆足以破人我之见，去利害得失之计较，则其所以陶养性灵，使之日进于高尚者，固已足矣。又何取乎侈言阴骘，攻击异派之宗教，以激刺人心，而使之渐丧其纯粹之美感为耶。

（原载《新青年》第三卷第六号，一九一七年八月）

新教育与旧教育之歧点
——在天津中华书局"直隶全省小学会议欢迎会"演说

蔡元培

今日承京津中华书局代表之招，得与诸先生晤言一堂，不胜荣幸。中华书局，为供给教育资料之机关。诸君子皆有实施教育之职务。今日所相与讨论者，自然为教育问题。鄙人于小学教育，既未有经验，又于直隶省教育情形，未有所考察，不能为切实之贡献。谨以平日对于教育界之普通感想，质之于诸先生。

夫新教育所以异于旧教育者，有一要点焉，即教育者，非以吾人教育儿童而吾人受教于儿童之谓也。吾国之旧教育，以养成科名仕宦之材为目的。科名仕宦，必经考试，考试必有诗文。欲作诗文，必不可不识古字，读古书，记古代琐事；于是先之以《千字文》《神童诗》《龙文鞭影》《幼学须知》等书，进之以四书五经，又次则学为八股文、五言八韵诗，其他若自然现象、社会状况，虽为儿童所亟欲了解者，均不得阑入教科，以其于应试无关也。是教者预定一目的，而强受教者以就之。故不问其性质之动静，资禀之锐钝，而教之止有一法，能者奖之，不能者罚之，如吾人之处置无机物然，石之凸者平之，铁之脆者煅之；如花匠编松柏为鹤鹿焉；如技者教狗马以舞蹈焉；如凶汉之割折幼童，而使为奇形怪状焉。追想及之，令人不寒而栗。新教育则否，在深知儿童身心发达之程序，而择种种适当之方法以助之，如农学家之于植物焉，干则灌溉之，弱则支持之，畏寒则置之温室，需食则资以肥料，好光则覆以有色之玻璃。其间种类之别，多寡之量，皆几经实验之结果而后选定之，且随时试验，随时改良，决不敢挟成见以从事焉。故治新教育者，必以实验教育学为根底。实验教育学者，欧美最新之科学，自实验心理学出，而尤与实验儿童心理学相关。其所试验者，曰感觉之阈，曰感觉之分别界，曰空间与时间之表象，曰反射，曰判断，曰注意力，曰同化作用，曰联想，曰意志之阅历，曰统觉，凡一切心理上之现象皆具焉。其试验之也，或以仪器，或以图画，或以言语，或以文字。其所为比较者，或以年龄，或以男女之别，或以外界一切之关系，或以祖先之遗传性，因而得种种普通之例，亦即因而得种种差别之点。虽今日尚未达完全之域，然研究所得，视昔之纯凭臆测者，已较有把握矣。

因而知教育者，与其守成法，毋宁尚自然；与其求化一，毋宁展个性。请举新教育之合于此主义者数端：一曰托尔斯泰（Tolstoy）之自由学校。其建设也，尚在实验教育学未起以前，乃本卢梭、裴斯泰洛齐、弗罗贝尔等之自然主义而推演之者。其学生无一定之位置，或坐于凳，或登于桌，或伏于窗槛，或踞于地板，唯其所欲。其课程亦无定时，唯学生之愿，常以种种对象间厕而行之。其教授之形式，唯有问答。闻近年比利时亦有此种学校，鄙人欲索其章程，适欧战起，比为德所据，不可得矣。二曰杜威（Dewey）之实用主义。杜威尝著《学校与普通生活》一书，力言学校教科与社会隔绝之害。附设一学校于芝加哥大学，即以人类所需之衣、食、住三者为工事标准，略分三部：一曰手工，如木工金工之类；二曰烹饪；三曰缝织，而描画、模型等皆属之。即由此而授以学理，如因烹饪授以化学，因裁缝而授以数学，因手工而授以物理学、博物学，因原料所自出而授以地学，因各时代、各民族工艺若服食之不同而授以历史学、人类学等是也。三曰蒙特梭利之儿童室，即特设各种器具以启发儿童之心理作用者是也。吾国已有译本，想诸君已见之。四曰某氏之以工作为操练说。此说不忆为何人所创，大约以能力说为基础。能力者，西文所谓Energy也，近世自然哲学，以世界一切现象，不外乎能力之转移，如燃煤生热，热能蒸水成汽，汽能运机，机能制器，即一种能力之由煤而热、而汽、而机、而器，递相转移也。唯能力之转移，有经济与不经济之别，如水力可以运机发电，而我国海潮、瀑布之属皆置而不用，是即不经济之一端也。近世教育，如手工、图画等科，一方面为自力手力之操练，而一方面即有成绩品，此能力转移之经济者也。其他各种运动，大率止有操练，并无出品，则为不经济之转移。若合个人生理及社会需要两方面而研究之，设为种种手力足力之工作，以代拍球蹴球之戏，设为种种运输之工作，以利用竞走竞漕之役，则悉于体育之中，养成勤务之习惯，而一切过激之动作，凌人之虚荣心，亦可以免矣。其他类是之新说，为鄙人所未知者，尚不知凡几，亦足以见现代教育界之进步矣。吾国教育界，乃尚牢守几本教科书，以强迫全班之学生，其实与往日之《三字经》、四书五经等，不过五十步与百步之相差。欲救其弊，第一，须设实验教育之研究所；第二，教员须有充分之知识，足以应儿童之请益与模范而不匮；第三，则供给教育品者，亦当有种种参考之图画与仪器，以供教员之取资。如此，则始足语于新教育矣。

（原载《新青年》第五卷第一号，一九一八年七月）

我之文学改良观

刘半农

文学改良之议，既由胡君适之提倡之于前，复由陈君独秀钱君玄同赞成之于后。不佞学识谫陋，固亦为立志研究文学之一人。除于胡君所举八种改良、陈君所揭三大主义，及钱君所指旧文学种种弊端，绝端表示同意外，复举平时意中所欲言者，拉杂书之，草为此文。幸三君及世之留意文学改良者有以指正之。谓之"我之文学改良观"者，亦犹常君乃德所谓"见仁见智，各如其分。我之观念，未必他人亦同此观念"也。

文学之界说如何乎 此一问题，向来作者，持论每多不同。

甲之说曰："文以载道。"不知道是道、文是文，二者万难并作一谈。若必如八股家之奉四书五经为文学宝库，而生吞活剥孔孟之言，尽举一切"先王后世禹汤文武"种种可厌之名词，而堆砌之于纸上，始可称之为文。则"文"之一字，何妨付诸消灭。即若辈自奉为神圣无上之五经之一之《诗经》，恐三百首中，必无一首足当"文"字之名者。其立说之不通，实不攻自破。

乙之说曰："文章有饰美之意，当作文彰。"（见近人某论文书中）近顷某高等师范学校所聘国文教习川人某，尤主此说，谓："作文必讲音韵。后人称韩愈文起八代之衰，其实韩愈连音韵尚未懂得，何能作文。"故校中学生，自此公莅事后，相率摇头抖膝，推敲于"平平仄仄"之间。其可笑较诸八股家为尤甚。夫文学为美术之一，固已为世界文人所公认。然欲判定一物之美丑，当求诸骨底，不当求诸皮相。譬如美人，必具有天然可以动人之处，始可当一"美"字而无愧。若丑妇浓妆，横施脂粉，适成其为怪物。故研究文学而不从性灵中意识中讲求好处。徒欲于字句上声韵上卖力，直如劣等优伶，自己无真实本事，乃以花腔滑调博人叫好。此等人尚未足与言文学也。

　　二说之外，惟章实斋分别文史之说较为近是。然使尽以记事文归入史的范围，则在文学上占至重要之位置之小说，即不能视为文学。是不可也。反之，使尽以非记事文归入文的范围，则信札文告之属，初只求辞达意适而止，一有此项规定，反须加上一种文学工夫，亦属无谓。故就不佞之意，欲定文学之界说，当取法于西文，分一切作物为文字（Language）与文学（Literature）二类。西文释"Language"一词曰"Any means of conveying or Communicating ideas"是只取其传达意思，不必于传达意思之外，更用何等功夫也。又"Language"一词，往往可与语言（Speech）、口语（Tongue）通用。然明定其各个之训诂，则"LANGUAGE is generic, denoting, in its most extended use, any mode of conveying ideas; SPEECH is the language of sounds; And TONGUE is the Anglc-Saxon term for Lauguage, especially for Spoken Language"，是文字之用，本与语言无殊，仅取其人人都能了解，可以布诸远方，以补语言之不足，与吾国所谓"言之无文，行而不远"正相符合。至如 Literature，则界说中既明明规定为"The class of writings distinguished for brauty of style, as poetry, essays, history, fictions, or Belles-lettres"自与普通仅为语言之代表之文字有别。吾后文之所谓文学，即就此假定之界说立论（此系一人私见，故称假定而不称已定）。

　　文学与文字　此两个名词之界说既明，则"何处当用文字，何处当用文学"，与夫"必如何始可称文字，如何始可称文学"，亦为吾人不得不研究之问题。今分别论之。

　　第一问题，前此独秀君撰论，每以"文学之文"与"应用之文"相对待。其说似是。然就论理学之理论言之，文学的既与应用的相对，则文学之文不能应用，应用之文不能视为文学，不佞以"不贵苟同"之义，不敢遽以此说为然也。西人之规定文学之用处者，恒谓"Literature often embraces all compositons except these upon the positive sciences"。其说，似较独秀君稍有着落。然欲举实质科学以外一切文字，悉数纳诸文学范围之中，亦万难视为定论。就不佞之意，凡科学上应用之文字，无论其为实质与否，皆当归入文字范围。即胡、陈、钱三君及不佞今兹所草论文之文，亦系文字而非文学。以文学本身亦为各种科学之一。吾侪处于客观之地位以讨论之，不宜误宾以为主。此外他种科学，更不宜破此定例以侵害文学之范围〔吾国旧时科学书，大都并艺术与文学为一谈。幼时初习算学，一部《九数通考》，不半月即已毕业。而开首一段《河图洛书说》，及《周髀图说》，直至三年之后始能了解。此外作医书者，虽立论极浅，亦必引证《内经》及仲景之说，务使他人不能明白以为快。蚕桑之书，本取其妇孺多解，而作者必用古文笔法。卜筮之书，本为瞽者留一啖饭地（星学家自言如此），而必参入似通非通之易理以自重。诸如此类，无非卖才使气，欺人自欺。吾国原有学术之所以不能发达与普及，实此等自命渊博之假文士有以致之。近自西洋物质文明，稍稍输入中国，凡翻译东西科学书籍者，都已不复有此恶习。而严复所撰《英文汉诂》，虽全书取材，悉系彼邦至粗浅之文法，乃竟以文笔之古拙生涩，见称于世。若欲取此书以为教材，是非使学徒先习十数年国文，即不许其研究英文，试问天下有是理乎。余决非盲从西洋学说之人。此节所引文学用处之规定，其 positive 一字，实以"Philosophical Literature"已成为彼邦文学中之一种。而哲学又为诸种科学之一，故必于"科学"之上冠以"实质"，方不至互相抵触。其实哲学本身，既包有高深玄妙之理想，行文当力求浅显，使读者一望即知其意旨所在。此余所以主张无论何种科学皆当归入文字范围，而不当羼入文学范围也〕。至于新闻纸之通信（如普通纪事可用文字，描写人情风俗当用文学），政教实业之评论（如发表意见用文字，推测其安危祸福用文学），官署之文牍告令（文牍告令，什九宜用文字而不宜用文学。钱君所指清代州县喜用滥恶之四六，以判婚姻讼事，与某处诰诫军人文，有"偶合之乌""害群之马""血蚨""飞蝗"等字样，即是滥用文学之弊。然如普法之战，《拿破仑三世致普鲁士威廉大帝之宣战书》为"Sire my brother, Not having been able to die in the midst of my troops, it only remains for me to place my sword in the hands of Your Majesty. I am Your Mojesty's good brother, Napoleon"，未尝不可视为稀世奇文。威廉复书中"Regretting the circumstances under which we meet, I accept the sword of Your Majesty"之句，便觉黯然无色。故于适当之处，文牍中亦未尝绝对不可用文学也），私人日记信札［此二种均宜用文字。然如游历时之日记，即不得不于有关系之处，涉及文学。至于信札，则不特前清幕府中所用四六滥调当废，即自命文士者所作小简派文学，亦大可不做。惟在必要时，如美儒富兰克林（B.Franklin）之与英议员司屈拉亨（Strayan）绝交、英儒约翰生（S.Johnson）之不愿受极司菲尔伯爵（Lord Chesterfield）之推誉，则不得不酌用文学功夫］，虽不能明定其属于文字范围或文学范围，要惟得已则已，不滥用文学以侵害文字，斯为近理耳。其必须列入文学范围者，惟诗歌戏曲、小说杂文、历史传记三种而已（以历史传记列入文学，仅就吾国及各国之惯例而言。其实此二种均为具体的科学，仍以列入文字为是）。酬世之文（如颂辞、寿序、祭文、挽联、墓志之属），一时虽不能尽废，将来崇实主义发达后，此种文学废物，必在自然淘汰之列。故进一步言之，凡可视文学上有永久存在之资格与价值者，只诗歌戏曲、小说杂文二种也。

第二问题，此问题之要旨，即在辨明文学与文字之做法之异同。兹就鄙见所及，分列三事如次：

（一）作文字当讲文法，在必要之处，当兼讲论理学。作文字当讲文法，且处处当讲论理学与修辞学。惟酌量情形，在适宜之处，论理学或较轻于修辞学。

（二）文字为无精神之物。非无精神也，精神在其所记之事物，而不在文字之本身也。故作文字如记账，只须应有尽有，将所记之事物，一一记完便了。不必矫揉造作，自为增损。文学为有精神之物。其精神即发生于作者脑海之中。故必须作者能运用其精神，使自己之意识、情感、怀抱一一藏纳于文中。而后所为之文，始有真正之价值，始能稳立于文学界中而不摇。否则精神既失，措辞虽工，亦不过说上一大番空话，实未曾作得半句文章也（以上两端为永久的）。

（三）钱君以输入东洋派之新名词，归功于梁任公，推之为创造新文学之一人。愚以为世界事物日繁，旧有之字与名词既不敷用，则自造新名词及输入外国名词，诚属势不可免。然新名词未必尽通（如"手续""场合"之类），亦未必吾国竟无适当代用之字（如"目的""职工"之类）。若在文字范围中，取其行文便利，而又为人人所习见，固不妨酌量采用。若在文学范围，则用笔以漂亮雅洁为主，杂入累赘费解之新名词，其讨厌必与滥用古典相同（西洋文学中，亦鲜有采用学术名词者）。然亦未必尽不可用，倘用其意义通顺者，而又无害于文笔之漂亮雅洁，固不必绝对禁止也（此为暂时的。使将来文学界中，能自造适当之新字或新名词以代之，此条即可废除不用）。

散文之当改良者三 此后专论文学，不论文字。所谓散文，亦文学的散文，而非文字的散文。

第一曰破除迷信。尝谓吾辈做事，当处处不忘有一个我，作文亦然。如不顾自己，只是学着古人，便是古人的子孙。如学今人，便是今人的奴隶。若欲不做他人之子孙与奴隶，非从破除迷信做起不可。此破除迷信四字，似与胡君第二项"不摹仿古人"之说相同。其实却较胡君更进一层。胡君仅谓古人之文不当摹仿，余则谓非将古人作文之死格式推翻，新文学决不能脱离老文学之窠臼。古人所作论文，大都死守"起承转合"四字。与八股家"乌龟头""蝴蝶夹"等名词，同一牢不可破。故学究授人作文，偶见新翻花样之课卷，必大声呵之，斥为不合章法。不知言为心声，文为言之代表。吾辈心灵所至，尽可随意发挥。万不宜以至灵活之一物，受此至无谓之死格式之束缚。至于吾国旧有之小说文学，程度尤极幼稚。直处于"Once upon a time, there was a..."之童话时代。试观其文言小说，无不以"某牛、某处人"开场。白话小说，无不从"某朝某府某村某员外"说起。而其结果，又不外"夫妇团圆""妻妾荣封""白日升天""不知所终"数种。《红楼梦》《水浒传》，能稍稍破其谬见矣。而不学无术者,又嫌其不全而续之。是可知西人所崇尚之"Half-told Tales"之文学境界,固未尝为国人所梦见。吾辈欲建造新文学之基础,不得不首先打破此崇拜旧时文体之迷信,使文学的形式上速放一异彩也(近见曾国藩《古文四象》一书,以太阳、太阴、少阳、少阴之说论文,尤属荒谬至极。此等迷信上古神话之怪物,胡不竟向埃及金字塔中作木乃伊去也)。

第二曰文言白话可暂处于对待的地位。何以故?曰,以二者各有所长,各有不相及处,未能偏废故。胡陈二君之重视"白话为文学之正宗",钱君之称"白话为文章之进化"。不佞固深信不疑,未尝稍怀异议。但就平日译述之经验言之,往往同一语句,用文言则一语即明,用白话则二三句犹不能了解(此等处甚多,不必举例)。是白话不如文言也。即亦有同是一句,用文言竭力做之,终觉其呆板无趣,一改白话,即有神情流露、"呼之欲出"之妙(如人人习知之"行不得也,哥哥","好教我左右做人难"等句),则又文言不如白话也。今既认定白话为文学之正宗与文章之进化,则将来之期望,非做到"言文合一"或"废文言而用白话"之地位不止。此种地位,既非一蹴可几,则吾辈目下应为之事,惟有列文言与白话于对待之地,而同时于两方面力求进行之策。进行之策如何?曰,于文言一方面,则力求其浅显,使与白话相近(如"此是何物"与"这是什么",相近,此王亮畴先生语)。于白话一方面,除竭力发达其固有之优点外,更当使其吸收文言所具之优点,至文言之优点尽为白话所具,则文言必归于淘汰,而文学之名词,遂为白话所独据,固不仅正宗而已也。或谓白话为一种俚俗粗鄙之文字,即充分进步,至于施曹之地,亦未必竟能取缜密高雅之文言而代之。吾谓白话自有其缜密高雅处。施曹之文,亦仅能称雄于施曹之世。吾人自此以往,但能破除轻视白话之谬见,即以前此研究文言之工夫研究白话,虽成效之迟速不可期,而吾辈意想中之白话新文学,恐尚非施曹所能梦见。

第三曰不用不通之字。胡君既辟用典之不通,钱君复斥以僻字代常用之字为不妥。文学上之障碍物,已扫除大半矣。而不通之字,亦在必须扫除之列。夫虚字实用、实字虚用之法，不特吾国文学中所习见，即西文中亦往往以noun、adjective、verb三类字互相通用。今欲废除此种用法，固属绝对不可能。而用之合宜与否，与读者果能明白与否，亦不可不辨。《曾国藩致李鸿裔书》论此甚详。所引"春风风人，夏雨雨人"，"解衣衣我，推食食我"诸句，意义甚明，新文学中仍可沿用。其"春朝朝日，秋夕夕月"句中，"朝、夕"二字作"祭"字解，已稍稍晦矣。至如商颂"下国骏厖"、周颂"骏发尔私"之骏字均作"大"字解，与武成"侯卫骏奔"、管子"弟子骏作"之"骏"字均作"速"字解，其拙劣不通，实无让于用典。近人某氏译西文小说，有"其女珠，其母下之"之句。以珠字代"胞珠"，转作"孕"字解。以"下"字作"堕胎"解，吾恐无论何人，必不能不观上下文而能明白其意者。是此种不通之字，较诸"附骥""续貂""借箸""越俎"等通用之典，尤为费解。

韵文之当改良者三 韵文对于散文而言，一切诗赋歌词戏曲之属，均在其范围之内。其赋之一种，凡专讲对偶、滥用典故者，固在必废之列。其不以不自然之骈俪见长，而仍能从性灵中发挥，如曹子建之《慰子赋》与《金瓠哀辞》，以及其类似之作物，如韩愈之《祭田横墓文》、欧阳修之《祭石曼卿文》等，仍不得不以其声调气息之优美，而视为美文中应行保存之文体之一。

第一曰破坏旧韵重造新韵。梁代沈约所造四声谱，即今日吾辈通用之诗韵，顾炎武已斥之为"不能上据雅南、旁摭骚子，以成不刊之典，而仅按班、张以下诸人之赋，曹刘以下诸人之诗所用之音，撰为定本，于是今音行而古音亡"。是此种声谱，在旧文学上已失其存在之资格矣。夫韵之为义叶也，不叶，即不能押韵，此至浅至显之言，可无须举例证明也。而吾辈意想中之新文学，既标明其宗旨曰："作自己的诗文，不作古人的诗文"，则古人所认为叶音之韵，尚未必可用。何况此古人之所不认，按诸今音又不能相合之四声谱，乃可视为文学中一种规律，举无数文人之心思脑血，而受制于沈约一人之武断耶。试观东冬二部所收之字，无论以何处方言读之，决不能异韵。而谱中乃分之为二。"规、眉、危、悲"等字，无论以何处方言读之，决不能与"支、之、诗、时"等字同韵，而谱中乃合之为一。又胬韵诸字，与有韵叶者多而与马韵叶者少，顾不通有而通马。真文元寒删先六韵，虽间有叶者，而不叶者居其十之九，而谱中竟认为完全相通。虽造谱之时，读音决不与今音相同。造谱者亦决无能力预为吾辈二十世纪读音设想。

吾辈苟无崇拜古人之迷信，即就其未为吾辈设想而破坏之，当亦为事理之所必然。故不佞之意，后此押韵，但问其叶与不叶，而不问旧谱之同韵与否、相通与否。如其叶，不同不通者亦可用。如其不叶，同而通者亦不可用。如有迷信古人宫、商、角、徵、羽，本音转音之说，以相诘难者，吾仍得以"韵即是叶"之本义答之。且前人之言韵者，固谓"音声本为天籁，古人歌咏出于自然，虽不言韵而韵转确"矣。今但许古人自然，而不许今人自然，必欲以人籁代天籁，拘执于本音转音之间，而忘却一至重要之"叶"字。其理耶，其通论耶（西人作诗，亦有通韵。然只闻"-il"与"-ill"；"-ic"与"-ick"；"-oke"与"-ook"等之相通。不闻强声音绝不相似之字如"规、眉、危、悲"等与"支、之、诗、时"等为一韵。更不闻强用希腊罗马之古音以押今韵也）。虽然，旧韵既废，又有一困难问题发生，即读音不能统一是。不佞对于此问题，有解决之法三。

（一）作者各就土音押韵，而注明何处土音于作物之下。此实最不妥当之法。然今之土音，尚有一着落之处，较诸古音之全无把握，固已善矣。

（二）以京音为标准，由长于京语者造一新谱，使不解京语者有所遵依。此较前法稍妥，然而未尽善。

（三）希望于"国语研究会"诸君，以调查所得，撰一定谱，行之于世。则尽善尽美矣。

或谓第三法虽佳，而语音时有变迁。今日之定谱，将来必更有不能适用之一日。余谓沈约既无能力豫为吾辈设想，吾辈亦决无能力为将来设想。将来果属不能适用，何妨更废之而更造新谱。即吾辈主张之白话新文学，依进化之程序言之，亦决不能视为文学之止境，更不能断定将来之人不破坏此种文学而建造一更新之文学。吾辈生于斯世，惟有尽思想能力之所及，向"是"的一方面做去而已。且语言之变迁，乃数百年间事而非数十年间事。当此交通机关渐臻完备之时，吾辈尚以"将来读音永远不变、永远统一"为希望也。

第二曰增多诗体。吾国现有之诗体，除律诗排律当然废除外，其余绝诗古风乐府三种（曲、吟、歌、行、篇、叹、骚等，均乐府之分支。名目虽异，体格互相类似），已尽足供新文学上之诗之发挥之地乎，此不佞之所决不敢信也。尝谓诗律愈严，诗体愈少，则诗的精神所受之束缚愈甚，诗学决无发达之望。试以英、法二国为比较，英国诗体极多，且有不限音节不限押韵之散文诗。故诗人辈出，长篇记事或咏物之诗，每章长至十数万字，刻为专书行世者，亦多至不可胜数。若法国之诗，则戒律极严。任取何人诗集观之，决无敢变化其一定之音节，或作一无韵诗者。因之法国文学史中，诗人之成绩，决不能与英国比。长篇之诗，亦鲜乎不可多得。此非因法国诗人之本领魅力不及英人也，以戒律械其手足，虽有本领魄力，终无所发展也。故不佞于胡君白话诗中《朋友》《他》二首，认为建设新文学的韵文之动机。倘将来更能自造，或输入他种诗体，并于有韵之诗外，别增无韵之诗（无韵之诗，我国亦有先例。如《诗经》"终南河有，有条有梅。君子至止，锦衣狐裘。颜如渥丹，其君也哉。"一章中，"梅、裘、哉"三字，并不叶韵，是明明一首无韵诗也。朱注："梅"叶"莫悲反"，音"迷"，"裘"叶"渠之反"，音"奇"，"哉"叶"将梨反"，音"赍"，乃是穿凿附会，以后人必欲押韵之"不自然"眼光，武断古人。古人决不如此念别字也）则在形式一方面，既可添出无数门径，不复如前此之不自由。其精神一方面之进步，自可有一日千里之大速率。彼汉人既有自造五言诗之本领，唐人既有自造七言诗之本领。吾辈岂无五言七言之外，更造他种诗体之本领耶。

第三曰提高戏曲对于文学上之位置。此为不佞生平主张最力之问题。前读近人吴梅所撰《顾曲麈谈》，谓北曲"不尚词藻，专重白描"。又谓《西厢》"'系春心情短柳丝长，隔花阴人远天涯。'……在当时不以此等艳语为然。谓之'行家生活'，即明人所谓'案头之曲'，非'场中之曲'也"。又谓"实甫曲如'颠不刺的见了万千，似这般可喜娘罕曾见。'及'鹘伶渌老不寻常'等语，却是当行出色"。又谓"昔洪昉思与吴舒凫论填词之法。舒凫云：'须令人无从浓圈密点。'时昉思女（之则）在座，曰：'如此则天下能有几人，可造此诣。'"是吴君已知"白描"之难能可贵矣。然必谓"胡元方言，尤须熟悉"而后，始可语填北曲，则不佞不敢赞同。盖元人所填者为元人之曲，故就近取元人之方言以为资料。吾辈所填者为吾辈之曲，自宜取材于近，而不宜取材于远。元人既未尝弃元语而用唐宋语以为古，吾辈"食古不化"而死用元语，不将为元人所笑耶。故不佞对于此问题，有四种意见：

（一）无论南词北曲，皆须用当代方言之白描笔墨为之，使合于"场中之曲"之规定。

（二）近人推崇昆剧，鄙视皮黄，实为迷信古人之谬见。当知艺术与时代为推移，世人既以皮黄之通俗可取而酷嗜之，昆剧自应退居于历史的艺术之地位。

（三）昆剧既退居于历史的艺术之地位，则除保存此项艺术之一部分人外，其余从事现代文学之人，均宜移其心力于皮黄之改良，以应时势之所需（第一条即为此项保存派说法。从前词曲家，不尚白描而尚纤丽，实未尝能保存词曲之精华也）。

（四）成套之曲，可以不作，改作皮黄剧本。零碎小词，可以不填，改填皮黄之一节或数节（近人填词，大都不懂音律。仅照老词数了字数，对了平仄，堆砌无数艳语，加上一个"调寄某某"之各名而已。今所谓改填皮黄者，须于皮黄有过研究功夫，再用新文学的本领放进去，则虽标明"调寄西皮某板"，或"调寄二黄某剧之某段"，似乎欠雅，其实无损于文学上与技术上之真价值也）。

吾所谓改良皮黄者，不仅钱君所举"戏子打脸之离奇，舞台设备之幼稚"，与"理想既无，文章又极恶劣不通"，与王君梦远《梨园佳话》所举"戏之劣处"一节已也。凡"一人独唱，二人对唱，二人对打，多人乱打"（中国文戏武戏之编制，不外此十六字），与一切"报名""唱引""绕场上下""摆对相迎""兵卒绕场""大小起霸"等种种恶腔死套，均当一扫而空。另以合于情理、富于美感之事物代之。（此事言之甚长，后当另撰专论）然余亦决非认皮黄为正当的文学艺术之人。余居上海六年，除不可免之应酬外，未尝一入皮黄戏馆。而 Lyceum Theater 之 Amateur Dramatic Cub，每有新编之戏开演，余必到馆观之，是余之喜白话之剧而不喜歌剧，固与钱君所谓"旧戏如骈文，新戏如白话小说"同一见解。只以现今白话文学尚在幼稚时代，白话之戏曲，尤属完全未经发现（上海之白话新戏，想钱君亦未必认为有文学价值之戏也），故不得不借此易于着手之已成之局而改良之，以应目前之急。至将来白话文学昌明之后，现今之所改良之皮黄，固亦当与昆剧同处于历史的艺术之地位。

形式上的事项 此等事项，较精神上的事项为轻。然文学既为一种完全独立之科学，即无论何事，当有一定之标准，不可随随便便含混过去。其事有三：

（一）分段。中国旧书，往往全卷不分段落。致阅看之时，则眉目不清。阅看之后，欲检查某事。亦茫无头绪。今宜力矫其弊，无论长篇短章，一一于必要之处划分段落。惟西文二人谈话，每有一句，即另起一行，华文似可不必。

（二）句逗与符号。余前此颇反对句逗。谓西文有一种毛病。即去其句逗与大写之字，即令人不懂。汉文之不加句逗者，却仍可照常读去。若在此不必加句逗之文字上而强加之，恐用之日久，反妨害其原有之能事，而与西文同病。不知古书之不加句逗而费解者，已令吾人耗却数心力于无用之地。吾人方力求文字之简明适用，固不宜沿有此种懒惰性质也。然西文"，；：．"四种句逗法，倘不将文字改为横行，亦未能借用。今本篇所用"．、。"三种，唯"、"之一种，尚觉不敷应用，日后研究有得，当更增一种以补助之。至于符号，则"？"一种，似可不用，以吾国文言中有"欤、哉、乎、耶"等，白话中有"么呢"等，问语助词，无须借助于记号也。然在必要之处，亦可用之。"！"一种，文言中可从省，白话中决不可少。""""与"''"之代表引证或谈话，"——"之代表语气未完，"……"之代表简略，"（）"之代表注解或标目，亦不可少，"＊"及字旁所注"123"等小字可以不用，以汉文可用双行小注，无须 foot-note 也。又人名地名既无大写之字以别之，亦宜标以一定之记号。先业师刘步洲先生尝定单线在右指人名，在左指官名及特别物名，双线在右指地名，在左指国名、朝名、种族名，颇合实用。惜形式不甚美观，难于通用。

（三）圈点。此本为科场恶习，无采用之必要。然用之适当，可醒眉目，今暂定为三种，精采用"○"，提要用"●"，两事相合则用"⊙"。惟滥圈滥点，当悬为厉禁。

结语 除于上述诸事，不敢自信为必当，敬请胡、陈、钱三君及海内外关心本国文学者逐条指正外，尚有三事记之于次：

（一）余于用典问题，赞成钱君之说。主张无论广义狭义工者拙者，一概不用。即用引证，除至普通者外，亦当注明出自何书，或何人所说。

（二）余于对偶问题，主张自然。亦如钱君所谓："凡作一文，欲其句句相对，与欲其句句不对者，皆妄也。"

（三）余赞成小说为文学之大主脑，而不认今日流行之红男绿女之小说为文学（不佞亦此中之一人，小说家幸勿动气）。

刘君此文，最足唤起文学界注意者二事，一曰改造新韵，一曰以今语作曲。至于刘君所定文字与文学之界说，似与鄙见不甚相远。鄙意凡百文字之共名，皆谓之文。文之大别有二，一曰应用之文，一曰文学之文。刘君以诗歌、戏曲、小说等列入文学范围，是即余所谓文学之文也。以评论文告日记信札等列入文字范围，是即余所谓应用之文也。"文字"与"应用之文"名词虽不同，而实质似无差异。质之刘君及读者诸君以为如何。

独秀识

（原载《新青年》第三卷第三号，一九一七年五月）

礼论

吴虞

《老子》曰："上德不德，是以有德。下德不失德，是以无德。上德无为而无以为，下德为之而有以为。上仁为之而无以为，上义为之而有以为。上礼为之而莫之应，则攘臂而扔之。故失道而后德，失德而后仁，失仁而后义，失义而后礼。夫礼者，忠信之薄，而乱之首也。"李宏甫注曰："无为也而亦无为也，是谓上德，黄帝是也。其次虽为之而实无为，是谓上仁，尧之仁如天是也。又其次不唯为之，而且有必为之心，是上义也，舜禹以下圣人是也。夫失道而德，失德而仁，失仁而义，至于失义而礼，则所以为之者极矣。故为而不应，则至于攘臂。攘臂不应，则刑罚甲兵。相因而起矣，是乱之首而忠信之薄也。"《礼运》郑康成注曰：大道，谓五帝时也。天下为公，公犹共也。禅位授圣，不家之。天下为家，传位于子，谋用是作，兵由此起，以其违大道敦朴之本也。禹、汤、文、武、成王、周公，由此其选也，能用礼义以为治。此六君子者，未有不谨于礼者也。是谓小康。大道之人，以礼于忠信为薄。言小安者，失之则贼乱将作矣。孔颖达疏曰：自大道之行，至是谓大同，论五帝之善。自大道既隐，至是谓小康，论三王之后。为公，谓揖让而授圣德，不私传子孙，即废朱均而用舜禹是也。选贤与能，明不世诸侯。国不传世，唯选贤与能，黜四凶举十六相是也。干戈攻伐，各私其亲，是大道去也。天下为家者，父传天位与子，是用天下为家也，禹为其始。五帝犹行德，不以为礼。三王行为礼之礼，故五帝不言礼，而三王云以为礼也。

其时谋作兵起，递相争战，禹汤等能以礼义成治，故云由此其选。周既礼道大用，何以老子云失道而后德，失德而后仁，失仁而后义，失义而后礼？礼者，忠信之薄，道德之华，争愚之始。故先师准纬候之文，以为三皇行道，五帝行德，三王行仁，五霸行义。若失义而后礼，岂周之成康在五霸之后。所以不同者，老子盛言道德质素之事，故云此也。礼为浮薄而施，所以抑浮薄，故云忠信之薄。据李宏甫、郑康成、孔颖达之说，则老子所谓道德，乃指三皇五帝之世公天下而言。确有所指，非如谢无量所谓仅为仁义未起以前之状态而已。老子所谓仁、义、礼，即指三王、五霸以来家天下而言。其曰失道而后德，失德而后仁，失仁而后义，失义而后礼，即指皇降而帝，帝降而王，王降而霸之世也。禹、汤、文、武、成王、周公六君子者，皆家天下之君臣。故莫不谨于礼，而以礼为人君之大柄，仅得小安。失之则臣弑其君，子弑其父，而贼乱作矣。故必用礼为纪，以正君臣，以笃父子，以睦兄弟，以和夫妇。然不知道德之本，各私其私。而陈恒、齐简之君臣，晋献、申生之父子，郑庄、叔段之兄弟，鲁桓、齐姜之夫妇终不绝于世也，则礼之为用末矣。

《文子》曰："为礼者，雕琢人性，矫拂其情。目虽欲之，禁以度。心虽乐之，节以礼。趋翔周旋，屈节卑拜，肉凝而不食，酒澄而不饮，外束其形，内愁其德，钳阴阳之和，而迫性命之情，故终身为哀人。何则？不本其所以欲，不原其所以乐，而防其所乐。是犹圈兽而不塞其垣，禁其野心；决江河之流，而壅之以手……夫礼者，遏情闭欲，以义自防。虽情心咽噎，形性饥渴，以不得已自强，故莫能终其天年。礼者，非能使人不欲也，而能止之。乐者，非能使人勿乐也，而能防之。夫使天下畏刑而不敢盗窃（王介甫《礼论》曰，凡为礼者，必诎其放傲之心，逆其耆欲之性。莫不欲逸而为尊者劳，莫不欲得而为长者让。擎跽曲拳，以见其恭，夫民之于此，岂皆有乐之心哉，患上之恶己而随之以刑也），岂若使人无盗心哉！"（韩非曰，古之让天子者，是去监门之养而离臣虏之劳。古传天下而不足多也。今之县令，一日身死，子孙累世絜驾，故人重之。是以人之于让也，轻辞古之天子，难去今之县令者，厚薄之实异也。盖大同敦朴，君行民近，故禅授而弗矜。小康浮薄，君贵民贱，故争斗而勿绝。项羽曰，彼可取而代也。英布曰，欲为帝耳。是其证也。）故知其无所用，虽贪者皆辞之。不知其所用，廉者不能让之。又曰，廉耻陵迟，及至世之衰，害多而财寡，事力劳而养不足，民贫苦而忿争生，是以贵仁。人鄙不齐，比周朋党，各推其与，怀机巧诈之心，是以贵义。男女群居，杂而无别，是以贵礼。性命之情，淫而相迫于不得已，则不和，是以贵乐。故仁义礼乐者，所以救败也，非通治之道也。故德衰然后饰仁义，和失然后调声，礼淫然后饰容。故知道德，然后知仁义不足行也；知仁义，然后知礼乐不足修也。故曰，道散而为德，德溢而为仁义，仁义立而道德废矣。又曰，循性而行谓之道，得其天性谓之德，性失然后贵仁义，仁义立而道德废，纯朴散而礼乐饰，是非形而百姓眩，珠玉贵而天下争。夫礼者，所以别尊卑贵贱也。义者，所以和君臣、父子、兄弟、夫妇人道之际也。末世之礼，恭敬而交，为义者布施而得。君臣以相非，骨肉以生怨也。故水积则生相食之虫，土积则生自肉之狩，礼乐饰则生诈伪。又曰，深行之谓之道德，浅行之谓之仁义，薄行之谓之礼智。又曰，修道德即正天下，修仁义即正一国，修礼智即正一乡。夫文子者，老子之弟子。其分别道德、仁义、礼智之高卑深浅与其弊之所极，可谓至明白矣。是故道家则贵道德，庄子言道德非薄仁义是也。儒家则主仁义，孟子专尚仁义而不及道德是也。其次如荀卿，则一切本诸礼。最后如荀卿之门人李斯、韩非则以智术为尚而专用法（吾国法家所立之法，不过命令而已。与今世之所谓法律由议院议决者不同），而吾国专制之祸于是益烈矣。盖自礼运以礼为人君之大柄，荀卿隆礼义而杀诗书。《唐律》十恶大不敬条疏议曰，礼者敬之本，敬者礼之舆。故《礼运》云，礼者君之柄。而儒家所主张礼、乐、仁、义之效，亦可睹矣。

《隋书·礼仪志》曰："自犬戎弑后，迁周削弱，礼失乐微，风俗凋敝。仲尼预蜡宾而叹曰，'丘有志焉。禹、汤、文、武、成王、周公，未有不谨于礼者也'。"秦氏以战胜之威并吞六国，尽收其仪礼归之咸阳，唯采其尊君抑臣以为时用。至于退让起于趋步，忠孝成于动止，华叶靡举，鸿纤并摈。汉高既平秦乱，枚赏元勋，未遑庙制，群臣饮酒争功，或拔剑击柱，高祖患之。

叔孙通言曰，儒者难与进取，可与守成。于是请起朝仪而许焉，犹曰：度吾能行者为之。微习礼容，皆知顺轨。若祖述文武，宪章洙泗，则良由不暇，自畏之也。《汉书·叔孙通传》曰，臣愿颇采古礼与秦仪杂就之。习之月余，通曰，上可试观。上使行礼，曰吾能为此，乃使群臣肄习。会群臣朝十月，谒者治礼。至礼毕，尽伏置法酒。诸侍坐殿上，皆伏抑首，以尊卑次起上寿，觞九行，谒者言罢酒。御史之执法举不如仪者辄引去，竟朝置酒无欢哗失礼者。于是高帝曰，吾乃今日知皇帝之贵也。是则今日礼据隋志言之，更非文武、洙泗之旧，仅采秦氏尊上抑下之旨。于是叔孙窃圣人之号，汉高知皇帝之贵。始溺孔氏之儒冠，终享孔氏以太牢。自汉迄今，滔滔不返，而其害酷矣。

苏明允《礼论》曰：彼圣人者，必欲天下之拜其君父兄何也，其微权也。彼为吾君，彼为吾父，彼为吾兄，圣人之拜不用于世。吾与之皆坐于此，皆立于此，比肩而行于此，无以异也。吾一旦而怒，奋手举挺而搏逐之可也。何则？彼其心常以为吾侪也，不见异于吾也。圣人知人之安于逸而苦于劳，故使贵者逸而贱者劳。且又知坐之为逸，而立且拜之为劳也。故举其君父兄坐之于上，而使之立且拜于下。明日彼将有怒作于心者，徐而自思之，必曰，此吾向之所坐而拜之且立于其下者也。圣人固使之逸而使吾劳，是贱于彼也。奋手举挺以搏逐之，吾心不安焉。刻木而为人，朝夕而拜之，他日析之以为薪而犹且忌之。彼其始木焉而已，犹且不敢以为薪。故圣人以其微权而使天下尊其君父兄，而权者又不可以告人，故先之以耻，然后君父兄得以安其尊，以至于今（此即有子其为人孝悌，则不犯上作乱之意也）。苏子瞻《始皇论》曰，圣人忧民之桀猾变诈而难治也，是故制礼以反其初。礼者，所以反本复始也。圣人非不知箕踞而坐，不揖而食，便于人情，而适于四体之安也。将必使之习为迂阔难行之节，宽衣博带，佩玉履舄，所以回翔容与而不可以驰骤。上自朝廷而下至于民，其所以视听其耳目者，莫不近于迂阔。其衣以黼黻文章，其食以笾豆簠簋，其耕以井田，其进取选举以学校，其治民以诸侯。嫁娶死丧，莫不有法。严之以鬼神，而重之以四时，所以使民自尊而不轻为奸。故曰，礼之近人情者，非其至也。周公、孔子所以区区于揖让升降之间，丁宁反复而不敢失坠者，世俗之所谓迂阔，而不知夫圣人之权固在于此也。吕东莱曰（《经义考周礼引》），朝不混市，野不逾国，人不侵官，后不敢干天子之权，诸侯不敢僭天子之制，公卿不牟商贾之利，九卿、九牧相属而听命于三公，彼皆民上也。而尺寸法度不敢逾，一毫分寸不敢易，所以习民于尊卑等差阶级之中（礼之精意从此求之），消其逼上无等之心，而寓其道德之意（此道德乃指世俗所谓忠、孝、节、义之道德，非道家所谓之道德也）。是以民服事其上而下无以觊觎，贱不亢贵，卑不逾尊，一世之人，皆安于法度分寸之内（法度分寸，即指尊、卑、贵、贱、上、下之阶级等差）。志虑不易，视听不二，易直淳庞，而从上之令（礼之作用如此。制礼者用心之深远，魄力之伟大，吾亦不得不佩服之）。父召其子，兄授其弟，长率其属，何往而非五礼、六乐、三物、十二教哉。观苏氏父子及东莱之言，虽未明道德仁义礼降失之次第，及礼之兴于家天下之后之故，而于制礼者偏重尊贵长上，借礼以为驯扰制御卑贱幼下之深意，则已昭然若揭矣。是故，福泽谕吉之论吾国曰，支那旧教，莫重于礼乐。礼者，使人柔顺屈从者也。乐者，所以调和民间郁勃不平之气，使之恭顺于民贼之下也。呜呼！以福泽谕吉之言，证明允子瞻东莱之说，而后知圣人之嘉惠吾卑贱下民者至矣。宜乎晋人讲老庄之学如阮嗣宗辈，谓礼非为我辈设也。

《后汉书·陈宠传》曰：礼经三百三千，故甫刑大辟二百，五刑之属三千。礼之所去，刑之所取。失礼则入刑，相为表里。孟德斯鸠曰，支那政家，合宗教、法典、仪文、习俗四者于一炉而治之，凡此皆民之行谊也，皆民之道德也。总是四者之科条，而一言以括之曰，礼。使上下由礼而无违，斯政府之治定，政府之功成矣。此其大经也。顾支那为民上者之治其国也，不以礼而以刑。彼欲民之由礼，而其力不能得，则相与殷然持刑而求之，使天下之民皆漓然丧其常德。夫景教宗风，以人道相亲为根本。其为仪文也，事天平等，法会无遮，故其所求于人类在合。而支那礼之所重，在严天泽之分，谨内外之防，峻夷夏之辨，故其所成于民德在分。知分之为事，最近于专制之精神。知分之出于专制，而吾国之礼意可推矣。刘申叔《法律学史》序曰、

《汉书·艺文志》云：法家者流，出于理官。信赏必罚，以辅礼制。儒家者流，不尚成文之法典，以居敬行简临民，以为古代圣王准理以制义，故即用礼以止刑。礼禁未然之先，法施既然之后。此儒家所由崇教化也。又儒家制礼，首重等差（《中庸》云，亲亲之杀，尊贤之等，礼所生也。盖儒家之论等差，一曰亲疏之别，二曰贵贱之差，凡名物制度咸因此而生差别，是儒家以礼为法也）。以礼定分（《礼运》曰，礼达而分定。《荀子·大略篇》亦曰，礼者，法之大分也），以分为理。凡犯分即为犯律（《王制》曰，凡听五刑之讼，必原父子之亲，立君臣之义以权之）。故出乎礼者入于刑（《礼》曰，罪多而刑五，丧多而服五，是礼刑相与为表里也）。是则儒家所谓法典者，不外礼制之文而已。观陈宠、孟德斯鸠及刘申叔之说，吾国之礼与刑实交相为用。故《礼运》以礼为人君之大柄，而《汉书·刑法志》称大刑用甲兵。专制之国，其御天下之大法，不外礼与刑二者而已，而礼刑皆以尊、卑、贵、贱、上、下之阶级为其根本，此学者所宜深求而熟考者也。

孟德斯鸠曰：雅里斯多特穆常穷计极思，以摧散国民之武德，以柔蛊其少壮之精神。则令国中少年宜蓄发作髻如女子，簪花弄姿为五色奇衣，锦襜褕令长及踵，从师执乐器、习歌舞。出必有女子为持伞执扇，薰兰麝甲煎，浴则献比疏，列青铜镜以供，号为教育。至于弱冠，然后习他业。夫以如是为教育，所深喜之者，独暴主民贼耳。彼暴主民贼，固一身之逸乐无患是求，而国权之弱且衰，诚非所计及。严几道论之曰，雅里氏之所为，虽秦政之销钟镶、毁兵杖，无以过之。顾使当日秦不为彼而为此，中国之人将以为无道与否，未可知矣。何则？褒衣大裯，儒者之饰也。而五色奇服，固前代至今所不禁。而侍女添香，宫人执扇，含鸡舌，冠骏䴏，皆先朝法制。廊庙且犹用之，况间阎乎？观此，又知霸主民贼改正易服，制礼作乐，别有一番深意，中外所同，一经勘破，从此推寻，迎刃而解。独不知孔氏问礼于老聃，亦略闻大同小康之绪论。老聃博古达今，通礼乐之原，明道德之归。何以孔氏背其本师，舍道德，崇仁义，主张家天下之小康而偏重于礼，殆由其以干禄为心，汲汲于从政。三月无居，栖栖惶惶，自比匏瓜，贻讥丧家之狗。下拜南子，思赴佛肸，所干至七十二君之多，急于求沽。以礼为霸者时君所须，可以使贵贱有等，长幼有差，贫富轻重皆有称，意在趋时阿世。故曰君使臣以礼，又曰礼让为国。盖专制之朝，极之由礼而止，道德非其所尚也。两千年来，儒者自尊为礼义之邦，沿流不返。曾国藩之徒，至谓古之学者，无所谓经世之术，学礼焉而已。不仅宗教、法典、习俗、仪文归之于礼，即天文、地理、军政、官制、盐漕、赋税、科学、历史莫不萃集其中。礼之为事，宏巨如是，可谓诞谩矣。士大夫既高曾相传，视礼为天经地义，弗悟其非。苟询其何以当尊，何以当贵，亦瞠目而莫明其理，唯漫应曰，古圣人之制也。吁可嗤矣。故夫谈法律者，不贵识其条文，而贵明其所以立法之意。言制者，不在辨其仪节，而在知其所以制礼之心。余故略举诸家之言而论之如此，冀大雅宏达之教诲焉。

（原载《新青年》第三卷第三号，一九一七年五月）

吃人与礼教

吴虞

我读《新青年》里鲁迅君的《狂人日记》，不觉得发生了许多感想。我们中国人，最妙是一面会吃人，一面又能够讲礼教。吃人与礼教，本来是极相矛盾的事，然而它们在当时历史上，却认为并行不悖的，这真正是奇怪了。

《狂人日记》内说："我翻开历史一查，这历史每页上都写着'仁义道德'几个字。仔细看了半夜，才从字缝里看出字来，满本都写着两个字，是'吃人。'"我觉得他这日记，把吃人的内容，和仁义道德的表面，看得清清楚楚。那些戴着礼教假面具吃人的滑头伎俩，都被他把黑幕揭破了。我现在试举几个例来，证明他的说法：

（1）《左传·僖公九年》："周襄王使宰孔赐齐侯胙。曰：'天子有事于文武，使孔赐伯舅胙。'齐侯将下拜。孔曰：'且有后命。天子使孔曰，"以伯舅耋老，加劳赐一级，无下拜！"'对曰，天威不违颜咫尺，小白余敢贪天子之命，无下拜？恐陨越于下，以遗天子羞。敢不下拜？'下，拜。登，受。"这是记襄王祭文王、武王之后，拿祭肉分给齐侯，说"齐侯年老，可以不必下拜，讲君臣的礼节"。齐侯听得襄王如此吩咐，便同管仲商量。管仲答道，照着襄王吩咐的话做去，不行旧礼，便成了为君不君，为臣不臣，那就是大乱的根本了。（《齐语》）于是齐侯出去见客，便说道，"天子如天，鉴察不远，威严常在颜面之前，不敢不拜"。据这样看来，齐侯是很讲礼教的。君君臣臣的纲常名教，就是关于小小的一块祭肉，也不能苟且。讲礼教的人到这步田地，也就尽够了。就是如今刻《近思录》《传习录》的老先生，讲起礼教来，未必有这样的认真。齐侯真不愧为五霸之首了。然而我又考《韩非子》说道："易牙为君主味。君之所未尝食，唯人肉耳。易牙蒸其首子而进之。"《管子》说道，"易牙以调和事公。公曰：'唯蒸婴儿之未尝。'于是蒸其首子，而献之公。"（戴子高《管子校正·治要》"首子"作"子首"，《韩子·难》篇同，今本误倒）。你看齐侯一面讲礼教，尊周室，九合诸侯，不以兵车，葵丘大会，说了多少"诛不孝，无以妾为妻，敬老，慈幼"等道德仁义的门面话；却是他不但是姑姊妹不嫁的就有七个人，而且是一位吃人肉的。岂不是怪事？好像如今讲礼学的人，家中淫盗都有，他反骂家庭不应该讲改革。表里相差，未免太远。然而他们这类人，在历史上，在社会上，都占了好位置，得了好名誉去了。所以奖励得历史上和社会上表面讲礼教，内容吃人肉的，一天比一天越发多了。

（2）就是汉高帝。《汉书》：高帝二年，"汉王为义帝发丧，袒而大哭，哀临三日。发使告诸侯曰，'天下共立义帝，北面事之。今项羽放杀义帝江南，大逆无道，寡人亲为发丧，兵皆缟素。愿从诸侯王击楚之杀义帝者！'"高帝虽是大流氓出身，但他这样举动，是确守名教纲常，最重礼教的了。十二年，过鲁，以太牢祀祝孔子。孔二先生背时多年，自高帝用太牢加礼以后，后世祀孔的典体，便成了极重大的定例。武帝以后，用他传下这个方法，越发尊崇孔学，罢黜百家，儒教遂统一中国。这崇儒尊孔的发起人，是要推高帝；儒教在中国专制两千多年，也要推高帝为首功了。班固又恭维高帝道："天下既定，命萧何次律令，韩信申军法，张苍定章程，叔孙通制礼仪，陆贾造《新语》；虽日不暇给，规模弘远矣。"据这样看来，汉高帝哭义帝，斩丁公，他把名教纲常看得非常重要。他晓得三纲之中君臣一纲，关系自己的利害尤其吃紧，所以见得孔二先生说"君臣之义不可废"的话，他就立刻把从前未做皇帝时候"溺儒冠"的脾气改过，赶忙拿太牢去祀孔子，好借孔子种种尊君卑臣的说法来做护身符。他又制造许多律令礼仪来维持辅助，以期贯彻他那些名教纲常的主张。果然就传了四百年天下，骗了个"高皇帝"的尊号，史臣居然也就赞美他得天统了。却是我读《史记·项羽本纪》，说"项王与汉俱临广武而军，相守数月。当此时，彭越数反梁地，绝楚粮食。项王患之，为高俎，置太公其上。告汉王曰：'今不急下，吾烹太公！'汉王曰：'吾与项羽俱北面受命怀王，约为兄弟；吾翁即若翁，必欲烹而翁，幸分我一杯羹！'"汉王这样办法，幸而有位项伯在旁营救，说是"为天下者不顾家"，就是说想得天下做皇帝的人，本来就不顾他老爹死活的。项王幸亏听了他的话，未杀太公。假如杀了，分一杯羹给汉王，那汉王岂不是以吃他老爹的肉为"幸"吗？又读《史记·黥布列传》说，"汉诛梁王彭越，醢之。盛其醢，遍赐诸侯"。这也可见当时以人为醢，不但皇帝吃人肉，还要遍给诸侯，尝尝人肉的滋味。怪不得《左传》记"析骸易子而食"；《曾国藩日记》载"洪杨之乱，江苏人肉卖九十文钱一斤，涨到一百三十文钱一斤"。原来我们中国吃人的风气，都是霸主之首，开国之君，提倡下来的。你看高帝一面讲礼教，一面尊孔子，一面吃人肉，这类崇儒重道的礼教家，可怕不可怕呢？后来太公得上尊号做"太上皇"，没有弄到锅里去成了羹汤，真算是意外的侥幸呀！

（3）就是臧洪、张巡辈了。考《后汉书·臧洪传》："洪，中平末；弃官还家，太守张超请他做郡功曹。后来曹操围张超于雍丘，洪将赴其难，自以众弱，从袁绍请兵，袁绍不听，超城遂陷，张氏族灭，洪由是怨绍，绝不与通。绍兴兵围洪，城中粮尽，洪杀其爱妾，以食兵将，兵将咸流涕，无能仰视。"臧洪不过做张超的功曹，张超也不过是臧洪的郡将，就在三纲的道理说起来，也没有该死的名义。便有知己之感，也只可自己慷慨捐躯，以死报知己，就完事了。怎么自己想做义士，想身传图像，名垂后世，却把他人的生命拿来供自己的牺牲，杀死爱妾，以享兵将，把人当成狗屠呢？这样蹂躏人道，蔑视人格的东西，史家反称许他为"壮烈"，同人反亲慕他为"忠义"，真是是非颠倒，黑白混淆了。自臧洪留下这个榜样，后来有个张巡，也去摹仿他那篇文章：考《唐书·忠义传》，载"张巡守睢阳城，尹子奇攻围既久，城中粮尽，易子而食，析骸而爨。巡乃出其妾，对三军杀之，以飨军士，曰，'请公为国家戮力守城，一心无二。巡不能自割肌肤，以啖将士，岂可惜此妇人！'将士皆泣下，不忍食。巡强令食之。括城中妇人既尽，以男夫老小继之，所食人口二三万。许远亦杀奴僮以哺卒。"（《新书》），臧洪杀妾，兵将都流涕，不能仰视。张巡杀妾，军士都不忍食。可见越是自命忠义的人，那吃人的胆子越大。臧洪张巡，被礼教驱迫，至于忠于一个郡将，保守一座城池，便闹到杀人吃都不顾，甚至吃人上二三万口。仅仅他们一二人对于郡将，对于君主，在历史故纸堆中博得"忠义"二字。那成千累万无名的人，竟都被人白吃了。孔二先生的礼教讲到极点；就非杀人吃人不成功，真是惨酷极了。一部历史里面，讲道德说仁义的人，时机一到，他就直接间接的都会吃起人肉来了。就是现在的人，或者也有没做过吃人的事；但他们想吃人，想咬你几口出气的心，总未必打扫得干干净净！

到了如今，我们应该觉悟！我们不是为君主而生的！不是为圣贤而生的！也不是为纲常礼教而生的！什么"文节公"呀，"忠烈公"呀，都是那些吃人的人设的圈套，来诳骗我们的！我们如今应该明白了！吃人的就是讲礼教的！讲礼教的就是吃人的呀！

中华民国八年，八月，二十九日，吴虞又陵草于成都师今室。

（原载《新青年》第六卷第六号，一九一九年十一月）

女子问题

新社会问题之一

陶履恭

《新青年》征集关于女子问题之文章，既有日矣。而女子之投稿者，寥少已若珠玉之不多觏。更通观本志所刊布诸文，舍一二投稿家外，非背诵吾族传来之旧观念，即剿袭西方平凡著者之浅说：欲求其能无所忌惮研究女子问题，解决女子问题，释女子之真性，明女子之真位置，定女子与国家社会相密接之关系者，殆若凤毛、若麟角。吾兹非好为褒贬，专以评骘诸勇敢之投稿家为能事。诚以今日中国之社会，稍受教育、稍有知识之男子，方群陷于物质的生存竞争。高官厚禄，（法的或非法的）为毕生至高之希望。美姬娇妾，奢车丽服，为人生存在之真理由。男子既群以此为风尚，恬然奉此虚伪龌龊之标准，以规范一般人之行动，鼓舞一般人之希望，而犹希冀数千年来受束缚之女子，解脱重轭，振拔流俗，不尚物质，不慕虚荣，推倒群盲所崇拜之偶像，排斥时髦所趋逐之倾向，又岂可能。事实之未明，真理之未昌者，今日我国思想界言论界之现象也。而关于女子问题，缄默尤甚。揆其原因，诚以常人惑于一时之卑风劣俗，为社会状态所摆弄，道在迩而不之求，非真理易晦，事实难显也。

女子问题，欧美社会问题之最重者也。其成为问题也，纯为社会状态之所诞生，所酝酿。其所由来，非一朝夕，必社会状态有其所以兴起之原因。吾今欲究中国女子问题，自不能不述及女子问题发源地之欧美，自不能不述及该发源地之社会状态，以供吾人之借鉴。且所谓女子问题者，在今日已无国界之可言。自欧至美，自美至亚，女子之申诉呼吁，几无宁日。今日已成为一般女子之大觉醒。即吾国二万万之女生灵，鼾睡方酣者，终亦必为世界女子活动之潮流所卷收，相与共谋解决之方。

一、经济之发达

男女之别，性（Sex）之别也。自生物学观之，男女生理之形态、组织、变化，有种种之差异。根本于生理上之差异，其精神作用之状态，复有异同。此不可掩之事实，依常识，依科学，皆可得明证者也。故二者之在社会也，初亦一本自然，各因其特能专长，而据其位置。考先民之分功制度，最初现于家族之内者，厥为男女之分功：夫耕妇织，夫猎妇炊，妇事养育而夫任保护，乃先民生活之状态，自然之分功也。后世群制稍进，治者更定为礼制：内言不出于阃，外言不入于阃。严防男女之别，使各不相侵。吾族数千年来，迄于今兹，遵守斯制，犹未尽替。已成为道德之要旨。使先民男女分功之经济状况永久而不变也，则男女间之关系，今日无以异于昨。然一旦男女之分功渐失其平，社会一般之分功代之以起，财货有畸轻畸重之势，而女子有独立自主之机，则女子之活动，不能不因之而嬗变。昔之女子，以育儿、煮饭、缝衣为惟一天职。今则以社会上经济状况之蜕化，而另谋活动之方。昔之女子以家庭为世界，为学校，为工场。生于兹，育于兹，受教于兹，劳动于兹，老死于兹。碌碌终生，舍生殖传种而外，所事惟满足家族经济之需要而已足。今日大工业勃兴，物品不复产于家庭，而产于工场。女子不复操作于家庭，而受佣于外人。此欧美今日之现状也。女子之位置于以变，女子之问题于以起。

经济状况之发达，实女子问题之一主因。今日盈千累万之女子，莫不食工业革新之赐，减劳役，轻思虑，而家庭种种之需要尽得偿。不役于父、不役于夫，而种种之生活得独立。盖先有经济界之革命，然后向来家庭之经济组织破。家庭之经济组织破，然后女子博得经济的独立。既获经济的独立，然后能脱历史传来之羁绊。

二、教育职业之发达

质言之，今日欧美社会之大运动，尽可以经济说明其原因。所谓社会问题，不过经济问题之变象而已。即吾兹所论究之女子问题，与详细剖辨其原因，亦可以经济之发展总括之。而吾以为经济状况而外，社会上有种种现象，虽以经济之影响而后发生，而其自身，更直接影响社会上其他现象，关系密切，有不容忽视者。经济之发达，固为女子问题之主因。而教育、职业、民政诸端，亦莫不被经济之影响，而后发展綦速。然其直接影响，促生今日之女子问题，其重要，其密切，有不能不承认其为原因之势。故特揭出论之。

昔男女分功之时代，女子活动之范围，不出于家庭之外，吾既言之。近世国家，设强迫教育之制：国民不问男女，不问贫富，凡逮一定年龄，概须受国民之教育。如是，则今之女子，非复一家一族之女子，而属于国家社会。其教育遂亦不仅系于一家一姓之兴衰，而系于社会国家之治乱。今日之女子，乃获空前之机会，出家庭之小社会，见闻狭隘，不出张长李短，思想卑浅，不外米酱油盐者，今乃诲以世界之山川形势，诏以国民之权利义务。眼界既开，知识斯长。藩篱一破，女子遂登社会之大舞台矣。

与教育相伴，促生女子问题之又一因，厥为职业之发达。昔之所谓职业，男子之职业也。女子，舍良妻贤母女红割烹，别无职业之可言。教育既遍施于男女，不特女子之聪明者，能驾男子而上之。即一般之女子，在学成绩，亦不见劣于男子。加以近世工商业发达之社会，各种职业之要求，殆无底止。或从事技术或从事学问，苟有一才一艺之能，不问男女，无不能见售于世。故今日之女子，不仅从事于家庭之职业，更从事于社会之职业。不止于良妻贤母之国民，更兼为良工巧匠诗人学士之国民，此职业发达之结果。女子活动之范围，殆与男子活动之范围相吻合，工场，市廛，学校，政府，无往不见其足迹也。

三、思想之发达

右兹所述，仅就物质方面而言，显而易见。试一游欧美诸文明邦，家庭之中，日用物品，十之八九，取诸市廛，而不在家制备。若在通都大邑，即每日三餐，犹且有悉仰诸餐馆者。女子在家，服役至寡。主妇之任务，要在主持家政，监理一切而已。而市衢之上，熙熙攘攘，往来摩肩者，以女子之从事于劳动职业者充其强半。方今战事正酣，各国男丁，多投身于疆场。凡百事业，尽赖女子。而女子职业之范围，愈益扩张。此种现象，皆有目者所共见者也。女子问题，亦有非物质之原因，常人所未觉察，是为近世思想之发达。

欧洲自宗教革新而后，思想一变，而神学之权威杀。自法兰西大革命后，思想又一变，而社会制度政治制度积久之权威摧（思想之嬗变，必非一朝一夕之故，而为历史的经过。肇源湮远，积日持久，乃克成熟。吾兹取宗教革新及法之大革命为两种思想革命之纪元，取便志思想潮流之变迁而已）。近世之思想，勿论关于科学宗教、政治经济，继乎两种思想革命之后，常取怀疑之态度，含革命之趣味。欧洲女子固有之位置，乃千余年来所演成之社会制度，耶教经典之所制限，各族法典之所规定，从来相率因袭，谁复敢起而抵抗非难者。今亦受革命的思想之磅礴，终将沦于淘汰之数。抗之者谁，难之者谁，女子之诞生于革新思想之世界者也。

吾今欲缕述新思想之实现于女子问题，恐势有所不能。近百余年来之文学，关于女子位置之讨论，靡不见新思想之势力。最初若法之龚道西（Condorcet）于《进化史表》（*Esquisse d'un Aablean historique des Progris de l'esprit Humain*）申男女平等之义。穆勒约翰著《女子服从论》（*The Subjection of Woman*）论女子雌伏之非。此男子为女子作不平之鸣，彰彰有名，无俟吾言之赘。而现代女子著述家，若英之佛西脱夫人（Mrs. Henry Fawcert）（已故财政总长经济学者佛西脱之夫人）瑞典之克倚女士，（Ellen

Key)南非之谢莱纳夫人,(Olive Schreiner)及合众国之亚当斯女士,(Jane Addams)思想一发,形诸楮墨,皆能为女子吐气焰、增价值。虽至鄙薄妇女之人,亦不能不为所折服。然所谓思想之发达,非仅见于上述之四氏已也,亦非仅见于今日欧美文学界之女子著作家已也。今日新思想之势力,弥漫磅礴,殆无往而不是状态万千之女子,或在家,或在市,或为人妇,或为人女,咸于不知不觉之中,有伟壮不挠之精神(吾友某,营商于伦敦。一日,以事访某肆主人,主人不在,其书记出款待之,女子也,畅论女子问题,友大惊诧)。宁愿自食其力,不肯仰人鼻息;宁愿独身终生,不肯配偶失意。此种健旺之精神,可以于今日欧美社会之妇女觇之。

右所述者,皆促生女子问题之主因。语焉不详,仅藉以识产生女子问题诸主要社会状态而已。社会状态,常相为因果。以上诸种原因,既促女子之猛省,成为问题。诸种原因之外,若民政之进步,新伦理观念之发明,女子生率之增加,其他种种,更仆难数,亦鼓舞女子之大动力。而女子之自觉,自身之猛省,又反而直接间接促进以上诸种原因。今欲考女子问题之纯因,则错综纠纷,渺不可得。盖所谓社会问题,苟探其原,莫非若是之繁杂而难明也。

吾述女子问题既竟,而关于本题,未加界说,未下定义。读者不能无所疑。然女子问题,包含无数之意义,无限之希望,无尽之计画。若欲遍数,请俟异日。吾惟解释女子问题之原因,即能明其趋向,亦即可以与吾国今日社会状态相比较。视女子问题在吾国之位置,果为何如。今日吾国之经济、职业、思想,远逊于欧美,自不待言。而国中女子,处于今日之社会,亦自然无奋发策励之机会,似亦无足深怪。然今日之世界,乃交通频繁之世界,经济,职业,思想之发展,无不遍布于全球,成世界的潮流。现于欧洲今日之社会者,明日即将现于吾族之社会。今日欧美之女子问题,必将速见临于此邦,无俟疑惑。至于预俟其来,谋解决之方,则责艰任重,匪一人任。要在今日之青年,而尤在今日之青年女子。

(原载《新青年》第四卷第一号,一九一八年一月)

我之节烈观

鲁迅

"世道浇漓,人心日下,国将不国"这一类话,本是中国历来的叹声。不过时代不同,则所谓"日下"的事情,也有迁变。从前指的是甲事,现在叹的或是乙事。除了"进呈御览"的东西不敢妄说外,其余的文章议论里,一向就带这口吻。因为如此叹息,不但针砭世人,还可以从"日下"之中,除去自己。所以君子固然相对慨叹,连杀人放火嫖妓骗钱以及一切鬼混的人,也都乘作恶余暇,摇着头说道,"他们人心日下了"。

世风人心这件事,不但鼓吹坏事,可以"日下";即使未曾鼓吹,只是旁观,只是赏玩,只是叹息,也可以叫他"日下"。所以近一年来,居然也有几个不肯徒托空言的人,叹息一番之后,还要想法子来挽救。首先是康有为,指手画脚地说"虚君共和"才好,陈独秀便斥他不兴;其次是一班灵学派的人,不知何以起了极古奥的思想,要请"孟圣矣乎"的鬼来画策;陈百年、钱玄同、刘半农又道他胡说。

这几篇驳论,都是《新青年》里最可寒心的文章。时候已是二十世纪了;人类眼前,早已闪出曙光。假如《新青年》里,有一篇和别人辩地球方圆的文字,读者见了,怕一定要发怔。然而现今所辩,正和说地体不方相差无几。将时代和事实,对照起来,怎能不教人寒心而且害怕?

近来虚君共和是不提了,灵学似乎还在那里捣鬼,此时却又有一群人,不能满足;仍然摇头说道,"人心日下"了。于是又想出一种挽救的方法;

他们叫作"表彰节烈"！

这类妙法，自从君政复古时代以来，上上下下，已经提倡多年；此刻不过是竖起旗帜的时候。文章议论里，也照例时常出现，都嚷道"表彰节烈"！要不说这件事，也不能将自己提拔，出于"人心日下"之中。

"节烈"这两个字，从前也算是男子的美德，所以有过"节士""烈士"的名称。然而现在的"表彰节烈"，却是专指女子，并无男子在内。据时下道德家的意见，来定界说，大约节是丈夫死了，决不再嫁，也不私奔，丈夫死得愈早，家里愈穷，她便节得愈好。烈可是有两种：一种是无论已嫁未嫁，只要丈夫死了，她也跟着自尽；一种是有强暴来污辱她的时候，设法自戕，或者抗拒被杀，都无不可。这也是死得愈惨愈苦，她便烈得愈好，倘若不及抵御，竟受了污辱，然后自戕，便免不了议论。万一幸而遇着宽厚的道德家，有时也可以略迹原情，许她一个"烈"字。可是文人学士，已经不甚愿意替她作传；就令勉强动笔，临了也不免加上几个"惜夫惜夫"了。

总而言之：女子死了丈夫，便守着或者死掉；遇了强暴，便死掉；将这类人物，称赞一通，世道人心便好，中国便得救了。大意只是如此。

康有为借重皇帝的虚名，灵学家全靠着鬼话。这表彰节烈，却是全权都在人民，大有渐进自力之意了。然而我仍有几个疑问，须得提出。还要据我的意见，给他解答。我又认定这节烈救世说，是多数国民的意思；主张的人，只是喉舌。虽然是他发声，却和四肢五官神经内脏，都有关系。所以我这疑问和解答，便是提出于这群多数国民之前。

首先的疑问是：不节烈（中国称不守节作"失节"，不烈却并无成语，所以只能合称它"不节烈"）的女子如何害了国家？照现在的情形，"国将不国"，自不消说；丧尽良心的事故，层出不穷；刀兵盗贼水旱饥荒，又接连而起。但此等现象，只是不讲新道德新学问的缘故，行为思想，全抄旧账；所以种种黑暗，竟和古代的乱世仿佛，况且政界军界学界商界等里面，全是男人，并无不节烈的女子夹杂在内。也未必是有权力的男子，因为受了他们蛊惑，这才丧了良心，放手作恶。至于水旱饥荒，便是专拜龙神，迎大王，滥伐森林，不修水利的祸祟，没有新知识的结果；更与女子无关。只有刀兵盗贼，往往造出许多不节烈的妇女。但也是兵盗在先，不节烈在后，并非因为她们不节烈了，才将刀兵盗贼招来。

其次的疑问是：何以救世的责任，全在女子？照着旧派说起来，女子是"阴类"，是主内的，是男子的附属品。然则治世救国，正须责成阳类，全仗外子，偏劳主体。决不能将一个绝大题目，都阁在阴类肩上。倘依新说，则男女平等，义务略同。纵令该担责任，也只得分担。其余的一半男子，都该各尽义务。不特须除去强暴，还应发挥他自己的美德。不能专靠惩劝女子，便算尽了天职。

最后的疑问是：表彰之后，有何效果？据节烈为本，将所有活着的女子，分类起来，大约不外三种：一种是已经守节，应该表彰的人（烈者非死不可，所以除出）；一种是不节烈的人；一种是尚未出嫁，或丈夫还在，又未遇见强暴，节烈与否未可知的人。第一种已经很好，正蒙表彰，不必说了。第二种已经不好，中国从来不许忏悔，女子做事一错，补过无及，只好任其羞杀，也不值得说了。最要紧的，只在第三种，现在一经感化，她们便都打定主意道："倘若将来丈夫死了，决不再嫁；遇着强暴，赶紧自裁！"试问如此立意，与中国男子做主的世道人心，有何关系？这个缘故，已在上文说明。更有附带的疑问是：节烈的人，既经表彰，自是品格最高。但圣贤虽人人可学，此事却有所不能。假如第三种的人，虽然立志极高；万一丈夫长寿，天下太平，她便只好饮恨吞声，做一世次等的人物。

以上是单依旧日的常识，略加研究，便已发现了许多矛盾。若略带二十世纪气息，便又有两层：

一问节烈是否道德？道德这事，必须普遍，人人应做，人人能行，又于自他两利，才有存在的价值。现在所谓节烈，不特除开男子，绝不相干；就是女子，也不能全体都遇着这名誉的机会。所以决不能认为道德，当作法式。上回《新青年》登出的《贞操论》里，已经说过理由。不过贞是丈夫还在，节是男子已死的区别，道理却可类推。只有烈的一件事，尤为奇怪，还须略加研究。

照上文的节烈分类法看来，烈的第一种，其实也只是守节，不过生死不同。

因为道德家分类，根据全在死活，所以归入烈类。性质全异的，便是第二种。这类人不过一个弱者（现在的情形，女子还是弱者），突然遇着男性的暴徒，父兄丈夫力不能救，左邻右舍也不帮忙，于是她就死了；或者竟受了辱，仍然死了；或者终于没有死。久而久之，父兄丈夫邻舍，夹着文人学士以及道德家，便渐渐聚集，既不羞自己怯弱无能，也不提暴徒如何惩办，只是七口八嘴，议论她死了没有？受污没有？死了如何好，活着如何不好。于是造出了许多光荣的烈女，和许多被人口诛笔伐的不烈女。只要平心一想，便觉不像人间应有的事情，何况说是道德。

二问多妻主义的男子，有无表彰节烈的资格？替以前的道德家说话，一定是理应表彰。因为凡是男子，便有点与众不同，社会上只配有他的意思。一面又靠着阴阳内外的古典，在女子面前逞能。然而一到现在，人类的眼里，不免见到光明，晓得阴阳内外之说，荒谬绝伦；就令如此，也证不出阳比阴尊贵，外比内崇高的道理。况且社会国家，又非单是男子造成。所以只好相信真理，说是一律平等。既然平等，男女便都有一律应守的契约。男子决不能将自己不守的事，向女子特别要求。若是买卖欺骗贡献的婚姻；则要求生时的贞操，尚且毫无理由。何况多妻主义的男子，来表彰女子的节烈。

以上，疑问和解答都完了。理由如此支离，何以直到现今，居然还能存在？要对付这问题，须先看节烈这事，何以发生，何以通行，何以不生改革的缘故。

古代的社会，女子多当作男人的物品。或杀或吃，都无不可；男人死后，和他喜欢的宝贝，日用的兵器，一同殉葬，更无不可。后来殉葬的风气，渐渐改了，守节便也渐渐发生。但大抵因为寡妇是鬼妻，亡魂跟着，所以无人敢娶，并非要她不事二夫。这样风俗，现在的蛮人社会里还有。中国太古的情形，现在已无从详考。但看周末虽有殉葬，并非专用女人，嫁否也任便，并无什么裁制，便可知道脱离了这宗习俗，为日已久。由汉至唐也并没有鼓吹节烈。直到宋朝，那一班"业儒"的才说出"饿死事小失节事大"的话，看见历史上"重适"两个字，便大惊小怪起来。出于真心，还是故意，现在却无从推测。其时也正是"人心日下，国将不国"的时候，全国士民，多不像样。或者"业儒"的人，想借女人守节的话，来鞭策男子，也不一定。但旁敲侧击，方法本嫌鬼祟，其意也太难分明，后来因此多了几个节妇，虽未可知，然而吏民将卒，却仍然无所感动。于是"开化最早，道德第一"的中国终于归了"长生天气力里大福荫护助里"的什么"薛禅皇帝，完泽笃皇帝，曲律皇帝"了。此后皇帝换过了几家，守节思想倒反发达。皇帝要臣子尽忠，男人便愈要女人守节。到了清朝，儒者真是愈加厉害。看见唐人文章里有公主改嫁的话，也不免勃然大怒道，"这是什么事！你竟不为尊者讳，这还了得！"假使这唐人还活着，一定要斥革功名，"以正人心而端风俗"了。

国民将到被征服的地位，守节盛了；烈女也从此着重。因为女子既是男子所有，自己死了，不该嫁人，自己活着，自然更不许被夺。然而自己是被征服的国民，没有力量保护，没有勇气反抗了，只好别出心裁，鼓吹女人自杀。或者妻女极多的阔人，婢妾成行的富翁，乱离时候，照顾不到，一遇"逆兵"（或是"天兵"），就无法可想。只得救了自己，请别人都做烈女；变成烈女，"逆兵"便不要了。他便待事定以后，慢慢回来，称赞几句。好在男子再娶，又是天经地义，另讨女人，便都完事。因此世上遂有了"双烈合传"，"七姬墓志"，甚而至于钱谦益的集中，也布满了"赵节妇""钱烈女"的传记和歌颂。

只有自己不顾别人的民情，又是女应守节男子却可多妻的社会，造出如此畸形道德，而且日见精密苛酷，本也毫不足怪。但主张的是男子，上当的是女子。女子本身，何以毫无异言呢？原来"妇者服也"，理应服侍于人。教育固可不必，连开口也都犯法。她的精神，也同她体质一样，成了畸形。所以对于这畸形道德，实在无甚意见。就令有了异议，也没有发表的机会。作几首"闺中望月""园里看花"的诗，尚且怕男子骂她怀春，何况竟敢破坏这"天地间的正气"？只有说部书上，记载过几个女人，因为境遇上不愿守节，据作书的人说：可是她再嫁以后，便被前夫的鬼捉去，落了地狱；或者世人个个唾骂，做了乞丐，也竟求乞无门，终于惨苦不堪而死了！

如此情形，女子便非"服也"不可。然而男子一面，何以也不主张真理，只是一味敷衍呢？汉朝以后，言论的机关，都被"业儒"的垄断了。宋元以来，尤其厉害。我们几乎看不见一部非业儒的书，听不到一句非士人的话。除了和尚道士，奉旨可以说话的以外，其余"异端"的声音，决不能出他卧房一步。况且世人大抵受了"儒者柔也"的影响；不述而作，最为犯忌。即使有人见到，也不肯用性命来换真理。即如失节一事，岂不知道必须男女两性，才能实现。他却专责女性；至于破人节操的男子，以及造成不烈的暴徒，便都含糊过去。男子究竟较女性难惹，惩罚也比表彰为难。其间虽有过几个男人，实觉于心不安，说些室女不应守志殉死的平和话，可是社会不听；再说下去，便要不容，与失节的女人一样看待。他便也只好变了"柔也"，不再开口了。所以节烈这事，到现在不生变革。

（此时，我应声明：现在鼓吹节烈派的里面，我颇有知道的人。敢说确有好人在内，居心也好。可是救世的方法是不对，要向西走了北了。但也不能因为他是好人，便竟能从正西直走到北。所以我又愿他回转身来。）

其次还有疑问：

节烈难么？答道，很难。男子都知道极难，所以要表彰她。社会的公意，向来以为贞淫与否，全在女性。男子虽然诱惑了女人，却不负责任。譬如甲男引诱乙女，乙女不允，便是贞节，死了，便是烈；甲男并无恶名，社会可算淳古。倘若乙女允了，便是失节；甲男也无恶名，可是世风被乙女败坏了！别的事情，也是如此。所以历史上亡国败家的原因，每每归咎女子。糊糊涂涂的代担全体的罪恶，已经三千多年了。男子既然不负责任，又不能自己反省，自然放心诱惑；文人著作，反将他传为美谈。所以女子身旁，几乎布满了危险。除却她自己的父兄丈夫以外，便都带点诱惑的鬼气。所以我说很难。

节烈苦么？答道，很苦。男子都知道很苦，所以要表彰她。凡人都想活；烈是必死，不必说了。节妇还要活着。精神上的惨苦，也姑且弗论。单是生活一层，已是大宗的痛楚。假使女子生计已能独立，社会也知道互助，一人还可勉强生存。不幸中国情形，却正相反。所以有钱尚可，贫人便只能饿死。直到饿死以后，间或得了旌表，还要写入志书。所以各府各县志书传记类的末尾，也总有几卷"烈女"，一行一人，或是一行两人，赵钱孙李，可是从来无人翻读。就是一生崇拜节烈的道德大家，若问他贵县志书里烈女门的前十名是谁？也怕不能说出。其实她是生前死后，竟与社会漠不相关的。所以我说很苦。

照这样说，不节烈便不苦么？答道，也很苦。社会公意，不节烈的女人，既然是下品；她在这社会里，是容不住的。社会上多数古人模模糊糊传下来的道理，实在无理可讲；能用历史和数目的力量，挤死不合意的人。这一类无主名无意识的杀人团里，古来不晓得死了多少人物；节烈的女子，也就死在这里。不过她死后间有一回表彰，写入志书。不节烈的人，便生前也要受随便什么人的唾骂，无主名的虐待。所以我说也很苦。

女子自己愿意节烈么？答道，不愿。人类总有一种理想，一种希望。虽然高下不同，必须有个意义。自他两利固好，至少也得有益本身。节烈很难很苦，既不利人，又不利己。说是本人愿意，实在不合人情。所以假如遇着少年女人，诚心祝赞她将来节烈，一定发怒；或者还要受她父兄丈夫的尊拳。然而仍旧牢不可破，便是被这历史和数目的力量挤着。可是无论何人，都怕这节烈。怕它竟钉到自己和亲骨肉的身上。所以我说不愿。

我依据以上的事实和理由，要断定节烈这事是：极难，极苦，不愿身受，然而不利自他，无益社会国家，于人生将来又毫无意义的行为，现在已经失了存在的生命和价值。

临了还有一层疑问：

节烈这事，现代既然失了存在的生命和价值；节烈的女人，岂非白苦一番么？可以答他说：还有哀悼的价值。她们是可怜人；不幸上了历史和数目的无意识的圈套，做了无主名的牺牲。可以开一个追悼大会。

我们追悼了过去的人，还要发愿：要自己和别人，都纯洁聪明勇猛向上。要除去虚伪的脸谱。要除去世上害己害人的昏迷和强暴。

我们追悼了过去的人，还要发愿：要除去于人生毫无意义的苦痛。要除去制造并赏玩别人苦痛的昏迷和强暴。

我们还要发愿：要人类都受正当的幸福。

（原载《新青年》第五卷第二号，一九一八年八月）

>>>

人的文学

周作人

我们现在应该提倡的新文学,简单的说一句,是"人的文学"。应该排斥的,便是反对的、非人的文学。

新旧这名称,本来很不妥当。其实"太阳底下,何尝有新的东西?"思想道理,只有是非,并无新旧。要说是新,也单是新发现的新,不是新发明的新。新大陆是在十五世纪中,被哥伦布发现,但这地面是古来早已存在。电是在十八世纪中,被富兰克林发现,但这物事也是古来早已存在。无非以前的人,不能知道,遇见哥伦布与富兰克林才把它看出罢了。真理的发现,也是如此。真理永远存在,并无时间的限制,只因我们自己愚昧,闻道太迟,离发现的时候尚近,所以称它新。其实它原是极古的东西,正如新大陆同电一般,早在这宇宙之内,倘若将它当作新鲜果子、时式衣裳一样看待,那便大错了。譬如现在说"人的文学"这一句话,岂不也像时髦?却不知世上生了人,便同时生了人道。无奈世人无知,偏不肯体人类的意志,走这正路,却迷入兽道、鬼道里去,彷徨了多年,才得出来。正如人在白昼时候,闭着眼乱闯,末后睁开眼睛,才晓得世上有这样好阳光。其实太阳照临,早已如此,已有了无量数年了。

欧洲关于这"人"的真理的发现,第一次是在十五世纪,于是出了宗教改革与文艺复兴两个结果。第二次成了法国大革命,第三次大约便是欧战以后、将来的未知事件了。女人与小儿的发现,却迟至十九世纪,才有萌芽。

古来女人的位置，不过是男子的器具与奴隶。中古时代，教会里还曾讨论女子有无灵魂，算不算是一个人呢。小儿也只是父母的所有品，又不认他是一个未长成的人，却当他作具体而微的成人，因此又不知演了多少家庭的与教育的悲剧。自从 Froebel 与 Godwin 夫人以后，才有光明出现。到了现在，造成儿童学与女子问题这两个大研究，可望长出极好的结果来。中国讲到这类问题，却须从头做起，人的问题，从来未经解决，女人、小儿更不必说了。如今第一步先从人说起，生了四千余年，现在却还讲人的意义，重新要发现"人"，去"辟人荒"，也是可笑的事。但老了再学，总比不学该胜一筹罢。我们希望从文学起首，提倡一点人道主义思想，便是这个意思。

我们要说人的文学，须得先将这个人字，略加说明。我们所说的人，不是世间所谓"天地之性最贵"或"圆颅方趾"的人，乃是说"从动物进化的人类"。其中有两个要点：（一）"从动物"进化的；（二）从动物"进化"的。

我们承认人是一种生物。他的生活现象，与别的动物并无不同。所以我们相信人的一切生活本能，都是美的、善的，应得完全满足。凡有违反人性，不自然的习惯制度，都应排斥改正。

但我们又承认人是一种从动物进化的生物。他的内面生活，比他动物更为复杂高深，而且逐渐向上，有能改造生活的力量。所以我们相信人类以动物的生活为生存的基础，而其内面生活，却渐与动物相远，终能达到高上和平的境地。凡兽性的余留，与古代礼法可以阻碍人性向上的发展者，也都应排斥改正。

这两个要点，换一句话说，便是人的灵肉二重的生活。古人的思想，以为人性有灵肉二元，同时并存，永远冲突。肉的一面，是兽性的遗传。灵的一面，是神性的发端。人生的目的，便偏重在发展这神性。其手段，便在灭了体质以救灵魂。所以古来宗教，大都厉行禁欲主义，有种种苦行，抵制人类的本能。一方面却别有不顾灵魂的快乐派，只愿"死便埋我"。其实两者都是趋于极端，不能说是人的正当生活。到了近世，才有人看出这灵肉本是一物的两面，并非对抗的二元。兽性与神性，合起来便只是人性。英国十八世纪诗人 Blake

在《天国与地狱的结婚》一篇中，说得最好：

（一）人并无与灵魂分离的身体。因这所谓身体者，原只是五官所能见的一部分的灵魂。

（二）力是唯一的生命，是从身体发生的。理就是力的外面的界。

（三）力是永久的悦乐。

他这话虽略含神秘的气味，但很能说出灵肉一致的要义。我们所信的人类正当生活，便是这灵肉一致的生活。所谓从动物进化的人，也便是指这灵肉一致的人，无非用另一说法罢了。

这样"人"的理想生活，应该怎样呢？首先便是改良人类的关系。彼此都是人类，却又各是人类的一个。所以须营一种利己而又利他、利他即是利己的生活。第一，关于物质的生活，应该各尽人力所及，取人事所需。换一句话，便是各人以心力的劳作，换得适当的衣、食、住与医药，能保持健康的生存。第二，关于道德的生活，应该以爱、智、信、勇四事为基本道德，革除一切人道以下或人力以上的因袭的礼法，使人人能享自由真实的幸福生活。这种"人"的理想生活，实行起来，实于世上的人，无一不利。富贵的人虽然觉得不免失了他的所谓尊严，但他们因此得从非人的生活里救出，成为完全的人，岂不是绝大的幸福么？这真可说是二十世纪的新福音了。只可惜知道的人还少，不能立地实行。所以我们要在文学上略略提倡，也稍尽我们爱人类的意思。

但现在还须说明，我所说的人道主义，并非世间所谓"悲天悯人"或"博施济众"的慈善主义，乃是一种个人主义的人间本位主义。这理由是：第一，人在人类中，正如森林中的一株树木。森林盛了，各树也都茂盛。但要森林盛，却仍非靠各树各自茂盛不可。第二，个人爱人类，就只为人类中有了我、与我相关的缘故。墨子说"兼爱"的理由，因为"己亦在人中"，便是最透彻的话。上文所谓利己而又利他，利他即是利己，正是这个意思。所以我说的人道主义，是从个人做起。要讲人道，爱人类，便须先使自己有人的资格，占得人的位置。耶稣说："爱邻如己。"如不先知自爱，怎能"如己"的爱别人呢？至于无我的爱，纯粹的利他，我以为是不可能的。人为了所爱的人，或所信的主义，能够有献身的行为。若是割肉饲鹰，投身给饿虎吃，那是超人间的道德，不是人所能为的了。

用这人道主义为本，对于人生诸问题，加以记录研究的文字，便谓之人的文学。其中又可以分作两项：（一）是正面的，写这理想生活，或人间上达的可能性。（二）是侧面的，写人的平常生活，或非人的生活，都很可以供研究之用。这类著作，分量最多，也最重要。因为我们可以因此明白人生实在的情状，与理想生活比较出差异与改善的方法。这一类中写非人的生活的文学，世间每每误会，与非人的文学相混，其实却大有分别。譬如法国 Maupassant 的小说《人生》(*Une vie*)是写人间兽欲的人的文学，中国的《肉蒲团》却是非人的文学。俄国 Kuprin 的小说《坑》(*Jama*)是写娼妓生活的人的文学，中国的《九尾龟》却是非人的文学。这区别就只在著作的态度不同。一个严肃，一个游戏。一个希望人的生活，所以对于非人的生活，怀着悲哀或愤怒。一个安于非人的生活，所以对于非人的生活，感着满足，又多带着玩弄与挑拨的形迹。简明说一句，人的文学与非人的文学的区别，便在著作的态度，是以人的生活为是呢？非人的生活为是呢？这一点上，材料方法，别无关系。即如提倡女人殉葬——殉节——的文章，表面上岂不说是"维持风教"，但强迫人自杀，正是非人的道德，所以也是非人的文学。中国文学中，人的文学本来极少，从儒教、道教出来的文章，几乎都不合格。现在我们单从纯文学上举例如：

（一）色情狂的淫书类；

（二）迷信的鬼神书类（《封神传》《西游记》等）；

（三）神仙书类（《绿野仙踪》等）；

（四）妖怪书类（《聊斋志异》《子不语》等）；

（五）奴隶书类（甲种主题是皇帝、状元、宰相，乙种主题是神圣的父与夫）；

（六）强盗书类（《水浒传》《七侠五义》《施公案》）等；

（七）才子佳人书类（《三笑姻缘》等）；

（八）下等谐谑书类（《笑林广记》等）；

（九）黑幕类；

（十）以上各种思想和合结晶的旧戏。

这几类全是妨碍人性的生长、破坏人类的平和的东西，统应该排斥。这宗著作，在民族心理研究上，原都极有价值。在文艺批评上，也有几种可以容许。但在主义上，一切都该排斥。倘若懂得道理，识力已定的人，自然不妨去看。如能研究批评，便于世间更为有益，我们也极欢迎。

人的文学，当以人的道德为本，这道德问题方面很广，一时不能细说。现在只就文学关系上，略举几项。譬如两性的爱，我们对于这事，有两个主张：（一）是男女两本位的平等。（二）是恋爱的结婚。世间著作，有发挥这意思的，便是绝好的人的文学。如诺威 Ibsen 的戏剧《娜拉》《海女》，俄国 Tolstoj 的小说 Anna Karenina、英国 Hardy 的小说 Tess 等就是。恋爱起源，据芬兰学者 Westermarck 说，由于"人的对于与我快乐者的爱好"。却又如奥国 Lucan 说，因多年心的进化，渐变了高尚的感情。所以真实的爱与两性生活，也须有灵肉二重的一致。但因为现世社会境势所迫，以致偏于一面的，不免极多。这便须根据人道主义的思想，加以记录研究。却又不可将这样生活，当作幸福或神圣，赞美提倡。中国的色情狂的淫书，不必说了。旧基督教的禁欲主义的思想，我也不能承认它为是。又如，俄国 Dostojevskij 是伟大的人道主义的作家。但他在一部小说中，说一男人爱一女子，后来女子爱了别人，他却竭力斡旋，使他们能够配合。Dostojevskij 自己，虽然言行竟是一致，但我们总不能承认这种种行为，是在人情以内、人力以内，所以不愿提倡。又如，印度诗人 Tagore 做的小说，时时颂扬东方思想。有一篇记一寡妇的生活，描写她的"心的撒提"（Suttee，撒提是印度古语，指寡妇与她丈夫的尸体一同焚化的习俗）。又一篇说一男人弃了他的妻子，在英国别娶，他的妻子还典卖了金珠宝玉，永远地接济他。一个人如有身心的自由，以自由别择，与人结了爱，遇着生死的别离，发生自己牺牲的行为，这原是可以称道的事。

但须全然出于自由意志，与被专制的、因袭礼法逼成的动作，不能并为一谈。印度人身的撒提，世间都知道是一种非人道的习俗，近来已被英国禁止。至于人心的撒提，便只是一种变相。一是死刑，一是终身监禁。照中国说，一是殉节，一是守节。原来撒提这字，据说在梵文，便正是节妇的意思。印度女子被"撒提"了几千年，便养成了这一种畸形的贞顺之德。讲东方文化的，以为是国粹，其实只是不自然的制度习惯的恶果。譬如，中国人磕头惯了，见了人便无端地要请安、拱手作揖，大有非跪不可之意。这能说是他的谦和美德么？我们见了这种畸形的所谓道德，正如见了塞在坛子里养大的，身子像萝卜形状的人，只感着恐怖、嫌恶、悲哀、愤怒种种感情，决不该将他提倡，拿他赏赞。

其次如亲子的爱。古人说，父母子女的爱情，是"本于天性"，这话说得最好。因他本来是天性的爱，所以用不着那些人为的束缚，妨害他的生长。假如有人说，父母生子，全由私欲，世间或要说他不道。今将他改作由于天性，便极适当。照生物现象看来，父母生子，正是自然的意志。有了性的生活，自然有生命的延续与哺乳的努力，这是动物无不如此。到了人类，对于恋爱的融合，自我的延长，更有意识，所以亲子的关系，尤为深厚。近时识者所说儿童的权利，与父母的义务，便即据这天然的道理推演而出，并非时新的东西。至于世间无知的父母，将子女当作所有品，牛马一般养育，以为养大以后，可以随便吃他骑他，那便是退化的谬误思想。英国教育家 Gorst 称他们为"猿类之不肖子"，正不为过。日本津田左右吉著《文学上国民思想的研究》卷一说："不以亲子的爱情为本的孝行观念，又与祖先为子孙而生存的生物学的普遍事实，人为将来而努力的人间社会的实际状态，俱相违反，却认作子孙为祖先而生存，如此道德中，显然含有不自然的分子。"祖先为子孙而生存，所以父母理应爱重子女，子女也就应该爱敬父母。这是自然的事实，也便是天性。文学上说这亲子的爱的，希腊 Homeros 史诗 *Ilias* 与 Euripides 悲剧 *Troiades* 中，说 Hektor 夫妇与儿子的死别两节，在古文学中，最为美妙。近来 Ibsen 的《群鬼》(*Gengangere*)、德国 Sudermann 的戏剧《故乡》（*Heimat*）、俄国 Turgenjev 的小说《父子》（*Ottsy idjety*）等，都很可以供我们的研究。至于郭巨埋儿、丁兰刻木那一类残忍迷信的行为，当然不应再行赞扬提倡。割股一事，尚是魔术与食人风俗的遗留，自然算不得道德。不必再叫它混入文学里，更不消说了。

照上文所说，我们应该提倡与排斥的文学，大致可以明白了。但关于古今中外这一件事上，还须追加一句说明，才可免了误会。我们对于主义相反的文学，并非如胡致堂或乾隆做史论，单依自己的成见，将古今人物排头骂倒。我们立论，应抱定"时代"这一个观念，又将批评与主张，分作两事。批评古人的著作，便认定他们的时代，给他一个正直的评价，相应的位置。至于宣传我们的主张，也认定我们的时代，不能与相反的意见通融让步，唯有排斥的一条方法。譬如，原始时代，本来只有原始思想，行魔术食人肉，原是理所当然。所以关于这宗风俗的歌谣故事，我们还要拿来研究，增点见识。但如近代社会中，竟还有想实行魔术食人的人，那便只得将他捉住，送进精神病院去了。其次，对于中外这个问题，我们也只须抱定时代这一观念，不必再划出什么别的界限。地理上、历史上，原有种种不同，但世界交通便了，空气流通也快了，人类可望逐渐接近，同一时代的人，便可相并存在。单位是个我，总数是个人。不必自以为与众不同，道德第一，划出许多畛域。因为人总与人类相关，彼此一样，所以张三、李四受苦，与彼得、约翰受苦，要说与我无关，便一样无关。说与我相关，也一样相关。仔细说，便只为我与张三、李四或彼得、约翰虽姓名不同，籍贯不同，但同是人类之一，同具感觉性情。他以为苦的，在我也必以为苦。这苦会降在他身上，也未必不能降在我的身上。因为人类的运命是同一的，所以我要顾虑我的运命，便同时须顾虑人类共同的运命。所以我们只能说时代，不能分中外。我们偶有创作，自然偏于见闻较确的中国一方面，其余大多数都还须介绍、译述外国的著作，扩大读者的精神，眼里看见了世界的人类，养成人的道德，实现人的生活。

（原载《新青年》第五卷第六号，一九一八年十二月）

《新青年》之新宣言

瞿秋白

> "我将创造成整个儿的世界,
> 又广大,又簇新;请几万万人
> 终身同居住,免得横受危害,
> 只希望我自己的自由劳动……
> 我终身看得见奇伟的光辉内
> 那自由的平民,自由的世界。
> 那时我才说:唉,'一瞬',
> 你真佳妙!且广延,且相继!
> 我所留的痕迹,必定
> 几千百年,永久也不磨灭。"
>
> ——歌德之《浮士德》(Goethe, *Faust*)

　　《新青年》杂志是中国革命的产儿。中国旧社会崩坏的时候,正是《新青年》的诞辰。于此崩坏的过程中,《新青年》乃不得不成为革新思想的代表,向着千万重层层压迫中国劳动平民的旧文化,开始第一次的总攻击。中国的旧社会旧文化是什么?是宗法社会的文化,装满着一大堆的礼教伦常,固守着无量数的文章词赋;礼教伦常其实是束缚人性的利器,文章词赋也其实是贵族淫昏的粉饰。一九一一年十月十日的中国革命,不过是宗法式的统一国家及奴才制的清宫廷败落瓦解之表象而已。至于一切教会式的儒士阶级的思想，经院派的诵咒划符的教育，几乎丝毫没有受伤。如何能见什么自由平等！可是中国的大门上，却已挂着"民国"招牌呢。当时社会思想处于如此畸形的状态之中，独有《新青年》首先大声疾呼，反对孔教，反对伦常，反对男女尊卑的谬论，反对矫揉做作的文言，反对一切宗法社会的思想，才为"革命的中国"露出真面目，为中国的社会思想放出有史以来绝未曾有的奇彩。五四运动以来，更足见中国社会之现实生活确在经历剧烈的变迁过程，确有行向真正革命的趋势，所以《新青年》的精神能波及于全中国，能弥漫于全社会。《新青年》乃不期然而然成为中国真革命思想的先驱。中国现时的旧社会，不但是宗法社会而已，它已落于世界资本主义的虎口，与世界无产阶级同其命运。因此，中国黑暗反动的旧势力，凭借世界帝国主义要永久作威作福，中国资产阶级自然依赖世界资本主义而时时力谋妥协。于是中国的真革命，乃独有劳动阶级方能担负此等伟大使命。中国社会中近年来已有无数事实，足以证明此种现象，即使资产阶级的革命亦非劳动阶级为之指导，不能成就。何况资产阶级其势必半途而辍，失节自卖，真正地解放中国，终究是劳动阶级的事业，所以《新青年》的职志，要与中国社会思想以正确的指导，要与中国劳动平民以智识的武器。《新青年》乃不得不成为中国无产阶级革命的罗针。

　　《新青年》自诞生以来，先向宗法社会、军阀制度作战，革命性的表示非常明显。继因社会现实生活的教训，于"革命"的观念，得有更切实的了解——知道非劳动阶级不能革命——所以《新青年》早已成无产阶级的思想机关，不但将与宗法社会的思想行剧激的斗争，并且对于资产阶级的思想同时攻击。本来要解放中国社会，必须力除种种障碍——那宗法社会的专制主义，笼统的头脑，反对科学，迷信，固然是革命的障碍；而资产阶级的市侩主义，琐屑的对付，谬解科学，"浪漫"，亦是革命的大障碍。因此种种，《新青年》孤军独战，势不均力不敌。军阀的统治，世界帝国主义的统治，如此之残酷，学术思想都在其垄断贿买威迫利诱之下，无产阶级的思想机关既不得充分积聚人才能力之可能，又内受军阀的摧残，外受"文明西洋人"的压迫，所以困顿竭蹶，每月不能如期出世，出世的又不能每期材料丰富。然而凡是中国社会思想的先进代表必定对于《新青年》表无限的同情，必定尽力赞助；《新青年》亦决不畏难而退，决不遇威而屈。现在既能稍稍集合能力，务期不负它的重任，所以在可能的范围内，重行整顿一番，再做一次郑重的宣言。

　　《新青年》当为社会科学的杂志。《新青年》之有革命性，并不是因为它格外喜欢革命，"爱说激烈话"，而是因为现代社会已有解决社会问题之物质的基础，所以发生社会科学，根据此科学的客观性，研究考察而知革命之不可免；况且无产阶级在社会关系之中，自然处于革命领袖的地位，所以无产阶级的思想机关，不期然而然突现极鲜明的革命色彩。中国古旧的宗法社会之中，一切思想学术非常幼稚，同时社会演化却已至极复杂的形式。世界帝国主义，突然渗入中国的社会生活，弄得现时一切社会现象繁杂淆乱，初看起来，似乎绝无规律，中国人的简单头脑遇见此种难题尤其莫名其妙，于是只好假清高唱几句"否认科学"的"高调"。独有革命的无产阶级，能勇猛精进，不怕"打开天窗说亮话"，应当竭全力以指导中国社会思想之正常轨道，研究社会科学；当严格的以科学方法研究一切，自哲学以至于文学，作根本上考察，综观社会现象之公律，而求结论。况且无产阶级，不能向垂死的旧社会苟安任运，应当积极斗争，所以特别需要社会科学的根本智识，方能明察现实的社会现象，求得解决社会问题的方法。凡是中国社会之新活力，真为劳动平民自由正义而奋斗的青年，不宜猥猥琐琐泥滞于目前零碎的乱象，或者因此而灰心丧志，或者因此而敷衍涂砌，自以为高洁，或自夸为解决问题；更不宜好高骛远，盲目地爱新奇，只知求所谓高深邃远的学问，以至于厌恶实际运动。《新青年》对于社会科学的研究，必定要由浅入深，有系统、有规划地应此中国社会思想的急需——"社会现象复杂得很呢，单是几个'新术语'尚且要细加抽绎，然后能令真正虚心诚意的革命青年及劳动平民知道'社会'是个什么东西！"

　　《新青年》当研究中国现实的政治经济状况。研究社会科学，本是为解释现实的社会现状，解决现实的社会问题，分析现实的社会运动。真正的科学，决不是玄虚的理想。中国新思想的幼稚时期已过。现在再也可以不用搬出种种现成的模型，勉强要中国照着它捏——其实"中国式的新乌托邦家"不但不详悉他自己所荐举的模型，也不明了中国社会。正因不了解社会科学的方法，不能综观实际现象而取客观的公律，所以不是拘泥于太具体的事实，说到中国政治，头脑里只有张曹吴孙几个大姓大名，就是力避现实，逃于玄想；说到经济改造，满嘴的消费、生产、分配等类的外国新名词，不会应用于实际。《新青年》现在也要力求避免此等弊病，当尽其所有区区的力量，用社会科学的方法，试解剖中国的政治经济，讨论实际运动。

《新青年》当表现社会思想之渊源，兴起革命情绪的观感。社会科学本是要确定社会意识，兴奋社会情感，以助受压迫、被剥削的平民实际运动之进行。所以对于一般的思想及情绪之流动，都不得不加以正确的分析及映照。一切文学艺术思想的流派，本没有抽象的"好"与"坏"，在此中国社会忙于迎新送旧之时，《新青年》应当分析此等流派之渊源，指出社会情绪变动之根由，方能令一般的意识渐渐明晰，不至于终陷于那混沌颠顶等于飞蛾投火的景象。再则，现时中国文学思想——资产阶级的"诗思"，往往有颓废派的倾向，此旧社会的反映，与劳动阶级的心声同时并呈，很可以排比并观，考察此中的动象，亦可以借外国文学相当的各时期之社会的侧影，旁衬出此中的因果。却尤其要收集革命的文学作品，与中国麻木不仁的社会以悲壮庄严的兴感。

《新青年》当开广中国社会之世界观，综合分析世界的社会现象。社会科学本无国界，仅因历史的关系，造成相隔离的文化单位，所以觉得各国有各国的"国粹"，其实不过是社会的幻觉泥滞于形式上的差别。中国受文化上的封锁三千多年，如今正是滚入国际舞台的时候，非亟亟开豁世界观不可。况且无产阶级的斗争本来就是国际的，尤其不可以不知道各国劳工革命运动的经验。因此《新青年》当注意于社会科学之世界范围中的材料，研究各国无产阶级运动之过去与现在，使中国得有所借鉴，从最反动的日本至赤色的苏维埃俄国，都应当研究。

《新青年》当为改造社会的真理而与各种社会思想的流派辩论。社会科学，因研究之者处于所研究的对象之中间，其客观的真理比自然科学更容易混淆。因此，人既生于社会之中，人的思想就不能没有反映社会中阶级利益的痕迹。于是社会科学中之各流派，往往各具阶级性，比自然科学中更加显著。《新青年》是无产阶级的思想机关。无产阶级，于现代社会中，对于现存制度自取最对抗的态度；所以它的观察，始终是比较上最客观的。何况《新青年》在世界无产阶级的文字机关中，算是最幼稚的，未必有充分健全的精力，足以为绝对正确的观察。有此两因，都足以令《新青年》不能辞却与各方面的辩论：一则以指出守旧各派纯主观的谬误，一则以求真诚讨论后之更正确的结论。于辩论之中，方能明白何者为无产阶级的科学结论，何者为更正确、更切合于事实的理论。总之，为改造社会而求真理。

中国幼稚的无产阶级，仅仅有最小限度的力量，能用到《新青年》上来——令它继续旧时《新青年》之中国"思想革命"的事业，行彻底的坚决斗争，以颠覆一切旧思想，引导实际行动，帮助实际行动——以解放中国，解放全人类，消灭一切精神上、物质上的奴隶制度，达最终的目的：共产大同。《新青年》虽然力弱，必定尽力担负此重大责任，谨再郑重宣告于中国社会：

《新青年》曾为中国真革命思想的先驱；

《新青年》今更为中国无产阶级革命的罗针。

《新青年》既为中国社会思想的先驱，如今更切实于社会的研究，以求智识上的武器，助平民劳动界实际运动之进行。而现代最先进的社会科学派别，最与实际的世界革命运动有密切关系的，就是共产国际。所以《新青年》新整顿之时，特以此"国际共产号"为其第一期。

（原载《新青年》季刊第一期，一九二三年六月）

>>>

列宁与青年

任弼时

列宁死了，而列宁主义永存！列宁主义是被压迫阶级求解放的武器，是全世界共产革命成功的唯一工具，是资产阶级——一切统治阶级——催命符。简言之，列宁就是替人类建设真正平等、自由社会的首创者。列宁主义就是达到真正平等、自由社会实现的工具。

青年是老年的替代者，是社会的建设基础。某一阶级的青年，乃为拥护本阶级的后备军，所以资产阶级对于自己的子弟恒教养以怎样维持资本主义的阶级教育，无产阶级对自己的青年子弟，亦教养以为本阶级解放的政治教育，以培养自己的新基础而达到解放的目的。各阶级利益根本不同，故各阶级均有自己不同的教育对象和教育方法及形式。

列宁在自己一生革命工作中，虽然没多的时光去参加青年工作，但是他对于青年人的作用，认识得异常明白，对于青年教育所指明的对象、形式、方法，没有再确切的了。他时常对一班青年说：

现在年近五十的老辈，他们一世，未见得能看到真正的共产主义社会之实现，但是现在年仅十五六岁的青年，他们一定是能够目睹共产社会的，而且是参加共产社会建设的一分子。不过这辈青年，应当要明白他们自己终身的责任，就是在乎这个新社会的建设！

我们从这一小段谈话之内，就可以知道列宁对于青年的认识和希望以及他所指明出来的青年应有的责任。列宁并未把被压迫的青年，尤其是青年工人与工人阶级分开；他以为对于青年，总要多加原谅，特别注意加以指导和培养。他说：

无产阶级成年人的政党，一面须指导群众作阶级斗争，同时又应教育群众，因之须处处应特别严格。然而青年组织本来是处于学习地位，他的责任，就是要从青年中给社会革命的政党预备能工作的人才，因此对于他们，须特别设法帮助其发展，对于他们所做出来的错处，总须十分忍耐地去纠正他，须让步地感化他，而绝对不应以极严格的手段去对付。

列宁接着又说：

有许多年长的人，往往不会对付一般青年幼辈。我们应知道，青年幼辈去接收社会主义，绝对不会像他们的父辈一样的方法、形式、条件和环境。因此，我们应当要主张青年人有组织上的独立权。这也并不是我们要表白我们不像第二国际改良派的那样害怕青年组织的独立，而是在事实上确有独立组织之必要，因为他们没有独立的组织，不能够培养很好的社会革命者，换言之就是不能够推动社会主义向前发展。

当欧洲青年运动非常幼稚的时候，列宁与李卜克内西、卢森堡极力做宣传青年的工作。因为那时西欧军国主义异常发展的时代，列宁看见当时的社会民主党的势力极弱，又近于妥协，所以他乃主张从青年中间着手，教育青年以革命的教育，使他们仇视资本主义统治阶级和资本主义国家的军国主义。那时他在青年出版物上作了如此的文字宣传，西欧青年活动，得他的助益不少。

当一九一四年至一九一八年欧洲大战决要发生的时候，全欧人民均为战争所包围，此时列宁对于青年运动特别注意。当时在瑞典、挪威、荷兰、瑞士以及其他各国的社会主义者，为消免战事，初则主张改国家常备军为民警，或是人民普通的武装，后来见武装之不免危险，大家都一味主张解除一切武装。对于这个问题，在欧战发生后二年——一九一六年，列宁作了一篇反对的论文。他说：

我们现在尚生存在有阶级的社会，除开推翻统治阶级，实行流血的阶级斗争，是另无别途。所以我们的口号，应当是武装无产阶级，武装占领生产机关，解除资产阶级的武装。

列宁知道帝国主义是要强迫青年去为它牺牲的，平时资产阶级是绝对禁止青年接近政治斗争，但是对于自己有利益的事业，它便拼命地武装青年，去做保护自己的牺牲品，如欧战时的德国，便征募十六岁的童兵，其他各国亦有如此之现象。列宁知道在资本主义制度之下，要讲解除武装，也是一句欺人的话。我们唯一的希望，就是怎样在军队中去作宣传，须将资产阶级的军队，变成无产阶级的武器，以反对资产阶级本身，实现无产阶级的革命。列宁又说：

现在军国主义之发展已成为社会之普通现象，帝国主义就是互相争夺土地、瓜分世界、残惨恶战的主动，世界各国无论是中立国，或是弱小国家，在最近的将来，必然都会军国主义化。在这种情形之下，无产阶级应当怎样呢？如果只一味反对战争，主张解除武装，那就恐怕是极大的错误。在这种情形之下，无产阶级应当对自己的子弟说："你快要年长成人，给你以武器，赶快去学习军事常识，这是我们无产阶级必需要的科学。教你武装学习军事常识，并不是要你去打你的兄弟们，杀外国的工友们，好像现代的战争和反对社会主义者教你们去打仗一样。而是教你去反对本国的资本家，去抵抗一切压迫贫苦和为资本家利益的战争。我们要得到真正的自由，就纯靠自己去战胜资本家，解除资本家的武装，绝对不是和平方法可以达到目的。"

列宁对于青年，素来不取冷淡任意的态度，但是又不故意地夸奖，并且时常劝诫过于夸奖青年的人，以为过于夸奖是有害于青年的。他说：

我们不应当过于夸奖青年，但是有许多年老的同志，时常忘记这点重要，随意去虚伪地夸奖，这是有害于青年本身的！

列宁知道青年的作用和责任，但是他更能指明青年人在某种环境或时代的作用和责任。俄国十月革命之后，他在俄罗斯少年共产党第三次全国大会上说：

我们可以说现在俄国青年人目前极大的责任，就是怎样去建设共产主义社会。因为在旧式资本主义社会里长大的成年，最多能将建筑在阶级压迫上面资本主义旧制度根本推翻，或者能够勉强建立一个新社会制度的骨骼，帮助无产阶级和劳动群众保持政权。建立一个基础，而靠这辈新生的青年，在这个没有人与人间压迫的新条件和环境的基础上，去努力建设新的共产主义社会。

这就是指明在苏维埃联邦共和国底下，青年目前的根本责任。列宁的意思，以为青年要能尽他的责任，就纯靠自己去努力"学习共产主义"。但是列宁随着提醒青年不要把学习共产主义像资产阶级青年学习一样，仅仅明白书本和杂志上一点皮面的共产主义常识，知道几个新名词而已，而且要从共产主义奋斗中方才可以求得真正的共产主义。他说理论是从事实中产生出来的：

当然，我们脑筋里所想要"学习共产主义"，就是要懂得那些共产主义教科书、小册子和旁的著作上的记载的学识，但是仅作如是想象，那就未免不够。倘若我们学习共产主义，就仅只要懂得那些书本上所记载的，那么就容易变成共产主义的一知半解者，这倒对于我们有莫大的损害，因为这样由书本上研究主义的人们，他们不会将所得的知识连贯起来去应用于事实，这非共产主义所真正需要的。

从旧式资本主义社会遗留给我们一个最不好而最可怜的病根，就是书本与实际生活隔离。因为我们知道书本上，多半是记载一些不可靠的东西，因此仅从书本上去了解共产主义，这是一种极大的错误……没有实际工作和奋斗，从共产主义书籍中所有的书本知识，也是等于没有多大的价值，因为也是像资本主义旧社会理论与实际隔离的书本一样没有分别。

列宁这段话就是警戒一般青年，不要纯靠从书本上、学院主义式图书馆内闭门研究理论。凡是一种理论和科学总要能适合于社会上的需要，我们研究一种理论或科学，如果不能有益于社会，这是等于不认识个人与社会的关系，而有碍人类社会之发展。同时要明白，理论与科学并不是从脑筋造起来的，而是由于时间、空间经过许久所得来经验的结晶体，所以我们要求适用的智识和科学就需要注意日常生活，从日常奋斗中去寻求。这是唯物论者的观点，亦即列宁所具体揭破资产阶级黑暗教育、指导青年的科学研究方法，以期人类社会能迅速发展的要道。

资产阶级为求保持资本主义制度之永存，不独教化自己的子弟，使他去继续维持将来的政权和旧制度，并且想许多教育方法，使一般非资产阶级的青年也能做他永久的奴隶，不致反抗自己。故资产阶级的学校和教育之本质，均是建筑在自身利益的奴隶教育上面，而美其名曰"爱惜平民""普及教育"，以遮饰一般不识之徒。其实平民受了这种教化，变成了资产阶级的永世奴隶犹不觉。列宁对于资产阶级所设学校有以下之批评：

……旧式学校（指资产阶级的）时常表白自己是造就人才、培养科学智识的机关。然我们知道这是一种骗人的话，因为旧式社会是建筑在有阶级——被压迫阶级和压迫阶级——的基础上的，所以一切旧式学校当然是根据阶级利益和精神的所给的智识，仅有利于资产阶级和它的子孙，因为每种教材都是依着它的利益而编定的。

　　在这些学校受教育的青年工、农子弟，也不过是为了资产阶级的利益，资本家要教育他们，无非是培养一班很驯服的奴仆，使他们能善于工作、多出利润，同时不至于反抗自己……

　　这种批评是很值得我们注意的，资本主义垄断思想确是一种可怕的现象。它们不仅垄断本国内的青年思想，并常常到国外去做垄断思想的事业，以为帝国主义侵略的先锋，中国教会学校，即为美国侵略中国之表现。

　　但是我们要明白，某种新社会和制度之产生，并不是与一切旧有社会和制度毫没有继承关系突然创造出来的，而是从旧社会和旧制度化身的结果。所以我们对于旧制度虽然根本反对，然而对于旧社会所遗留的科学和文化，也有可采用地方。因为那些科学与文化是一种人类历史产物，我们要革新旧的设施，必须根据旧有的产物而加以去取地选择。列宁又告诉我们说：

　　无产阶级的科学和文化，并不是从天上突然掉下来的，也不是那些自称无产阶级科学和文学专家脑袋里乱想出来的，而是由资本主义压迫社会之下，人类所集储的知识有系统发展出来的结果。

　　我们时常听到有许多青年或是新教育家，毁谤旧式学校，说它是一种废物。……我们就对他们说：我们应当择其善者而取之，共产主义者应当要收罗人类所创造的智识，方才能够考察整个社会统体。我们收罗在脑袋里，而并且要取它来分析批评，去掉不需要的成分而使自己有丰富实际的智识，这才可以算一个真有学问的人。

　　倘若一个人要研究一种主义，而仅利用那些陈语、套话，而不加以详细思索、考虑，不溯源寻根，也不加以批评，那么这个研究主义的人就未免太含糊了，这种只顾外面的人，终究是要失败的。我们平常总要有这种态度和精神：倘若我知道，则总要觉得还不足，必须更进一层求其能多得，如若有人说他是一个某某主义者，用不着再加研究，这样的人将来是没有用处的！

我想这几段话正合现在中国一般浪漫色彩青年的思想和行为，这就是一种不顾实际的空想者，或是害了夸大狂病的想象，也确是普通青年一生所必经过的历史表现。

然而要不注意改变，对于个人恐终久难免失败，对于社会是一种不真诚的表现。

列宁时常注意青年的道德观念，本来道德的真意义在资本主义社会没有存在的余地。因为阶级的利益不同，统治阶级所有的道德观念即为保全资本制度，不侵犯私有财产，不反抗资本家……这完全是如保护资产阶级的法律一样，是对付无产阶级的工具。无产阶级本身利益不同，故其道德观念也显然与资产阶级相反。列宁指出青年无产阶级的道德观念："……我们所说的道德：就是破坏一切统治阶级的旧社会，结合无产阶级的劳动群众，建立新的共产主义社会。"又说："无产阶级道德，就是联络劳动群众去反抗一切压迫，反对一切私有财产，因为私有财产是霸占社会劳动，压迫旁人的表现和工具。"

这种无产阶级道德观念对于资本家，当然是有莫大害处的，所以他们时常诬骂无产阶级不讲道德。列宁又解答为什么无产阶级不讲资产阶级道德的原因：

我们反对资本家所倡的道德，因为资本家所采用的道德，是从《圣经》里面选出来的，我们当然是不信什么上帝的，我们从来知道贵族、神父、资本家都会利用"上帝"的"道德"去压迫人家而取得利润。有时资产阶级的道德是一种理想或半理想的空话，其实也和上帝的《圣经》一样。这种理想的、空洞的道德我们是反对，我们承认这是一种欺骗行为，这是想要为资本家或地主保护利益来愚弄工农的一种方法。旧社会是根本建筑在阶级压迫上的，我们的道德就是要破坏这样的社会，要联络我们的劳动阶级。

总之，列宁的道德观念，完全是立足在被压迫阶级利益上头。他承认资本主义社会的道德是保护资本家和其制度，他便明说无产阶级道德，也不过是一种保护自己利益的工具，是求共产主义实现的无产阶级道德观念，他所主张的教育学说科学也都是站在无产阶级利益上面的。这也就是他要讲"学习共产主义"的方式。

青年人因受旧社会洗涤的程度较成年人少，所以他们的思想是容易纠正，加以青年富于感情和革命性，所以在社会是应当有极大的作用，社会之进步及新社会创造良好与否的责任，都是摆在青年肩上不可轻易放的。因此青年对于社会问题须特别注意和参加，并须集中其力量有系统地参加，方能真正帮助社会。因此列宁复说：

无产青年是新社会的建设者，他们的肩上负有莫大的责任，但是青年人要在社会上能得人们的信仰，必须自己有组织完善、纪律严肃的团结。

接着又说：

无产阶级青年组织，应当是极有力量的团体，他对社会上一切事业，都须有帮助，并需要站在领导的地位。青年团体所办的事业，要使工人能够一看就可以知道是对于他们有益，指导他们到自由之路的，哪怕工人还没有相信主义或并不赞成主义，然而总要能使他们看到青年团体所办的事业，便表示要来亲近才好。

要有团结才能为社会服务，我想这是至理名言，谁都不敢否认，但是现在我们中国的青年界是否有团结，这也是非常明了易见的，这也就是中国青年界放弃责任的表现。

我们上面所写的看来，就可以知道列宁对于青年的注意。列宁应然没有长时期亲身参加青年活动，然而他时常把无产青年看作无产阶级全体的一部分。所以他在某种时间和空间，都能将青年归并于全阶级的活动，并能指明青年活动所应注意之特别点，以期适合于阶级斗争的全体。

总之，列宁对于青年是抱有莫大希望的，而青年则应能容受他的期望，去研究他遗留给我们的宝贵品——列宁主义，要知道这是求解放的唯一武器。

中国青年界！列宁指教你们的方针，你们觉得怎么样？

（原载《新青年》列宁号，一九二五年四月）

随感录

随感录一

陈独秀

学术何以可贵。曰以牖吾德慧，厚吾生；文明之别于野蛮，人类之别于其他动物也，以此。学术为吾人类公有之利器，无古今中外之别，此学术之要旨也。必明乎此，始可与言学术。盲同之国粹论者，不明此义也。吾人之于学术，只当论其是不是，不当论其古不古；只当论其粹不粹，不当论其国不国；以其无中外古今之别也。中国学术，隆于晚周，差比欧罗巴古之希腊。所不同者，欧罗巴之学术，自希腊迄今，日进不已；近数百年，百科朋兴，益非古人所能梦见；中国之学术，则自晚周而后，日就衰落耳。以保存国粹论晚周以来之学术，披沙岂不可以得金。然今之欧罗巴，学术之隆，远迈往古；吾人直径取用，较之取法两千年前学术初兴之晚周希腊，诚劳少而获多。犹之欲得金玉者，不必舍五都之市而远适迂道，披沙以求之也。况夫沙中之金，量少而不易识别；彼盲目之国粹论者，守缺抱残，往往国而不粹，以沙为金，岂不更可悯乎？

吾人尚论学术，必守三戒：一曰勿尊圣。尊圣者以为群言必折中于圣人。而圣人岂耶教所谓全知全能之上帝乎？二曰勿尊古。尊古者以为学不师古，则卑无足取。岂知古人亦无所师乎？犯此二戒，则学术将无进步之可言。三曰勿尊国。尊国者以为"鄙弃国闻，外励进民德之道"。（用"重组中国学报缘起"之语）夫尊习国闻，曾足以励进民德乎？国闻以外，皆不足以励进民德乎？吾以为此种国粹论，以之励进民德而不足，杜塞民智而有余（古人以尊国尊圣故，排斥佛教，致印度要典，多未输入中国，岂非憾事？奈何复以此狭隘之眼光，蔑视欧学哉）。

　　国粹论者有三派：一派以为欧洲夷学，不及中国圣人之道；此派人最昏聩不可理喻。第二派以为欧学诚美矣，吾中国固有之学术，首当尊习，不必舍己而从人也。不知中国学术差足观者，惟文史美术而已，此为各国私有之学术，非人类公有之文明；即此亦必取长于欧化，以史不明进化之因果，文不合语言之自然，音乐绘画雕刻，皆极简单也，其他益智厚生之各种学术，欧洲人之进步，一日千里，吾人捷足追之，犹恐不及，奈何自画。第三派以为欧人之学，吾中国皆有之。《格致古微》时代之老维新党无论矣；即今之闻人，大学教授，亦每喜以经传比附科学，图博其学贯中西之虚誉；此种人即著书满家，亦与世界学术，无所增益；反不若抱残守缺之国粹家，使中国私有之文史及伦理学说，在世界学术史上得存其相当之价值也。例如，今之妄人，往往举《大学》"生众食寡为疾用舒"之说，以为孔门经济学，不知近世经济学说，"分配论"居重大之部分，《大学》未尝及之；即"生产论"及"消费论"中，赀其劳力与时间问题，原则纷繁，又岂"生众食寡为疾用舒"之简单理论所能包括。不但不能包括，且为"生产过剩"之原则所不容。倘执此以为经济学，何异据《难经》以言解剖，据《内经》以言病理，据《墨经》以言理化，据《毛诗》《楚辞》以言动植物学哉？

　　　　　　　（原载《新青年》第四卷第四号，一九一八年四月）

随感录十七

钱玄同

有一位留学西洋的某君对我说道:"中国人穿西装,长短,大小,式样,颜色,都是不对的;并且套数很少,甚至有一年三百六十五天,天天穿这一套的:这种寒酸乞相,竟是有失身份,叫西洋人看见,实在丢脸。"我便问他道:"西洋人的衣服,到底是怎样的讲究呢?"他道:"什么礼节,该穿什么衣服,是一点也不能错的;就是常服,也非做上十来套,常常更换不可;此外如旅行又有旅行的衣服,避暑又有避暑的衣服,这些衣服,是很讲究的,更是一点不能错的。"我又问他道:"西洋也有穷人吗?穷人的衣服也有十来套吗?也有旅行避暑的讲究衣服吗?"他道:"西洋穷人是很多。穷人的衣服,自然是不能很多,不能讲究的了;但是这种穷人,社会上很瞧他不起,当他下等人——工人——看待的。"我听完这话,便向某君身上一看,我暗想,这一定是上等人——绅士——的衣服了。某君到西洋留学了几年,居然学成了上等人——绅士——的气派,怪不得他常要拿手杖打人力车夫,听说一年之中要打断好几根手杖呢!车夫自然是下等人,这用手杖打下等人,想必也是上等人的职务;要是不打,大概也是"有失身份"罢!

(原载《新青年》第五卷第一号,一九一八年七月)

随感录三五

鲁迅

从清朝末年，直到现在，常常听人说"保存国粹"这一句话。

前清末年说这话的人，大约有两种：一是爱国志士，二是出洋游历的大官。他们在这题目的背后，个个藏着别的意思。志士说保存国粹，是光复旧物的意思；大官说保存国粹，是教留学生不要去剪辫子的意思。

现在成了民国了。以上所说的两个问题，已经完全消灭。所以我不能知道现在说这话的是哪一流人，这话的背后藏着什么意思了。

可是保存国粹的正面意思，我也不懂。

什么叫"国粹？"照字面看来，必是一国独有，他国所无的事物了。改一句话，便是特别的东西。但特别未必定是好，何以应该保存？

譬如一个人，脸上长了一个瘤，额上肿出一颗疮，的确是与众不同，显出他特别的样子；可以算他的"粹"。然而据我看来，还不如将这"粹"割去了，同别人一样的好。

倘说：中国的国粹，特别而且好；又何以现在糟到如此情形？新派摇头，旧派也叹气。

倘说：这便是不能保存国粹的缘故，开了海禁的缘故；所以必须保存。但海禁未开以前，全国都是"国粹"，理应好了；何以春秋战国五胡十六国，闹个不休？古人也都叹气。

倘说：这是不学成汤文武周公的缘故；何以真正成汤文武周公时代，也先有桀纣暴虐，后有殷顽作乱；后来仍旧弄出春秋战国五胡十六国闹个不休？

古人也都叹气。

　　我有一位朋友说得好："要我们保存国粹，也须国粹能保存我们。"

　　保存我们，的确是第一义。只要问它有无保存我们的力量，不管它是否国粹。

　　　　　（原载《新青年》第五卷第五号，一九一八年十一月）

随感录三九

鲁迅

《新青年》的五卷四号,隐然是一本戏剧改良号,我是门外汉,开口不得;但见《再论戏剧改良》这一篇中,有"中国人说到理想,便含着轻薄的意味,觉得理想即是妄想,理想家即是妄人"一段话,即令我发生了追忆,不免又要说几句空谈。

据我的经验,这理想价值的跌落,只是近五年以来的事。民国以前,还未如此,许多国民,也肯认理想家是引路的人。到了民国元年前后,理论上的事情,著著实现,于是理想派——深浅真伪现在姑且弗论——也格外举起头来。一方面却有旧官僚的攘夺政权,以及遗老受冷不过,预备下山,都痛恨这一类理想派,说什么闻所未闻的学理法理,横亘在前,不能大踏步摇摆。于是沉思三日三夜,竟想出了一种兵器;有了这利器,才将"理"字排行的元恶大憝,一律肃清。这利器的大名,便叫"经验"。现在又添上一个雅号,便是高雅之至的"事实"。

经验从哪里得来,便是从清朝得来。经验提高了他的喉咙,含含糊糊说,"狗有狗道理,鬼有鬼道理,中国与众不同,也自有中国道理。道理各各不同,一味理想,殊堪痛恨"。这时候,正是上下一心理财强种的时候,而且带着"理"字的,又大半是洋货,爱国之士,义当排斥。所以一转眼便跌了价值;一转眼便遭了嘲骂;又一转眼,便连他的影子,也同拳民时代的教民一般,竟犯了与众共弃的大罪了。

但我们应该明白，人格的平等，也是一种外来的旧理想；现在经验既已登坛，自然株连着化为妄想，理合不分首从，全踏在朝靴的底下，以符列祖列宗的成规。这一踏不觉过了四五年，经验家虽然也增加了四五岁，与素未经验的生物学学理——死——渐渐接近，但这与众不同的中国，却依然不是理想的住家。一大批踏在朝靴底下的学习诸公，早经竭力大叫，说他也得了经验了。

但我们应该明白，从前的经验是从皇帝脚底下学得；现在与将来的经验，是从皇帝的奴才的脚底下学得。奴才的数目多，心传的经验家也愈多。待到经验家二世的全盛时代，那便是理想单被轻薄，理想家单当妄人，还要算是幸福侥幸了。

现在的社会，分不清理想与妄想的区别。再过几时，还要分不清"做不到"与"不肯做到"的区别；要将扫除庭园与劈开地球，混作一谈。理想家说，这花园有秽气，须得扫除；——到那时候，说这宗话的人，也要算在理想党里，——他却说道，他们从来在此小便，如何扫除，万万不能，也断乎不可。

那时候，只要从来如此，便是宝贝。即使无名肿毒，倘若生在中国人身上，也便"红肿之处，艳若桃花；溃烂之时，美如乳酪"。国粹所在，妙不可言。那些理想学理法理即是洋货，自然完全不在话下了。

但最奇怪的，是七年十月下半，忽有许多经验家，理想经验双全家，经验理想未定家，都说公理战胜了强权，还向公理颂扬了一番，客气了一顿。这事不但溢出了经验的范围，而且又添上一个"理"字排行的厌物。将来如何收场，我是毫无经验，不敢妄谈。经验诸公，想也未曾经验，开口不得。

没有法，只好在此提出，请教受人轻薄的理想家了。

（原载《新青年》第六卷第一号，一九一九年一月）

随感录四三

鲁迅

进步的美术家，——这是我对于中国美术界的要求。

美术家固然须有精熟的技工，但尤须有进步的思想与高尚的人格。他的制作表面上是一张画或一个雕像，其实是他的思想与人格的表现。令我们看了，不但欢喜赏玩，尤能发生感动，造成精神上的影响。

我们所要求的美术家，是能引路的先觉，不是公民团的首领。我们所要求的美术品，是表记中国民族知能最高点的标本，不是水平线以下的思想的平均分数。

近来看见上海什么报的增刊《泼克》上有几张讽刺画。他的画法，倒也模仿西洋；可是我很疑惑，何以思想如此顽固，人格如此卑劣，竟同没教育的孩子只会在好好的粉白墙上，写几个"某某是我儿子"一样。可怜外国事物，一到中国便如落在黑色染缸里，无不失了颜色。美术也是其一：学了体格还未匀称的裸体画，便画淫画；学了明暗还未分明的静物画，只能画招牌。皮毛改新，心思仍旧，结果便是如此。至于讽刺画之变为人身攻击的器具，更是无怪了。

说起讽刺画，不禁想到美国画家勃拉特来（L.D.Bradley，1853—1917）了。他专画讽刺画，关于欧战的画，尤为有名；只可惜前年死了。我见过他一张《秋收时之月》（*The Harvest Moon*）的画。上面是一个形如骷髅的月亮，照着荒田；田里一排一排的都是兵的死尸。唉唉，这才算得真的进步的美术家的讽刺画。我希望将来中国也能有一日，出这样一个进步的讽刺画家。

（原载《新青年》第六卷第一号，一九一九年一月）

随感录七一　调和论与旧道德

陈独秀

现在社会上有两种很流行而不祥的论调，也可以说是社会的弱点：一是不比较新的和旧的实质上的是非，只管空说太新也不好，太旧也不好，总要新旧调和才好；见识稍高的人，又说没有新旧截然分离的境界，只有新旧调和递变的境界，因此要把"新旧调和论"号召天下。二是说物质的科学是新的好西洋的好，道德是旧的好中国固有的好。这两层意见，和我们新文化运动及思想改造上很有关系，我们应当有详细的讨论，现在姑且简单说几句：

新旧因调和而递变，无显明的界线可以截然分离，这是思想文化史上的自然现象，不是思想文化本身上新旧比较的实质。这种现象是文化史上不幸的现象，是人类惰性的作用；这种现象不但在时间上不能截然分离，即在空间上也实际同时存在；同一人数中，各民族思想文化的新旧不能用时代划分，同一民族中，各社会各分子思想文化的新旧，也不能用时代划分；这等万有不齐新旧杂糅的社会现象，乃是人类社会中惰性较深的劣等民族劣等分子，不能和优级民族优级分子同时革新进化的缘故；我们抱着改良社会志愿的人，固然可以据进化史上不幸的事实，叙述他悲悯他实在是如此，不忍心幸灾乐祸得意扬扬的主张他应该如此。譬如，人类本能上，有侵略、独占、利己、忌妒、争杀、虚伪、欺诈等恶德，也没有人能不承认是实在如此。然断乎没有人肯主张应该如此。惰性也是人类本能上一种恶德，是人类文明进化上一种障碍，新旧杂糅调和缓进的现象，正是这种恶德这种障碍造成的；所以新旧调和只可说是由人类惰性上自然发生的一种不幸的现象，不可说是社会进化上一种应该如此的道理；若是助纣为虐，把它当作指导社会应该如此的一种主义主张，那便误尽苍生了。

譬如货物买卖，讨价十元，还价三元；最后的结果是五元；讨价若是五元，最后的结果不过二元五角；社会进化上的惰性作用，也是如此，改新的主张十分，社会惰性当初只能够承认三分，最后自然的结果是五分；若是照调和论者的意见，自始就主张五分，最后自然的结果只有二分五，如此社会进化上所受二分五的损失，岂不是调和论的罪恶吗？所以调和论只能看作客观的自然现象，不能当作主观的故意主张。

再说到道德问题，这是人类进化上重要的一件事，现在人类社会种种不幸的现象，大半因为道德不进步，这是一种普通的现象，却不限于西洋东洋。近几百年，西洋物质的科学进步很快，而道德的进步却跟他不上；这不是因为西洋人只重科学不重道德，乃因为道德是人类本能和情感上的作用，不能像知识那样容易进步。根于人类本能上光明方面的相爱互助同情心利他心公共心等道德不容易发达，乃是因为受了本能上黑暗方面的虚伪忌嫉侵夺争杀独占心利己心私有心等不道德难以减少的牵制；这人类普通的现象，各民族都是一样，却不限于东洋西洋。我们希望道德革新，正是因为中国和西洋的旧道德观念都不彻底，不但不彻底，而且有助长人类本能上不道德的黑暗方面的部分，所以东西洋自古到今的历史，每页都写满了社会上政治上悲惨不安的状态，我们不懂得旧道德的功效在哪里，我们主张的新道德，正是要彻底发达人类本能上光明方面，彻底消灭本能上黑暗方面，来救济全社会悲惨不安的状态，旧道德是我们不能满足的了。所以若说道德是旧的好，是中国固有的好，简直是梦话。旧的中国固有的道德是什么，好处在哪里？"勤俭"二字用在道德的行为上，自然是新旧道德都有的，不算旧道德的特色；若是用在不道德的行为上，像那刻薄成家的守财奴，勤俭都是他作恶的工具，如何算是道德的标准呢？忠、孝、贞节三样，却是中国固有的旧道德，中国的礼教（祭祀教孝，男女防闲，是礼教的大精神）、纲常、风俗、政治、法律都是从这三样道德演绎出来的；中国人的虚伪（丧礼最甚）、利己、缺乏公共心、平等观，就是这三样旧道德助长成功的；中国人分裂的生活（男女最甚），偏枯的现象（君对于臣的绝对权，政府官吏对于人民的绝对权，父母对于子女的绝对权，夫对于妻、男对于女的绝对权，主人对于奴婢的绝对权），一方无理压制一方盲目服从的社会，也都是这三样道德教训出来的；中国历史上现社会上种种悲惨不安的状态，也都是这三样道德在那里作怪。

　　章行严先生说"中国人之思想，动欲为圣贤、为王者、为天吏、作君、作师，不肯自降其身，仅求为社会之一分子，尽我一分子之义务，与其余分子同心戮力，共齐其家，共治其国，共平天下"。这种偏枯专制，没有人己平等的思想，也正是旧道德造成的。这种道德就是达到他"人人亲其亲长其长"的理想也只是分裂的生活，利己的社会；去那富于同情心利他心相爱互助全社会公同生活的理想，还远得很，所以我们对于中国固有的旧道德，不能满足。西洋的男子游惰好利，女人奢侈卖淫，战争罢工种种悲惨不安的事，那一样不是私有制度之下的旧道德造成的？现在他们前途的光明，正在要抛弃私有制度之下的一个人—阶级—国家利己主义的旧道德，开发那公有、互助、富于同情心、利他心的新道德，才可望将战争、罢工、好利、卖淫等悲惨不安的事止住；倘若他们主张物质上应当开新，道德上应当复旧，岂不是"抱薪救火扬汤止沸"！

　　　　　　　　（原载《新青年》第七卷第一号，一九一九年十一月）

随感录七五　新出版物

陈独秀

近来新出了许多杂志，并且十种里总有八九种是说"人"话的新杂志，不用说中国社会上只有这件事是乐观；但是我对于这件事，更有数种进一步的感想：

（一）出版物是文化运动的一端，不是文化运动的全体；出版物以外，我们急于要做的、实在的事业很多，为什么大家都只走这一条路？若是在僻远的地方——云南甘肃等处——发行杂志，倒也罢了；像北京、上海同时出了好些同样的杂志，人力上、财力上都太不经济了。

（二）我们的民族性，是富于模仿力，缺少创造力；有了大舞台，便有新舞台，更有新新舞台，将来恐怕还有新新新舞台，还有新新新新无穷新……舞台出现；像这点小事，都只知道模仿不知道创造！现在许多人都只喜欢办杂志，不向别的事业方面发展，这也是缺少创造力的缘故。就以办杂志而论，也宜于办性质不同、读者方面不同的杂志，若是千篇一律，看杂志的同是那一班人，未免太重复了。

（三）凡是一种杂志，必须是一个人一团体有一种主张不得不发表，才有发行的必要；若是没有一定的个人或团体负责任，东拉人做文章，西请人投稿，像这种"百衲"杂志，实在是没有办的必要，不如拿这人力财力办别的急于要办的事。

（原载《新青年》第七卷第二号，一九二〇年一月）

随感录一二一　过渡与造桥

陈独秀

今人多言过渡时代，我以为这名词还不大妥，因为有个彼岸才用渡船渡过去，永续不断的宇宙人生，简直是看不见彼岸或竟实无彼岸的茫茫大海，我们生存在这大海中之一切努力，与其说是过渡，不如说是造桥。自古迄今人人不断地努力，都像是些工程师和小工在那里不断地造桥。这座桥虽然还没有完工的希望，或者永无完工的希望，但是从古到今已造成的部分却是可以行人，并非劳而无功。我们今后若是不想双脚蹈海，若是还想在桥上行走，只有接续前人工程努力造桥，使这桥一天长似一天，行人一天方便一天；不但天天要把未造的延长，而且时时要把已造的修整，不可妄想一劳永逸，更不应因一时不见彼岸而灰心。或者可以说，这桥渐渐造得又长又阔，能容大家行车跑马，又架上楼阁亭台，这桥便是彼岸，此外更无所谓彼岸。

（原载《新青年》第九卷第三号，一九二一年七月）

白话小说

狂人日记

鲁迅

一

　　某君昆仲,今隐其名,皆余昔日在中学校时良友。分隔多年,消息渐阙。日前偶闻其一大病。适归故乡,迂道往访,则仅晤一人,言病者其弟也。劳君远道来视,然已早愈,赴某地候补矣。因大笑,出示日记二册,谓可见当日病状,不妨献诸旧友。持归阅一过知所患盖"迫害狂"之类。语颇错杂无伦次,又多荒唐之言,亦不著月日,惟墨色字体不一,知非一时所书。间亦有略具联络者,今撮录一篇,以供医家研究。记中语误,一字不易。惟人名虽皆村人,不为世间所知,无关大体,亦悉易去。至于书名,则本人愈后所题,不复改也。

七年四月二日识

二

　　今天晚上,很好的月光。
　　我不见他,已是三十多年;今天见了,精神分外爽快。才知道以前的三十多年,全是发昏;然而须十分小心。不然,那赵家的狗,何以看我两眼呢?
　　我怕得有理。
　　今天全没月光,我知道不妙。早上小心出门,赵贵翁的眼色便怪,似乎怕我，似乎想害我。还有七八个人，交头接耳的议论我，又怕我看见。一路上的人，都是如此。其中最凶的一个人，张着嘴，对我笑了一笑。我便从头直冷到脚跟，晓得他们布置，都已妥当了。

我可不怕，仍旧走我的路。前面一伙小孩子，也在那里议论我，眼色也同赵贵翁一样，脸色也都铁青。我想我同小孩子有什么仇，他也这样。忍不住大声说，"你告诉我！"他们可就跑了。

我想，我同赵贵翁有什么仇，同路上的人又有什么仇，只有廿年以前，把古久先生的陈年流水簿子，踹了一脚，古久先生很不高兴。赵贵翁虽然不认识他，一定也听到风声，代抱不平，约定路上的人，同我作冤对。但是小孩子呢？那时候，他们还没有出世，何以今天也睁着怪眼睛，似乎怕我，似乎想害我。这真教我怕，教我纳罕而且伤心。

我明白了。这是他们娘老子教的！

三

晚上总是睡不着。凡事须得研究，才会明白。

他们也有给知县打枷过的，也有给绅士掌过嘴的，也有衙役占了他妻子的，也有老子娘被债主逼死的，他们那时候的脸色，全没有昨天这么怕，也没这么凶。

最奇怪的是昨天街上的那个女人，打他儿子，嘴里说道："老子呀！我要咬你几口才出气！"她眼睛却看看我。我出了一惊，遮掩不住，那青面獠牙的一伙人，便都哄笑起来。陈老五赶上前，硬把我拖回家中了。

拖我回家，家里的人都装作不认识我。他们的眼色，也全同别人一样。进了书房，便反扣上门，宛然是关了一只鸡鸭。这一件事，越教我猜不出底细。

前几天，狼子村的佃户来告荒，对我大哥说，他们村里的一个大恶人，给大家打死了。几个人便挖出他的心肝来，用油煎炒了吃，可以壮壮胆子。我插了一句嘴，佃户和大哥便都看我几眼。今天才晓得他们的眼光，全同外面的那伙人一模一样。

想起来，我从顶上直冷到脚跟。

他们会吃人，就未必不会吃我。

你看那女人"咬你几口"的话，和一伙青面獠牙人的笑，和前天佃户的话，明明是暗号。我看出他话中全是毒，笑中全是刀。他们的牙齿，全是白厉厉的排着，这就是吃人的家伙。

照我自己想，虽然不是恶人，自从踹了古家的簿子，可就难说了。他们似乎别有心思，我全猜不出。况且他们一翻脸，便说人是恶人，我还记得大哥教我做论，无论怎样好人，翻他几句，他便打上几个圈，原谅坏人几句，他便说"翻天妙手，与众不同"。我哪里猜得到他们的心思，究竟怎样，况且是要吃的时候。

凡事总须研究，才会明白。古来时常吃人，我也还记得，可是不甚清楚。我翻开历史一查，这历史没有年代，歪歪斜斜的每页上都写着"仁义道德"几个字。我横竖睡不着，仔细看了半夜，才从字缝里看出字来，满本都写着两个字是"吃人"！

书上写着这许多字，佃户说了这许多话，却还笑吟吟地睁着怪眼睛看我。

我也是人，他们想要吃我了！

四

早上，我静坐了一会。陈老五送进饭来，一碗菜，一碗蒸鱼。这鱼的眼睛，白而且硬，张着嘴，同那一伙想吃人的人一样。吃了几筷，滑溜溜的不知是鱼是人，便把它，兜肚连肠地吐出。

我说："老五，对大哥说，我闷得慌。想到园里走走。"老五不答应，走了。停一会，可就来开了门。

我也不动，研究他们如何摆布我，知道他们一定不肯放松。果然！我大哥引了一个老头子，慢慢走来。他满眼凶光，怕我看出，只是低头向着地，从眼镜横边暗暗看我。大哥说："今天你仿佛很好。"我说"是的"。大哥说："今天请何先生来，给你诊一诊。"我说"可以！"其实我岂不知道这老头子是刽子手扮的！无非借了看脉这名目揣一揣肥瘠。因这功劳，也分一片肉吃。我也不怕，虽然不吃人，胆子却比他们还壮。伸出两个拳头，看他如何下手。老头子坐着，闭了眼睛，摸了好一会，呆了好一会，便张开他鬼眼睛说："不要乱想，静静的养几天，就好了。"

不要乱想，静静地养！养肥了，他们是自然可以多吃。我有什么好处，怎么会"好了"？他们这群人，又想吃人，又是鬼鬼祟祟，想法子遮掩，不敢直接下手，真要令我笑死。我忍不住，便放声大笑起来，十分快活。自己晓得这笑声里面，有的是义勇和正气。老头子和大哥，都失了色，被我这勇气正气镇压住了。

但是我有勇气，他们便越想吃我，沾光一点这勇气。老头子跨出门，走不多远，便低声对大哥说道："赶紧吃罢！"大哥点点头。原来也有你！这一件大发现，虽似意外，也在意中，合伙吃我的人。便是我的哥哥！

吃人的是我哥哥！

我是吃人的人的兄弟！

我自己被人吃了，可仍然是吃人的人的兄弟！

五

这几天是退一步想：假使那老头子不是刽子手扮的，真是医生，也仍然是吃人的人。他们的祖师李时珍做的"本草什么"上，明明写着人肉可以煎吃，他还能说自己不吃人么？

至于我家大哥，也毫不冤枉他。他对我讲书的时候，亲口说过可以易子而食。又一回偶然议论起一个不好的人，他便说不但该杀，还当食肉寝皮。我那时年纪还小，心跳了好半天。前天狼子村佃户来说吃心肝的事，他也毫不奇怪，不住地点头。可见心思是同从前一样狠。既然可以易子而食，便什么都易得什么人都吃得。我从前单听得讲道理，也糊涂过去。现在晓得他讲道理的时候，不但唇边还抹着人油，而且心里满装着吃人的意思。

六

黑漆漆的，不知是日是夜。赵家的狗又叫起来了。

狮子似的凶心，兔子的怯弱，狐狸的狡猾……

七

我晓得他们的方法，直接杀了，是不肯的，而且也不敢，怕有祸祟。所以他们大家连络，布满了罗网，逼我自戕。试看前几天街上男女的样子，和这几天我大哥的作为，便足可悟出八九分了。最好是解下腰带，挂在梁上，自己紧紧勒死。他们没有杀人的罪名，又偿了心愿，自然都欢天喜地地发出一种呜呜咽咽的笑声。否则惊吓忧愁死了，虽则略瘦，也还可以首肯几下。

他们是只会吃死肉的！——什么上说，有一种东西叫"海乙那"的，眼光和样子都很难看。时常吃死肉，连极大的骨头，都细细嚼烂，咽下肚子去，想起来也教人害怕。"海乙那"是狼的亲眷，狼是狗的本家。前天赵家的狗，看我几眼，可见他也同谋，早已接洽。老头子眼看着地，岂能瞒得过我。

最可怜的是我的大哥。他也是人，何以毫不害怕，而且合伙吃我呢？还是历来惯了，不以为非呢？是丧了良心，明知故犯呢？

我诅咒吃人的人，先从他起头，要劝转吃人的人，也先从他下手。

八

其实这种道理，到了现在，他们也该早已懂得……

忽然来了一个人，年纪不过二十左右，相貌是不很看得清楚，满面笑容，对了我点头。他的笑也不像真笑。我便问他："吃人的事，对么？"他仍然笑着说："不是荒年，怎么会吃人。"我立刻就晓得，他也是一伙，喜欢吃人的，便自勇气百倍，偏要问他。

"对么？"

"这等事问他什么。你真会……说笑话。……今天天气很好。"

天气是好。月色也很亮了。可是我要问你："对么？"

他不以为然了。含含糊糊地答道："不……"

"不对？他们可以竟吃！"

"没有的事……"

"没有的事？狼子村现吃。还有书上都写着，通红崭新！"

他便变了脸，铁一般青。睁着眼说："有许有的，这是从来如此……"

"从来如此便对么？"

"我不同你讲这些道理。总之你不该说，你说便是你错！"

我直跳起来，张开眼，这人便不见了。上身出了一大片汗。他的年纪，比我大哥小得远，居然也是一伙。这一定是他娘老子先教的。还怕已经教给他儿子了。所以连小孩子，也都恶狠狠地看我。

九

自己想吃人，又怕被别人吃了，都用着疑心极深的眼光，面面相觑。

去了这心思，放心做事走路吃饭睡觉，何等舒服。这只是一条门槛，一个关头。他们可是父子兄弟夫妇朋友师生仇敌和各不相识的人，都结成一伙，互相劝勉，互相牵制，死也不肯跨这一步。

十

大清早，去寻我大哥。他立在堂门外看天，我便走到他背后，拦住门，格外沉静、格外和气的对他说:"大哥,我有话告诉你。"

"你说就是。"他赶紧回过脸来,点点头。

"我只有几句话,可是说不出来。大哥,大约当初野蛮的人,都吃过一点人。后来因为心思不同,有的不吃人了,一味要好,便变了人,变了真的人。有的却还吃,——也同虫子一样,有的变了鱼鸟猴子,一直变到人。有的不要好,至今还是虫子。这吃人的人比不吃人的人,何等惭愧。怕比虫子的惭愧猴子,还差得很远很远。

"易牙蒸了他儿子,给桀纣吃,还是一直从前的事。谁晓得从盘古开辟天地以后,一直吃到易牙的儿子。从易牙的儿子,一直吃到徐锡林。从徐锡林,又一直吃到狼子村捉住的人。去年城里杀了犯人,还有一个生痨病的人,用馒头蘸着血舐。

"他们要吃我,你一个人,原也无法可想,然而又何必入伙。吃人的人,什么事做不出。他们会吃我,也会吃你,一伙里面也会自吃。但只要转一步,只要立刻改了,也就人人太平。虽然从来如此,我们今天也可以格外要好,说是不能!大哥,我相信你能说,前天佃户要减租,你说过不能。"

当初,他还只是冷笑,随后眼光便凶狠起来,一到说破他们的隐情,那就满脸都变成青色了。大门外立着一伙人,赵贵翁和他的狗,也在里面,都探头探脑地挨进来。有的是看不出面貌,似乎用布蒙着。有的是仍旧青面獠牙,抿着嘴笑。我认识他们是一伙,都是吃人的人。可也晓得他心思很不一样,一种是以为从来如此,应该吃的。一种是知道不该吃,可是仍然要吃,又怕别人说破他,所以听了我的话,越发气愤不过,可是抿着嘴冷笑。

这时候,大哥也忽然显出凶相,高声喝道:

"都出去!疯子有什么好看!"

这时候,我又懂得一件他们的巧妙了。他们岂但不肯改,而且早已布置,预备下一个疯子名目罩上我。将来吃了,不但太平无事,怕还会有人见情。佃户说的大家吃了一个恶人,正是这个方法。这是他们的老谱!

陈老五也气愤愤地直走进来。如何按得住我的口,我偏要对这伙人说:

"你们可以改了，从真心改起！要晓得将来容不得吃人的人活在世上。你们要不改，自己也会吃尽。即使生得多，也会给真的人除灭了，同猎人打完狼子一样！同虫子一样！"

那一伙人，都被陈老五赶走了。大哥也不知哪里去了。陈老五劝我回屋子里去。屋里面全是黑沉沉的。横梁和椽子都在头上发抖，抖了一会，便大起来，堆在我身上。

万分沉重，动弹不得。它的意思是要我死。我晓得它的沉重是假的，便挣扎出来，出了一身汗。可是偏要说：

"你们立刻改了，从真心改起！要晓得将来容不得吃人的人！……"

十一

太阳也不出，门也不开，日日是两顿饭。

我捏起筷子，便想起我大哥。晓得妹子死掉的缘故，也全在他。那时我妹子才五岁，可爱可怜的样子，还在眼前。母亲哭个不住，他却劝母亲不要哭。大约因为自己吃了，哭起来不免有点过意不去。如果还能过意不去……

妹子是被大哥吃了，母亲知道没有，我可不得而知。

母亲想也知道。不过哭的时候，却并没说明，大约也以为应当的了。记得我四五岁时，坐在堂前乘凉，大哥说爷娘生病，做儿子的须割下一片肉来，煮熟了请他吃，才算好人。母亲也没说不行。一片吃得，整个的自然也吃得。但是那天的哭法，现在想起来，实在还教人伤心，这真是奇极的事！

十二

不能想了。

四千年来时时吃人的地方，今天才明白，我也在其中混了多年。大哥正管着家务，妹子恰恰死了，他未必不和在饭菜里，暗暗给我们吃。

我未必无意之中,不吃了我妹子的几片肉,现在也轮到我自己……

有了四千年吃人履历的我,当初虽然不知道,现在明白,难见真的人!

十三

没有吃过人的孩子,或者还有?

救救孩子……

(原载《新青年》第四卷第五号,一九一八年五月)

孔乙己

鲁迅

鲁镇的酒店的格局,是和别处不同的;都是当街一个曲尺形的大柜台,柜里面预备着热水,可以随时烫酒。做工的人,傍午傍晚散了工,每每花四文铜钱,买一碗酒——这是二十多年前的事,现在每碗要涨到十文——靠柜外站着,热热地喝了休息;倘肯多花一文,便可以买一碟盐煮笋,或茴香豆,做下酒物了。但这些顾客,多是短衣帮,大抵没有这样阔绰。只有着长衫的,才踱进店面隔壁的房子里,要酒要菜,慢慢地坐喝。

我从十二岁起,便在镇口的咸亨酒店里当伙计。掌柜说,样子太傻,怕侍候不了长衫主顾,就在外面做点事罢。外面的短衣主顾,虽然容易说话,但唠唠叨叨缠夹不清的,也很不少。他们往往要亲眼看着黄酒从坛子里舀出,看过壶子底里有水没有,又亲看将壶子放在热水里烫着,然后放心。在这严重监督之下,掺水也很为难。所以过了几天,掌柜又说我干不了这事。幸亏荐头的情面大,辞退不得,便改为专管烫酒的一种无聊职务了。

我从此便整天地站在柜台里,专管我的职务。虽然没有什么失职,但总觉有些单调,有些无聊。掌柜是一副凶面孔,主顾也没有好声气,教人活泼不得;只有孔乙己到店,才可以笑几声,所以至今记得。

孔乙己是站着喝酒而着长衫的惟一的人。他身材很高大,青白脸色,皱纹中间时常夹些伤痕,一部乱蓬蓬的花白胡子。穿的虽是长衫,可是又脏又破,似乎十多年没有补,也没有洗。他对人说话,总是满口之乎者也,教人半懂不懂的。因为他姓孔，别人便从描红纸上"上大人孔乙己"这半懂不懂的话里，替他取下一个绰号，叫作孔乙己。孔乙己一到店，所有喝酒的人，便都看着他笑。有的叫道："孔乙己，你脸上添上新伤疤了！"他不答应，对柜里说："烫两碗酒，要一碟茴香豆。"便排出九文钱。他们又故意地高声嚷道："你一定又偷了人家东西了。"孔乙己睁大眼睛说："你怎么这样凭空污人清白……""什么清白？我前天亲眼见你偷了何家的书，吊着打。"孔乙己便涨红了脸，额上的青筋条条绽出，争辩道："窃书不能算偷……窃书……读书人的事，能算偷么？"接连便是难懂的话，什么"君子固穷"，什么"者乎"之类，引得众人都哄笑起来，店内外充满了快活的空气。

听人家背地谈论，孔乙己原来也读过书，但终于没有进学，又不会营生；于是愈过愈穷，弄到将要讨饭了。幸而写得一笔好字，便替人家抄抄书，换一碗饭吃。可惜他又有一样坏脾气，便是好喝懒做。做不到几天，便连人和书籍、纸张、笔砚一齐失踪。如是几次，叫他抄书的人，也没有了。孔乙己没有法，便免不了偶然做些偷窃的事。但他在我们店里，品行却比别人都好，就是从不拖欠；虽然间或没有现钱，暂时记在粉板上面，但不出一月，定然还清，从粉板上拭去了孔乙己的名字。

孔乙己喝过半碗酒，涨红的脸色，渐渐复原，旁人便又问道："孔乙己，你当真认识字么？"孔乙己看着问他的人，显出不屑置辩的神气。他们便接着说道："你怎的连半个秀才也捞不到呢？"孔乙己立刻显出颓唐不安模样，脸上笼上了一层灰色，嘴里说些话，这回可是全是之乎者也之类，一些也不懂了。在这时候，众人也都哄笑起来，店内外充满了快活的空气。

在这些时候，我可以附和着笑，掌柜是决不责骂的。而且掌柜见了孔乙己，也每每这样问他，引人发笑。孔乙己自己知道不能和他们谈天，便只好向孩子说话。有一回对我说道："你读过书么？"我略略点一点头。他说："读过书……我便考你一考。茴香豆的茴字怎么写的？"我想，讨饭一样的人也配考我么？便回过脸，不再理会。孔乙己等了许久，很恳切地说道："不能写罢？……我教给你，记着！这些字应该记着。将来做掌柜的时候，写账要用。"我想我和掌柜的等级还很远呢，而且我们掌柜也从不将茴香豆上账；又好笑，又不耐烦，懒懒地答他道："谁要你教，不是草头底下一个来回的回字么？"孔乙己显出极高兴的样子，将两个指头的长指甲敲着柜台，点头说："对呀，对呀！……回字有四样写法，你知道么？"我愈不耐烦，努着嘴走远。孔乙己刚用指甲蘸了酒，想在柜上写字，见我毫不热心，便又叹一口气，显出极惋惜的样子。

有几回，邻舍孩子听得笑声，也赶热闹，围住了孔乙己。他便给他们茴香豆吃，一人一颗。孩子吃完豆，仍然不散，眼睛都望着碟子。孔乙己发了慌，伸开五指将碟子罩住，弯腰下去说道："不多了，我已经不多了。"直起身又看一看豆，自己摇头说，"不多，不多！多乎哉？不多也。"于是这一群孩子，又在笑声里走散。

孔乙己是这样使人快活，可是没有他，别人也便这么过。

有一天，大约是中秋前的两三天，掌柜正在慢慢地结账，取下粉板，忽然说："孔乙己长久没有来了，还欠十九个钱呢？"我才也觉得他的确长久没有来了。一个喝酒的人说道："他怎么来？……他被打折了腿了。"掌柜说："哦！""他总仍旧是偷。这一回，是自己发昏，竟偷到丁举人家里去了。他家的东西，偷得的么？""后来怎么样？""怎么样？先写服辩，后来是打，打了大半夜，再打折了腿。""后来呢？""后来打折了腿了。""打折了怎样呢？""怎样？……谁晓得？许是死了。"掌柜也不再问，仍然慢慢地算他的账。

中秋过后，秋风是一天凉比一天，看看将近初冬。我整天的靠着火，也须穿上棉袄了。一天的下半天，没有一个顾客，我正合眼坐着。忽然间听得一个声音，"温一碗酒。"这声音虽然极低，却很耳熟。看时又全没有人。站起来向外一望，那孔乙己便在柜台下对了门槛坐着。他面孔黑而且瘦，已经不成样子；穿一件破夹袄，盘着两腿，下面垫一个蒲包，用草绳在肩上挂住；见了我，又说道："温一碗酒。"掌柜也伸出头去，一面说，"孔乙己么？你还欠十九个钱呢！"孔乙己很颓唐地仰面答道，"这……下回还清罢。这一回是现钱，酒要好。"掌柜仍然同平常一样，笑着对他说，"孔乙己，你又偷了东西了！"但他这回却不十分分辩，单说了一句"不要取笑！""取笑？要是不偷，怎么会打断腿？"孔乙己低声说道："跌断，跌跌……"他的眼色，很像恳求掌柜，不要再提。此时已经聚集了几个人，便和掌柜都笑了。我热了酒，端出去，放在门槛上。他从破衣袋里，摸出四文大钱，放在我手里。见他满手是泥，原来他便用这手走来的。不一会喝完酒，也在旁人的说笑声中，坐着用这手慢慢走去。

自此以后，又长久没有见孔乙己。到了年关，掌柜取下粉板说："孔乙己还欠十九个钱呢！"到第二年的清明，又说："孔乙己还欠十九个钱呢！"到端午可是没有说，再到中秋也没有见他。

我到现在终于没有见，大约孔乙己的确死了。

附记：这一篇很拙的小说，还是去年冬天做成的。那时的意思，单在描写社会上的或一种生活，请读者看看，并没有别的深意。但用活字排印了发表，却已在这时候，便是忽然有人用了小说盛行人身攻击的时候。大抵著者走入暗路，每每能引读者的思想跟他堕落；以为小说是一种泼秽水的器具，里面糟蹋的是谁。这实在是一件极可叹可怜的事。所以我在此声明，免得发生猜度，害了读者的人格。

一九一九年三月廿六日记

（原载《新青年》第六卷第四号，一九一九年四月）

药

鲁迅

一

秋天的后半夜，月亮去了，太阳还没有出，只剩下一片乌蓝的天；除了夜游的东西，什么都睡着。华老栓忽然坐起身，擦着火柴，点上遍身油腻的灯盏，茶馆的两间屋子里，便弥满了青白的光。

"小栓的爹，你就去么？"是一个老女人的声音。里边的小屋子里，也发出一阵咳嗽。

"唔。"老栓一面听，一面应，一面扣上衣服；伸手过去说："给我罢。"

华大妈在枕头底下掏了半天，掏出一包洋钱，交给老栓。老栓接了，抖抖地装入衣袋，又在外面按了两下；便点上灯笼，吹熄灯盏，走向里屋子去了。那屋子里面，正在窸窸窣窣地响，接着便是一通咳嗽。老栓候他平静过去，才低低地叫道："小栓……你不要起来。……店么？你娘会安排的。"

老栓听得儿子不再说话，料他安心睡了，便出了门，走到街上。街上黑沉沉的一无所有，只有一条灰白的路，看得分明。灯光照着他的两脚，一前一后地走。有时也遇到几只狗，可是一只也没有叫。天气比屋子里冷得多了，老栓倒觉爽快；仿佛一旦变了少年，得了神通，有给人生命的本领似的，跨步格外高远。而且路也愈走愈分明，天也愈走愈亮了。

老栓正在专心走路，忽然吃了一惊，远远里看见一条丁字街，明明白白横着。便退了几步,寻到一家关着门的铺子,蹩进檐下,靠门立住了。好一会儿,身上觉得有些发冷。

"哼!老头子。"

"倒高兴……"

老栓又吃一惊,睁眼看时,几个人从他面前过去了。一个还回头看他,样子不甚分明,但很像久饿的人,见了食物一般眼里闪出一种攫取的光。老栓看看灯笼,已经熄了。按一按衣袋,硬硬的还在。仰起头两面一望,只见许多古怪的人,三三两两鬼似的在那里徘徊;定睛再看,却也看不出什么别的奇怪。

没有多久,又见几个兵,在那边走动;衣服前后的一个大白圆圈,远地里也看得清楚。走过面前的,并且看出号衣上暗红色的镶边。一阵脚步声响,一眨眼,已经拥过了一大簇人。那三三两两的人,也忽然合作一堆,潮一般向前赶;将到丁字街口,便突然立住,簇成一个半圆。

老栓也向那边看,却只见一堆人的后背;颈项都伸得很长,仿佛许多鸭,被无形的手捏住了的,向上提着。静了一会儿,似乎有点声音,便又动摇起来,轰的一声,都向后退;一直散到老栓立着的地方,几乎将他挤倒了。

"喂!一手交钱,一手交货!"一个浑身黑色的人,站在老栓面前,眼光正像两把刀,刺得老栓缩小了一半。那人一只大手,向他摊着;一只手却撮着一个鲜红的馒头,那红的还是一点一点地往下滴。

老栓慌忙摸出洋钱,抖抖地想交给他,却又不敢去接他的东西。那人便焦急起来,嚷道:"怕什么?怎的不拿!"老栓还踌躇着;黑的人便抢过灯笼,一把扯下纸罩,裹了馒头,塞与老栓;一手抓过洋钱,捏一捏,转身去了。嘴里哼着说:"这老东西……"

"这给谁治病的呀?"老栓也似乎听得有人问他,但他并不答应;他的精神,现在只在一个包上,仿佛抱着一个十世单传的婴儿,别的事情,都已耳无闻目无见了。他现在要将这包里的新的生命,移植到他家里,收获许多幸福。太阳也出来了;在他面前,显出一条大道,直到他家中。后面也照见丁字街头破匾上"古□亭口"这四个黯淡的金字。

二

老栓走到家，店面早经收拾干净，一排一排的茶桌，滑滑的发光。但是没有客人；只有小栓坐在里排的桌前吃饭，大粒的汗，从额上滚下，夹袄也贴住了脊心，两块肩胛骨高高凸出，印成一个阳文的"八"字。老栓见这样子，不免皱一皱展开的眉心。他的女人，从灶下急急走出，睁着眼睛，嘴唇有些发抖。

"得了么？"

"得了。"

两个人一齐走进灶下，商量了一会；华大妈便出去了，不多时，拿着一片老荷叶回来，摊在桌上。老栓也打开灯笼罩，用荷叶重新包了那红的馒头。小栓也吃完饭，他的母亲慌忙说："小栓，你坐着，不要到这里来。"

一面整顿了灶火，老栓便把一个碧绿的包，一个红红白白的破灯笼，一同塞在灶里；一阵红黑的火焰过去时，店屋里散满了一种奇怪的香味。

"好香！你们吃什么点心呀？"这是驼背五少爷到了。这人每天总在茶馆里过日，来得最早，去得最迟，此时恰恰蹩到临街的壁角的桌边，便坐下问话。然而没人应他。"炒米粥么？"仍然没有人应。老栓匆匆走出，给他泡上茶。

"小栓进来罢！"华大妈叫小栓进了里面的屋子，中间放好一条凳，小栓坐了。他的母亲端过一碟乌黑的圆东西，轻轻说：

"吃下去罢，——病便好了。"

小栓撮起这黑东西，看了一会，似乎拿着自己的性命一般，心里说不出的奇怪。十分小心地掰开了，焦皮里面蹿出一道白气，白气散了，是两半个白面的馒头。——不多工夫，已经全在肚里了，却全忘了什么味；面前只剩下一张空盘。他的旁边，一面立着他的父亲，一面立着他的母亲，两人的眼光，都仿佛要在他身里注进什么又要取出什么似的；便禁不住心跳起来，按着胸膛，又是一阵咳嗽。

"睡一会罢，——便好了。"

小栓依他母亲的话，咳着睡了。华大妈候他喘气平静，才轻轻地给他盖上了满幅补丁的夹被。

三

店里坐着许多人，老栓也忙了，提着大铜壶，一趟一趟地给客人冲茶；两个眼眶，都围着一圈黑线。

"老栓你有些不舒服么？——你生病了么？"一个花白胡子的人说。

"没有。"

"没有？——我想笑嘻嘻的，原也不像……"花白胡子便取消了自己的话。

"老栓只是忙。要是他的儿子……"驼背五少爷话还未完，突然闯进了一个满脸横肉的人，披一件玄色布衫，散着纽扣，用很宽的玄色腰带，胡乱捆在腰间。刚进门，便对老栓嚷道：

"吃了么？好了么？老栓，就是运气了你！你运气，要不是我信息灵……"

老栓一手提了茶壶，一手恭恭敬敬地垂着，笑嘻嘻地听。满座的人，也都恭恭敬敬地听。华大妈也黑着眼眶，笑嘻嘻地送茶碗、茶叶出来，加上一个橄榄，老栓便去冲了水。

"这是包好！这是与众不同的。你想，趁热地拿来，趁热吃下。"横肉的人只是嚷。

"真的呢，要没有康大叔照顾，怎么会这样……"华大妈也很感激地谢他。

"包好，包好！这样的趁热吃下。这样的人血馒头，什么痨病都包好！"

华大妈听到"痨病"这两个字，变了一点脸色，似乎有些不悦，但又立刻堆上笑，搭讪着走开了。这康大叔却没有觉察，仍然提高了喉咙只是嚷，嚷得里面睡着的小栓也合伙咳嗽起来。

"原来你家小栓碰到了这样的好运气了，这病自然一定全好。怪不得老栓整天地笑着呢。"花白胡子一面说，一面走到康大叔面前，低声下气地问道："康大叔——听说今天结果的一个犯人，便是夏家的孩子，那是谁的孩子？

究竟是什么事？"

"谁的？不就是夏四奶奶的儿子么？那个小家伙！"康大叔见众人都耸起耳朵听他，便格外高兴，横肉块块饱绽，越发大声说，"这小东西不要命，不要就是了。我可是这一回一点没有得到好处，连剥下来的衣服，都给管牢的红眼睛阿义拿去了。——第一要算我们栓叔运气；第二是夏三爷赏了二十五两雪白的银子，一个人落腰包，一文不花。"

小栓慢慢地从小屋子走出，两手按了胸口，不住地咳嗽；走到灶下，盛出一碗冷饭，泡上热水，坐下便吃。华大妈跟着他走，轻轻地问道："小栓你好些么？——你仍旧只是肚饿……"

"包好，包好！"康大叔瞥了小栓一眼，仍然回过脸对众人说："夏三爷真是乖角儿，要是他不先告官，连他满门抄斩。现在怎样？银子！——这小东西也真不成东西！关在牢里，还要劝牢头造反。"

"啊呀，那还了得？"坐在后排的一个二十多岁的人，很现出气愤模样。

"你要晓得红眼睛阿义是去盘盘底细的，他却和他攀谈了。他说：'这大清的天下是我们大家的。'你想，这是人话么？红眼睛原知道他家里只有一个老娘，可是没有料到他竟会那么穷，榨不出一点油水，已经气破肚皮了。他还要老虎头上搔痒，便给他两个嘴巴！"

"义哥是一手好拳棒，这两下，一定够他受用了。"壁角的驼背忽然高兴起来。

"他这贱骨头打不怕，还要说可怜可怜哩。"

花白胡子的人说："打了这种东西，有什么可怜呢？"

康大叔显出看他不上的样子，冷笑着说："你没有听清我的话；看他神气，是说阿义可怜哩！"

听着的人的眼光，忽然有些板滞；话也停顿了。小栓已经吃完饭，吃得满身流汗，头上都冒出蒸气。

"阿义可怜——疯话，简直是发了疯了。"花白胡子恍然大悟似的说。

"发了疯了。"二十多岁的人也恍然大悟地说。

店里的座客，便又现出活气，谈笑起来。小栓也趁着热闹，拼命咳嗽；康大叔走上前，拍他肩膀说：

"包好！小栓——你不要这么咳。包好！"

"疯了。"驼背五少爷点着头说。

四

西关外靠着城根的地面，本是一块官地；中间歪歪斜斜一条细路，是贪走便道的人，用鞋底造成的，但却成了自然的界限。路的左边，都埋着死刑和瘐毙的人，右边是穷人的丛冢。两面都已埋到层层叠叠，宛然富翁家里祝寿时候的馒头。

这一年的清明，分外寒冷，杨柳才吐出半粒米大的新芽。天明未久，华大妈已在右边的一座新坟前面，排出四碟菜，一碗饭，哭了一场。化过纸，呆呆地坐在地上；仿佛等候什么似的，但自己也说不出等候什么。微风起来，吹动她短发，确乎比去年白得多了。

小路上又来了一个女人，也是半白头发，褴褛的衣裙；提一个破旧的朱漆圆篮，外挂一串纸锭，三步一歇地走。忽然见华大妈坐在地上看她，便有些踌躇，惨白的脸上，现出些羞愧颜色；但终于硬着头皮，走到左边的一座坟前，放下了篮子。

那坟与小栓的坟，一字儿排着，中间只隔一条小路。华大妈看她排好四碟菜，一碗饭，立着哭了一通，化过纸锭；心里暗暗地想："这坟里的也是儿子了。"那老女人徘徊观望了一回，忽然手脚有些发抖，跄跄踉踉退下几步，瞪着眼只是发怔。

华大妈见这样子，生怕她伤心到快要发狂了；便忍不住立起身，跨过小路，低声对她说，"你这位老奶奶不要伤心了，——我们还是回去罢。"

那人点一点头，眼睛仍然向上瞪着，也低声吃吃地说道："你看，——看这是什么呢？"

华大妈跟了她指头看去，眼光便到了前面的坟。这坟上草根还没有全合，露出一块一块的黄土，煞是难看。再往上仔细看时，却不觉也吃一惊；——分明有一圈红白的花，围着那尖圆的坟顶。

她们的眼睛都已老花多年了，但望这红白的花，还能明白看见。花也不很多，圆圆的排成一个圈，不很精神，倒也整齐。华大妈忙看他儿子和别人的坟，却只有不怕冷的几点青白小花，零星开着；便觉得心里忽然感到一种不足和空虚，不愿意根究。那老女人又走近几步，细看了一遍，自言自语地说："这没有根，不像自己开的。——这地方有谁来呢？孩子不会来玩；——亲戚本家早不来了。——这是怎么一回事呢？"她想了又想，忽又流下泪来，大声说道：

"瑜儿，他们都冤枉了你，你还是忘不了，伤心不过，今天特意显点灵，要我知道么？"她四面一看，只见一只乌鸦，站在一株没有叶的树上，便接着说，"我知道了。——瑜儿，可怜他们坑了你，他们将来总有报应，天都知道；你闭了眼睛就是了。——你如果真在这里，听到我的话，——便教这乌鸦飞上你的坟顶，给我看罢。"

微风早经息了，枯草支支直立有如铜丝。一丝发抖的声音，在空气中愈颤愈细，细到没有，周围便都是死一般静。两人站在枯草丛里，仰面看那乌鸦；那乌鸦也在笔直的树枝间，缩着头，铁铸一般站着。

许多工夫过了，上坟的人渐渐增多，几个老的小的，在土坟间出没。

华大妈不知怎的，似乎卸下了一挑重担，便想到要走；一面劝着说："我们还是回去罢。"

那老女人叹一口气，无精打采地收起饭菜；又迟疑了一刻，终于慢慢地走了。嘴里自言自语地说："这是怎么一回事呢？……"

她们走不上二三十步远，忽听得背后"哑——"的一声大叫；两个人都竦然地回过头，只见那乌鸦张开两翅，一挫身，直向着远处天空，箭也似的飞去了。

（原载《新青年》第六卷第五号，一九一九年五月）

>>>

风波

鲁迅

　　临河的土场上，太阳渐渐地收了它通黄的光线了。场边靠河的乌桕树叶，干巴巴的才喘过气来，几个花脚蚊子在下面哼着飞舞。面河的农家的烟筒里，逐渐减少了炊烟，女人孩子们都在自己门口的土场泼些水，放下小桌子和矮凳。人知道，这已经是晚饭时候了。

　　老人男人坐在矮凳上，摇着大芭蕉扇闲谈，孩子飞也似的跑，或者蹲在乌桕树下赌玩石子。女人端出乌黑的蒸干菜和松花黄的米饭，热蓬蓬冒烟。河里驶过文人的酒船，文豪见了，大发诗兴，说，"无思无虑，这真是田家乐呵！"

　　但文豪的话有些不合事实，就因为他们没有听到九斤老太的话。这时候，九斤老太正在大怒，拿破芭蕉扇敲着凳脚说：

　　"我活到七十九岁了，活够了，不愿意眼见这些败家相，——还是死的好。立刻就要吃饭了，还吃炒豆子，吃穷了一家子！"

　　伊的曾孙女儿六斤捏着一把豆，正从对面跑来，见这情形，便直奔河边，藏在乌桕树后，伸出双丫角的小头，大声说："这老不死的！"

　　九斤老太虽然高寿，耳朵却还不很聋，但也没有听到孩子的话，仍旧自己说："这真是一代不如一代！"

　　这村庄的习惯有点特别，女人生下孩子，多喜欢用秤称了轻重，便用斤数当作小名。九斤老太自从庆祝了五十大寿以后，便渐渐地变了不平家，常说伊年轻的时候，天气没有现在这般热，豆子也没有现在这般硬：总之现在的时世是不对了。何况六斤比伊的曾祖,少了三斤,比伊父亲七斤,又少了一斤,这真是一条颠扑不破的实例。所以伊又用劲说:"这真是一代不如一代!"

伊的儿媳七斤嫂子正捧着饭篮走到桌边,便将饭篮在桌上一摔,愤愤地说:"你老人家又这么说了。六斤生下来的时候,不是六斤五两么?你家的秤又是私秤,加重称,十八两秤;用了准十六,我们的六斤该有七斤多哩。我想便是太公和公公,也不见得正是九斤八斤十足,用的秤也许是十四两……"

"一代不如一代!"

七斤嫂还没有答话,忽然看见七斤从小巷口转出,便移了方向,对他嚷道:"你这死尸怎么这时候才回来,死到哪里去了!不管人家等着你开饭!"

七斤虽然住在农村,却早有些飞黄腾达的意思。从他的祖父到他,三代不捏锄头柄了,他也照例的帮人撑着航船,每日一回,早晨从鲁镇进城,傍晚又回到鲁镇,因此很知道些时事:例如什么地方,雷公劈死了蜈蚣精;什么地方,闺女生了一个夜叉之类。他在村人里面,的确已经是一名出场人物了。但夏天吃饭不点灯,却还守着农家习惯,所以回家太迟,是该骂的。

七斤一手捏着象牙嘴白铜斗六尺多长的湘妃竹烟管,低着头,慢慢地走来,坐在矮凳上。六斤也趁势溜出,坐在他身边,叫他爹爹。七斤没有应。

"一代不如一代!"九斤老太说。

七斤慢慢地抬起头来,叹一口气说:"皇帝坐了龙庭了。"

七斤嫂呆了一刻,忽而恍然大悟地道:"这可好了,这不是又要皇恩大赦了么!"

七斤又叹一口气,说:"我没有辫子。"

"皇帝要辫子么?"

"皇帝要辫子。"

"你怎么知道呢?"七斤嫂有些着急,赶忙地问。

"咸亨酒店里的人,都说要的。"

七斤嫂这时从直觉上觉得事情似乎有些不妙了,因为咸亨酒店是消息灵通的所在。伊一转眼瞥见七斤的光头,便忍不住动怒,怪他恨他怨他;忽然又绝望起来,装好一碗饭,搡在七斤的面前道:"还是赶快吃你的饭罢!哭丧着脸，就会长出辫子来么？"

太阳收尽了它最末的光线了，水面暗暗地恢复过凉气来，土场上一片碗筷声响，人人的脊梁上又都吐出汗粒。七斤嫂吃完三碗饭，偶然抬起头，心坎里便禁不住突突地发跳。伊透过乌桕叶，看见又矮又胖的赵七爷正从独木桥上走来，而且穿着宝蓝色竹布的长衫。

赵七爷是邻村茂源酒店的主人，又是这三十里方圆以内的唯一的出色人物兼学问家。因为有学问，所以又有些遗老的臭味。他有十多本金圣叹批评的《三国志》，时常坐着一个字一个字地读。他不但能说出五虎将姓名，甚而至于还知道黄忠表字汉升和马超表字孟起。革命以后，他便将辫子盘在顶上，像道士一般。常常叹息说，倘若赵子龙在世，天下便不会乱到这地步了。七斤嫂眼睛好，早望见今天的赵七爷已经不是道士，却变成光滑头皮，乌黑发顶；伊便知道一定是皇帝坐了龙庭，而且一定须有辫子，而且七斤一定是非常危险。因为赵七爷的这件竹布长衫，轻易是不常穿的，三年以来，只穿过两次：一次是和他怄气的麻子阿四病了的时候，一次是曾经砸烂他酒店的鲁大爷死了的时候。现在是第三次了，这一定又是于他有庆，于他的仇家有殃了。

七斤嫂记得，两年前七斤喝醉了酒，曾经骂过赵七爷是"贱胎"，所以这时便立刻直觉到七斤的危险，心坎里突突地发起跳来。

赵七爷一路走来，坐着吃饭的人都站起身，拿筷子点着自己的饭碗说："七爷，请在我们这里用饭！"七爷也一路点头，说道"请请"，却一径走到七斤家的桌旁。七斤连忙招呼，七爷也微笑着说"请请"，一面细细地研究他们的饭菜。

"好香的干菜，听到了风声了么？"赵七爷站在七斤的后面七斤嫂的对面说。

"皇帝坐了龙庭了。"七斤说。

七斤嫂看着七爷的脸，竭力赔笑道："皇帝已经坐了龙庭，几时皇恩大赦呢？"

"皇恩大赦？大赦是慢慢的总要大赦罢。"七爷说到这里，声色忽然严厉起来，"但是你家七斤的辫子呢，辫子？这倒是要紧的事。你们知道，长毛时候，留发不留头，留头不留发……"

七斤和他的女人没有读过书，不很懂得这古典的奥妙，但觉得有学问的七爷这么说，事情自然非常重大，无可挽回，便仿佛受了死刑宣告似的，耳朵里嗡的一声，再也说不出一句话。

"一代不如一代，"九斤老太正在不平，趁这机会，便对赵七爷说，"现在的长毛，只是剪人家的辫子，僧不僧，道不道的。从前的长毛，这样的么？我活到七十九岁了，活够了。从前的长毛是整匹的红缎子裹头，拖下去，拖下去，一直拖到脚跟。王爷是黄缎子，拖下去，黄缎子，红缎子，黄缎子，我活够了，七十九岁了。"

七斤嫂站起身，自言自语地说："这怎么好呢？这样的一班老小，都靠他养活的人……"

赵七爷摇头道："那也没法。没有辫子，该当何罪，书上都一条一条明明白白写着的。不管他家里有些什么人。"

七斤嫂听到书上写着，可真是完全绝望了，自己急得没法，便忽然又恨到七斤。伊用筷子指着他的鼻尖说："这死尸自作自受！造反的时候，我本来说，不要撑船了，不要上城了。他偏要死进城去，滚进城去，进城便被人剪去了辫子。从前是绢光乌黑的辫子，现在弄得僧不僧道不道的。这囚徒自作自受，带累了我们又怎么说呢？这活死尸的囚徒……"

村人看见赵七爷到村，都赶紧吃完饭，聚在七斤家饭桌的周围。七斤自己知道是出场人物，被女人当大众这样辱骂，很不雅观，便只得抬起头，慢慢地说道：

"你今天说现成话，那时你……"

"你这活死尸的囚徒……"

看客中间，八一嫂是心肠最好的人，抱着伊的两周岁的遗腹子，正在七斤嫂身边看热闹，这时过意不去，连忙解劝说："七斤嫂，算了罢。人不是神仙，谁知道未来事呢？便是七斤嫂，那时不也说，没有辫子倒也没有什么丑么？况且衙门里的大老爷也还没有告示……"

七斤嫂没有听完，两个耳朵早通红了，便将筷子转过向来，指着八一嫂的鼻子，说："阿呀，这是什么话呵！八一嫂，我自己看来倒还是一个人，会说出这样昏诞糊涂话么？那时我是，整整哭了三天，谁都看见，连六斤这小鬼也都哭，……"六斤刚吃完一大碗饭，拿了空碗，伸手去嚷着要添。七斤嫂正没好气，便用筷子在伊的双丫角中间，直扎下去，大喝道："谁要你来多嘴！你这偷汉的小寡妇！"

扑的一声，六斤手里的空碗落在地上了，恰巧又碰着一块砖角，立刻破成一个很大的缺口。七斤直跳起来，捡起破碗，合上了检查一回，也喝道："入娘的！"一巴掌打倒六斤。六斤躺着哭，九斤老太拉了伊的手，连说着"一代不如一代"，一同走了。

八一嫂也发怒，大声说："七斤嫂，你恨捧打人……"

赵七爷本来是笑着旁观的，但自从八一嫂说了"衙门里的大老爷没有告示"这话以后，却有些生气了。这时他已绕出桌旁，接着说："恨捧打人，算什么呢。大兵是就要到的。你可知道，这回保驾的是张大帅，张大帅就是燕人张翼德的后代，他一支丈八蛇矛，就有万夫不当之勇，谁能抵挡他。"他两手同时捏起空拳，仿佛握着无形的蛇矛模样，向八一嫂抢进几步道："你能抵挡他么！"

八一嫂正气得抱着孩子发抖，忽然见赵七爷满脸油汗，瞪着眼，准对伊冲过来，便十分害怕，不敢说完话，回身走了。赵七爷也跟着走去。众人一面怪八一嫂多事，一面让开路，几个剪过辫子重新留起的便赶快躲在人丛后面，怕他看见。赵七爷也不细心察访，通过人丛，忽然转入乌桕树后，说道"你能抵挡他么！"跨上独木桥，扬长去了。

村人们呆呆站着，心里计算，都觉得自己确乎抵不住张翼德，因此也决定七斤便要没有性命。七斤既然犯了王法，想起他往常对人谈论城中的新闻的时候，就不该含着长烟管显出那般骄傲模样，所以对于七斤的犯法，也觉得有些畅快。他们也仿佛想发些议论，却又觉得没有什么议论可发。嗡嗡的一阵乱，蚊子都撞过赤膊身子，闯到乌桕树下去闹。他们也就慢慢地走散回家，关上门睡觉。七斤嫂咕哝着，也收了家伙和桌子矮凳回家，关上门睡觉了。

七斤将破碗拿回家里，坐在门槛上吸烟，但非常忧愁，忘却了吸咽，象牙嘴六尺多长湘妃竹烟管的白铜斗里的火光，渐渐发黑了。心里但觉得事情似乎十分危急，也想想些方法，想些计划，但总是非常模糊，贯穿不得："辫子呢辫子？丈八蛇矛。一代不如一代！皇帝坐龙庭。破的碗须上城才能钉好。

谁能抵挡他？书上一条一条写着。入娘的！……"

第二日清晨，七斤依旧从鲁镇撑航船进城，傍晚回到鲁镇，又拿着六尺多长的湘妃竹烟管和一个饭碗回村。他在晚饭席上，对九斤老太说，这碗是在城内钉合的，因为缺口大，所以要十六个铜钉，三文一个，一总用了四十八文小钱。

九斤老太很不高兴地说："一代不如一代，我是活够了。三文钱一钉；从前的钉，这样的么？从前的钉是……我活了七十九岁了……"

此后七斤虽然是照例日日进城，但家景总有些黯淡，村人大抵回避着，不再来听他从城内得来的新闻。七斤嫂也没有好声气，还时常叫他"囚徒"。

过了十多日，七斤从城内回家，看见他的女人非常高兴，问他说："你在城里听到些什么么？"

"没有听到些什么。"

"皇帝坐了龙庭没有呢？"

"他们没有说。"

"咸亨酒店里也没有人说么？"

"也没人说。"

"我想皇帝一定是不坐龙庭了。我今天走过赵七爷的店前，看见他又坐着念书了，辫子又盘在顶上了，也没有穿长衫。"

"你想，不坐龙庭罢了？"

"我想，不坐了罢。"

现在的七斤，七斤嫂和村人又都早给他相当的尊敬，相当的待遇了。到夏天，他们仍旧在自家门口的土场上吃饭，大家见了，都笑嘻嘻的招呼。九斤老太早已做过八十大寿，仍然不平而且康健。六斤的双丫角，已经变成一支大辫子了；伊虽然新近裹脚，却还能帮同七斤嫂做事，捧着十八个铜钉的饭碗，在土场上一颠一拐的往来。

（原载《新青年》第八卷第一号，一九二〇年九月）

>>>

故乡

鲁迅

我冒了严寒,回到相隔二千余里,别了二十余年的故乡去。

时候既然是深冬。渐近故乡时,天气又阴晦了,冷风吹进船舱中,呜呜地响,从篷隙向外一望,苍黄的天底下,远近横着几个萧索的荒村,没有一些活气。我的心禁不住悲凉起来了。

啊!这不是我二十年来时时记得的故乡?

我所记得的故乡全不如此。我的故乡好得多了。但要我记起他的美丽,说出他的佳处来,却又没有影像,没有言辞了。仿佛也就如此。于是我自己解释说:故乡本也如此,——虽然没有进步,也未必有如我所感的悲凉,这只是我自己心情的改变罢了,因为我这次回乡,本没有什么好心绪。

我这次是专为了别他而来的。我们多年聚族而居的老屋,已经公同卖给别姓了,交屋的期限,只在本年,所以必须赶在正月初一以前,永别了熟识的老屋,而且远离了熟识的故乡,搬家到我在谋食的异地去。

第二日清早晨我到了我家的门口了。瓦楞上几枝枯草的断茎当风抖着,正在说明这老屋难免易主的原因。几房的本家大约已经搬走了,所以很寂静。我到了自家的房外,我的母亲早已迎着出来了,接着便飞出了八岁的侄儿宏儿。

我的母亲很高兴,但也藏着许多凄凉的神情,叫我坐下,歇息,喝茶,且不谈搬家的事。宏儿没有见过我,远远的对面站着只是看。

但我们终于谈到搬家的事。我说外间的寓所已经租定了，又买了几件家具，此外须将家里所有的木器卖去，再去增添。母亲也说好，而且行李也略已齐集，木器不便搬运的，也小半卖去了，只是收不起钱来。

"你休息一两天，去拜望亲戚本家一回，我们便可以走了。"母亲说。

"是的。"

"还有闰土，他每到我家来时，总问起你，很想见一回面。我已经将你到家的大约日期通知他，他也许就要来了。"

这时候，我的脑里忽然闪出一幅神异的图画来：深蓝的天空中挂着一轮金黄的圆月，下面是海边的沙地，都种着一望无际的碧绿的西瓜，其间有一个十一二岁的少年，项戴银圈，手捏一柄钢叉，向一匹猹尽力地刺去，那猹却将身一扭，反从他的胯下逃走了。

这少年便是闰土。我认识他时，也不过十多岁，离现在将有三十年了；那时我的父亲还在世，家景也好，我正是一个少爷。那一年，我家是一件大祭祀的值年。这祭祀，说是三十多年才能轮到一回，所以很郑重；正月里供祖像，供品很多，祭器很讲究，拜的人也很多，祭器也很要防偷去。我家只有一个忙月（我们这里给人做工的分三种：整年给一定人家做工的叫长年；按日给人做工的叫短工；自己也种地，只在过年过节以及收租时候来给一定的人家做工的称忙月），忙不过来，他便对父亲说，可以叫他的儿子闰土来管祭器的。

我的父亲允许了；我也很高兴，因为我早听到闰土这名字，而且知道他和我仿佛年纪，闰月生的，五行缺土，所以他的父亲叫他闰土。他是能装弶捉小鸟雀的。

我于是日日盼望新年，新年到，闰土也就到了。好容易到了年末，有一日，母亲告诉我，闰土来了，我便飞跑地去看，他正在厨房里，紫色的圆脸，头戴一顶小毡帽，颈上套一个明晃晃的银项圈。这可见他的父亲十分爱他，怕他死去，所以在神佛面前许下心愿，用圈子将他套住了。他见人很怕羞，只是不怕我，没有旁人的时候，便和我说话，于是不到半日，我们便熟识了。

我们那时候不知道谈些什么，只记得闰土很高兴，说是上城之后，见了许多没有见过的东西。

第二日，我便要他捕鸟。他说：

"这不能。须大雪下了才好。我们沙地上，下了雪，我扫出一块空地来，用短棒支起一个大竹匾，撒下秕谷，看鸟雀来吃时，我远远地将缚在棒上的绳子只一拉，那鸟雀就罩在竹匾下了。什么都有：稻鸡、角鸡、鹁鸪、蓝背……"

我于是又很盼望下雪。

闰土又对我说：

"现在太冷，你夏天到我们这里来。我们日里到海边捡贝壳去，红的绿的都有，鬼见怕也有，观音手也有。晚上我和爹管西瓜去，你也去。"

"管贼么？"

"不是。走路的人口渴了摘一个瓜吃，我们这里是不算偷的。要管的是獾猪、刺猬、猹。月亮底下，你听，啦啦的响了，猹在咬瓜了。你便捏了胡叉，轻轻地走去……"

我那时并不知道这所谓猹的是怎么一件东西——便是现在也没有知道——只是无端的觉得状如小狗而很凶猛。

"它不咬人么？"

"有胡叉呢。走到了，看见猹了，你便刺。这畜生很伶俐，倒向你奔来，反从胯下蹿了，它的皮毛是油一般的滑……"

我素不知道天下有这许多新鲜事：海边有如许五色的贝壳；西瓜有这样危险的经历，我先前单知道它在水果店里出卖罢了。

"我们沙地里，潮汛要来的时候，就有许多跳鱼儿只是跳，都有青蛙似的两个脚……"

阿！闰土的心里有无穷无尽的稀奇的事，都是我往常的朋友所不知道的。他们不知道一些事，闰土在海边时，他们都和我一样只看见院子里高墙上的四角的天空。

可惜正月过去了，闰土须回家里去，我急得大哭，他也躲到厨房里，哭着不肯出门，但终于被他父亲带走了。他后来还托他的父亲带给我一包贝壳和几支很好看的鸟毛，我也曾送他一两次东西，但从此没有再见面。

现在我的母亲提起了他，我这儿时的记忆，忽而全都闪电似的苏生过来，似乎看到了我的美丽的故乡了。我应声说：

"这好极！他，——怎样？……"

"他？……他景况也很不如意……"母亲说着，便向房外看，"这些人又来了。说是买木器，顺手也就随便拿走的，我得去看看。"

母亲站起身，出去了。门外有几个女人的声音。我便招宏儿走近面前，和他闲话：问他可曾写字，可愿意出门。

"我们坐火车去么？"

"我们坐火车去。"

"船呢？"

"先坐船……"

"哈！这模样了！胡子这么长了！"一种尖厉的怪声突然大叫起来。

我吃了一惊，赶忙抬起头，却见一个凸颧骨，薄嘴唇，五十岁上下的女人站在我面前，两手搭在髀间，没有系裙，张着两脚，正像一个画图仪器里细脚伶仃的圆规。

我愕然了。

"不认识了么？我还抱过你咧！"

我愈加愕然了。幸而我的母亲也就进来，从旁说：

"他多年出门，统忘却了。你该记得罢，"便向着我说，"这是斜对门的杨二嫂……开豆腐店的。"

哦，我记得了。我孩子时候，在斜对门的豆腐店里确乎终日坐着一个杨二嫂，人都叫伊"豆腐西施"。但是搽着白粉，颧骨没有这么高，嘴唇也没有这么薄，而且终日坐着，我也从没有见过这圆规式的姿势。那时人说：因为伊，这豆腐店的买卖非常好。但这大约因为年龄的关系，我却并未蒙着一毫感化，所以竟完全忘却了。然而圆规很不平，显出鄙夷的神色，仿佛嗤笑

法国人不知道拿破仑,美国人不知道华盛顿似的,冷笑说:

"忘了?这真是贵人眼高……"

"哪有这事……我……"我惶恐着,站起来说。

"那么,我对你说。迅哥儿,你阔了,搬动又笨重,你还要什么这些破烂木器,让我拿去罢。我们小户人家,用得着。"

"我并没有阔哩。我须卖了这些,再去……"

"啊呀呀,你放了道台了,还说不阔?你现在有三房姨太太,出门便是八抬的大轿,还说不阔?吓,什么都瞒不过我。"

我知道无话可说了,便闭了口,默默地站着。

"啊呀啊呀,真是愈有钱,便愈是一毫不肯放松,愈是一毫不肯放松,便愈有钱……"圆规一面愤愤地回转身,一面絮絮地说,慢慢向外走,顺便将我母亲的一副手套塞在裤腰里,出去了。

此后又有近处的本家和亲戚来访问我。我一面应酬,偷空便收拾些行李,这样的过了三四天。

一日是天气很冷的午后,我吃过午饭,坐着喝茶,觉得外面有人进来了,便回头去看。我看时,不由得非常出惊,慌忙站起身,迎着走去。

这来的便是闰土。虽然我一见便知道是闰土,但又不是我这记忆上的闰土了。他身材增加了一倍;先前的紫色的圆脸,已经变作灰黄,而且加上了很深的皱纹;眼睛也像他父亲一样,周围都肿得通红,这我知道,在海边种地的人,终日吹着海风,大抵都如此的。他头上是一顶破毡帽,身上只一件极薄的棉衣,浑身瑟缩着;手里提着一个纸包和一支长烟管,那手也不是我所记得的红活圆实的手,却又粗又笨而且开裂,像是松树皮了。

我这时很兴奋,但不知道怎么说才好,只是说:

"啊,闰土哥,——你来了?……"

我接着便有许多话,想要连珠一般涌出:角鸡,跳鱼儿,贝壳,猹……但又总觉得被什么挡着似的,单在脑里面回旋,吐不出口外去。

他站住了,脸上现出欢喜和凄凉的神情;动着嘴唇,却没有作声。他的

态度终于恭敬起来了,分明地叫道:

"老爷!……"

我似乎打了一个寒噤;我就知道,我们之间已经隔了一层可悲的厚障壁了。我也说不出话。

他回过头去说:"水生,给老爷磕头。"便拖出躲在背后的孩子来,这正是一个廿年前的闰土,只是黄瘦些,颈子上没有银圈罢了。"这是第五个孩子,没有见过世面,躲躲闪闪……"

母亲和宏儿下楼来了,他们大约也听到了声音。

"老太太。信是早收到了。我实在喜欢的了不得,知道老爷回来……"闰土说。

"阿,你怎的这样客气起来。你们先前不是哥弟称呼么?还是照旧:迅哥儿。"母亲高兴地说。

"啊呀,老太太真是……这成什么规矩。那时是孩子,不懂事……"闰土说着,又叫水生上来打拱,那孩子却害羞,紧紧地贴在背后。

"他就是水生?第五个?都是生人,怕生也难怪的;还是宏儿和他去走走。"母亲说。

宏儿听得这话,便来招水生,水生却松松爽爽同他一路出去了。母亲叫闰土坐,他迟疑了一回,终于就了坐,将长烟管靠在桌旁,递过纸包来,说:

"冬天没有什么东西了。这一点干青豆倒是自家晒在那里的,请老爷……"

我问问他的景况。他只是摇头。

"非常难。第六个孩子也会帮忙了,却总是吃不够……又不太平……什么地方都要钱,没有定规……收成又坏。种出东西来,挑去卖,总要捐几回,折了本;不去卖,又只能烂掉……"

他只是摇头;脸上虽然刻着许多皱纹,却全然不动,仿佛石像一般。他大约只是觉得苦,却又形容不出,沉默了片时,便拿起烟管来默默地吸烟了。

母亲问他,知道他的家里事务忙,明天便得回去;又没有吃过午饭,便叫他自己到厨下炒饭吃去。

　　他出去了,母亲和我都叹息他的景况:多子,饥荒,苛税,兵,匪,官,绅,都苦得他像一个木偶人了。母亲对我说,凡是不必搬走的东西,尽可以送他,可以听他自己去拣择。

　　下午,他拣好了几件东西:两条长桌,四个椅子,一副香炉和烛台,一杆台秤。他又要所有的草灰(我们这里煮饭是烧稻草的,那灰,可以做沙地的肥料),待我们启程的时候,他用船来载去。

　　夜间,我们又谈些闲天,都是无关紧要的话;第二天早晨,他就领了水生回去了。

　　又过了九日,是我们启程的日期。闰土早晨便到了,水生没有同来,却只带着一个五岁的女儿管船只。我们终日很忙碌,再没有谈天的工夫。来客也不少,有送行的,有拿东西的,有送行兼拿东西的。待到傍晚我们上船的时候,这老屋里的所有破旧大小粗细东西,已经一扫而空了。

　　我们的船向前走,两岸的青山在黄昏中,都装成了深黛颜色,连着退向船后梢去。

　　宏儿和我靠着船窗,同看外面模糊的风景,他忽然问道:

　　"大伯!我们什么时候回来?"

　　"回来?你怎么还没有走就想回来了?"

　　"可是,水生约我到他家玩去咧……"他睁着大的黑眼睛,痴痴地想。

　　我和母亲也都有些惘然,于是又提起闰土来。母亲说,那豆腐西施的杨二嫂,自从我家收拾行李以来,本是每日必到的,前天伊在灰堆里,掏出十多个碗碟来,议论之后,便定说是闰土埋着的,他可以在运灰的时候,一齐搬回家里去;杨二嫂发现了这件事,自己很以为功,便拿了那狗气杀(这是我们这里养鸡的器具,木盘上面有着栅栏,内盛食料,鸡可以伸进颈子去啄,狗却不能,只能气死),飞也似的跑了,亏伊装着这么高底的小脚,竟跑得这样快。

　　老屋离我愈远了;故乡的山水也都渐渐远离了我,但我却并不感到怎样的留恋。我只觉得我四面有看不见的高墙，将我隔成孤身，使我非常气闷；那西瓜地上的银项圈的小英雄的影像，我本来十分清楚，现在却忽地模糊了，又使我非常的悲哀。

母亲和宏儿都睡着了。

我躺着，听船底潺潺的水声，知道我在走我的路。我想：我竟与闰土隔绝到这地步了，但我们的后辈还是一气，宏儿不是正在想念水生么。我希望他们不再像我，又大家隔膜起来……然而我又不愿意他们因为要一气，都如我的辛苦辗转的生活，也不愿意他们都如闰土的辛苦麻木而生活，也不愿意都如别人的辛苦恣睢而生活。他们应该有新的生活，为我们所未经生活过的。

我想到希望，忽然害怕起来了。闰土要香炉和烛台的时候，我暗地里笑他，以为他总是崇拜偶像，什么时候都不忘却。现在我所谓希望，不也是我自己手制的偶像么？只是他的愿望切近，我的愿望茫远罢了。

我在蒙眬中，眼前展开一片海边碧绿的沙地来，上面深蓝的天空中挂着一轮金黄的圆月。我想：希望是本无所谓有，无所谓无的。这正如地上的路；其实地上本没有路，走的人多了，也便成了路。

（原载《新青年》第九卷第一号，一九二一年五月）

>>>

一个贞烈的女孩子

夬庵

"爸爸我实在饿得忍不住了。你四天多不给我一口饭吃,爸爸呀,你当真忍心看着我饿死吗?"

一个十四岁的女孩子锁在后堂屋西头房里,两只手不住地捶打房门,连哭带喊,声音已经哑了。他的父亲坐在房门外头一张椅子上,脸上颜色冷冰冰的好像铁一样。听着他的女儿喊叫,忽然站起来指着房门说道:

"阿毛,你怎么这样的糊涂。我自从得了吴家那孩子的死信,就拿定主意叫你殉节。又叫你娘苦口劝你走这条路,成就你一生名节,做个百世流芳的贞烈女子。又帮你打算,叫你绝粒。我为什么要这样办呢?因为上吊服毒跳井那些办法,都非自己动手不可,你是个十四岁的孩子,如何能够办得到。我因为这件事情,很费了踌躇,后来还是你大舅来,才替我想出这个好法子,叫你坐在屋里从从容容的绝粒而死。这样殉节,要算天底下第一种有体面的事,祖宗的面子上,都添许多光彩,你老子娘沾你的光,更不用说了。你要明白,这样的做法,不是逼迫你,实在是成全你。你不懂得我成全你的意思;反要怨我,真真是不懂事极了。"

王举人说了一篇大道理,他女儿听了还是不懂,哭喊越发厉害,后来竟然对她老子大骂起来。王举人没有法子想,只好溜出来,叫陈妈把他房里书桌子上那把新洋锁拿来,连穿堂后边通后院的门,也锁起来了。

到了明天,阿毛的娘,躺在床上,正在为她女儿伤心流泪。看见王举人从外面进来，就向他说道："阿毛不吃饭也经六天了，还没有饿死，还是直着脖子在那里喊骂。今天嗓子更哑，声音好像老鸭子，我听到耳朵里，比刀扎我的心还要难受，这样惨的事情，我实在禁不住了。

"依我的意思，不如拿你吃的鸦片烟膏，和在酒里，把她灌下去，叫她死得快些，也少受许多苦。这样的办法，我想你也没有什么不愿意。"

王举人说："你这个主意，我倒也很愿意办，但是事到如今，已经迟了。你要晓得我们县里的乡风，凡是绝粒殉节的，都是要先报官。因为绝粒是一件顶难能而又顶可贵的事，到了临死的时候，县官还要亲自去上香进酒，行三揖的礼节，表示他敬重烈女的意思，好叫一般妇女都拿她作榜样。有这个成例在先，我们也不能不从俗。阿毛绝粒的第二天，我已经托大舅爷禀报县官了。现在又要叫她服毒，那服过毒的人，临死的时候，脸上要变青黑色，有的还要七窍流血。县官将来一定要来上香的，他是常常验尸的人，如何能瞒过他的眼。这岂不是有心欺骗父母官吗？我如何担得起。"

又过了一天，是阿毛绝粒的第七天了。王举人清早起来，躺在炕上过瘾。后堂屋里连鸭子似的声音，也听见不了。知道阿毛已到要死的时候。连忙出来，开了两道门上的锁，进去一看，阿毛直挺挺的，卧在床上，脸色灰白，瘦得皮包骨头，眼珠子陷到里头，成两个深坑，简直像个死过的人。拿手放在她小嘴唇上，还略有一丝鼻息出进。紧按她两手上的脉，也还觉得有点跳动。知道她还可以经过三四个钟头，才能断气。正当这个时候，可巧大舅爷来了。王举人就托他赶快往县衙门里去报告。又托他顺道代邀几位熟识的乡绅，预备县官来的时候作陪客。王举人叫人把香桌抬到客厅里正面摆好。

就同他夫人把阿毛抬起，放在一张大圆椅上坐着拿几根丝带子，把她从头到脚，都绑在椅子上，抬到客厅里香桌跟前。再看阿毛，两双眼睛的光，已将散了，只有气息还没有断尽。他娘看见她这个样子，就忍不住大哭起来。王举人皱着眉头说道："今天县太爷来上香，总算我们家里百年不遇的大典，你这样哭哭啼啼，实在太不像样；你还是忍着些好。"他夫人就哭着进后面去了。

大舅爷同着几位乡绅进来了，不多一刻，合肥县官也来了。上香，进酒，作三个揖，礼毕。王举人向县太爷作揖道谢。坐定后彼此说了许多客气话，县太爷端茶碗告辞，几位陪客略坐一坐，也都散去了。

王举人送完了客。向大舅爷说道："刚才县太爷说的，他那里还预备了'贞烈可风'四个字的一方匾额，明天早上就用他衙门里的全副执事鼓乐送过来悬挂。这件事情，一定要轰动了全城的亲友，都来贺匾，又要到阿毛灵前上祭。明天还要劳舅兄的驾，早些到我这里，替我烦一烦神招待他们。"大舅爷说："那是应该的事，何消你说，我想我这外甥女儿，不过十四岁的一个孩子，死后惊动了阖城官绅，替她挂匾上祭，她的福命，总还……"刚说到这里，忽然听见后面上房里一阵乱嚷，老陈跑出来喊道："老爷，请你快些进去，太太哭晕过去了。"（完）

（原载《新青年》第七卷第二号，一九二〇年一月）

碎簪记

苏曼殊

余至西湖之第五日,晨餐甫罢,徘徊于南楼之上,钟声悠悠而逝。遥望西湖风物如恒,但与我游者乃不同耳。计余前后来此凡十三次,独游者九次,共昙谛法师一次,共法忍禅师一次,共邓绳侯、独秀、山民一次,今即同庄湜也。此日天气阴晦,欲雨不雨,故无游人,仅有二三采菱之舟出没湖中。余忽见杨缕毿毿之下,碧水红莲之间,有扁舟徐徐而至,更视舟中,乃一淡妆女郎,心谓此女游兴不浅,何以独无伴侣?移时舟停于石步,此女风致,果如仙人也。至旅邸之门,以吾名氏叩阍者,阍者肃之登楼。余正骇异,女已至吾前,盈盈为礼,然后赧然言曰:"先生幸恕唐突,闻先生偕庄君同来,然欤?"余漫应曰:"然。"女曰:"妾为庄君旧友,特来奉访。敬问先生,庄君今在否?"余曰:"晨朝策马自去,或至灵隐、天竺间,日暮归来,亦未可定。君有何事,吾可代达也。"尔时女若有所思,已而复启余曰:"妾姓杜,名灵芳,住湖边旅舍第六号室。敬乞传语庄君,明日上午,惠过一谈。但有渎清神,良用歉仄耳。"余曰:"敬闻命矣。"女复含赧谢余,打桨而去。余此际神经颇为此女所扰,此何故哉?一者,吾友庄湜,恭慎笃学,向未闻与女子交游,此女胡为乎来?二者,吾与此女无一面之雅,何由知吾名姓?又知庄湜同来?三者,此女正当绮龄,而私约庄湜于逆旅,此何等事。若谓平康挟瑟者流,则其人仪态万方,非也!若谓庄湜世交,何以独来访问,不畏多言耶?余静坐沉思,久乃耸然曰:"天下女子皆祸水也!"余立意既定,抵莫,庄湜归,吾暂不提此事。明日，余以电话询湖边旅舍曰："六号室客共几人？"曰："母女并婢三人。"曰："从何处来？"曰："上海。"曰："有几日住？"曰："饭后乘快车去。"余思此时即使庄湜趋约，亦不能及。又思此亦细事，吾不语庄湜，亦未为无信于良友也。又明日为十八日，友人要余赴江头观潮，并观三牛所牵舟。庄湜倦，不果行。迄余还，已灯火矣。余不见庄湜，问之阍者。阍者云："其于六句钟，得一信，时具晚膳，独坐不食，须臾外出，似有事也。"余即往觅之，沿堤行至断桥，方见庄湜临风独盼。余曰："露重风多，何为不归？"庄湜不余答，但握余手，顺步从余而返。至旅邸，余罢甚，即就寝，仍未与言女子过访之事也。余至夜半忽醒，时明月侵帘。余披衣即帘下窥之，湖光山色，一一在目，此景不可多得。余欲起庄湜同观，正衣步至其榻，榻空如也。余即出楼头觅之。时万籁俱寂，瞥眼见庄湜枯立栏前，余自后凭其肩，借月光看其面，有无数湿痕。余问之曰："子何思之深耶？"庄湜仍不余答，但悄然以巾掩泪。余心至烦乱，不知所以慰之，惟有强之就榻安眠。实则庄湜果能安眠否，余不知之，以余此夜亦似睡而非睡也。翌朝，余见庄湜面灰白，双目微红，食不下咽，其心似曰："吾幽忧正未有艾，吾殆无机复吾常态，与畏友论湖山风月矣。"饭罢，余庄容语之曰："子自昨日，神色大变，或有隐恫在心，有触而发未尝与我一言，何也？试思吾与子交厚，昨夜睹子情况，使吾与子易地而处，子情何以堪？"此时余反覆与言，终不一答。余不欲扰其心绪，遂与放舟同游，冀有以舒其忧郁，而庄湜始终不稍吐其心事。余思庄湜天性至厚，此事不欲与我言者，必有难言之隐。昨日阍者所云得一信，宁非女郎手笔？吾不欲与庄湜提女子事者，因吾知庄湜用情真挚，而年鬓尚轻，恐一失足，万事瓦解。吾非谓人间不得言爱也。今兹据此情景，则庄湜定与淡妆女郎有莫大关系。吾老于忧患矣，无端为庄湜动我缠绵悱恻之感，何哉？余同庄湜既登孤山，见碧睛国人数辈在放鹤亭游览。忽一碧睛女子高歌曰："Love is enough. Why should we ask for more?"女歌毕，即闻空谷作回音，亦曰："Love is enough. Why should we ask for more?"时一青年继曰："O!You kid! Sorrow is the depth of love."空谷作抗音如前，游人均大笑。余见庄湜亦笑，然而强笑不欢，益增吾悲耳。连日天晴湖静，余出必强庄湜同行。余视庄湜愁潮稍退，渐归平静之境，然庄湜弱不胜衣，如在大病之后。余则如泛大海中，但望海不扬波，则吾友之心，庶可收拾。一日，庄湜忽问余曰："吾骑马出游之日，曾有老人觅我否？"余即曰："彼日觅子者，非老人，乃一女郎。"庄湜愕视余曰："女子耶？彼曾有何语？"余始将前事告之，并问曰："彼女子何人也？"庄湜思少间，答曰："吾知之而未尝见面者也。"余曰："始吾不欲以儿女之情，扰子游兴，故未言之。今兹反使我不能无问者，子何为得书而神变耶？吾思书必为彼女子所寄，然耶？否耶？"庄湜急曰："否，乃叔父致我者。"余又问曰："然则书中所言，与女子过访，不相涉耶？"庄湜曰："彼女过访，实出吾意料之外。君言之，我始知之。"余又问曰："如彼日子未外出，亦愿见彼女子否？"庄湜曰："不愿见之。"余又问曰："子何由问我有无老人来过？彼老人何人也？"庄湜曰："恐吾叔父来游，不相值耳。"亡何，秋老冬初，庄湜束装归去。余以肠病复发，淹留湖上，或观书，或垂钓，或吸吕宋烟，用已吾疾，实则肠疾固难已也。他日更来一女子，问庄湜在否。余曰："早已归去。"余且答且细瞻之，则容光靡艳，丰韵娟逸，正盈盈十五之年也。女闻庄湜已归，即惘惘乘轩去。余沉吟叹曰："前后访庄湜者两人，均丽绝人寰者也。今姑不问二人与庄湜何等缘分，然二人均以不遇庄湜忧形于色，则庄湜必为两者之意中人无疑矣。但不知庄湜心在阿谁边耳？"又思："庄湜曾言不愿见前之女子，今日使庄湜在者，愿见之乎？抑不愿见之乎？吾今无从而窥庄湜也。夫天下最难解决之事，惟情耳。庄湜宵深掩泪时，余心知此子必为情所累，特其情史，未之前闻。余又深信庄湜心无二色，昔人有言：'一丝既定，万死不更。'庄湜有焉。今探问庄湜者，竟有二美，则庄湜之不幸，可想而知。哀哉！恐吾良友，不复永年。故余更曰：'天下女子皆祸水也！'"半月余亦归沪。行装甫卸，即访庄湜。其婶云："湜日来忽发热症，现住法国医院。"余驰院看之。庄湜见余，执余手，不言亦不笑。余问之曰："子病略愈否？"庄湜但点首而已。余抚其额，热度亦不高。余此时更不能以第二女访问之事告之，故余亦无言，默坐室内，可半句钟，见庄湜闭睫而卧。适医者入，余低声以病状问医者。医者谓其病症甚轻，惟神经受伤颇重，并嘱余不必与谈往事。医者既行，余出表视之，已八句钟又十分矣。余视庄湜仍贴然而睡，起立欲归。方启扉，庄湜忽张目向余曰："且勿遽行，正欲与君作长谈也。"余曰："子宜静卧，吾明晨再至。"庄湜曰："吾事须今夕告君，君请坐。吾得对君吐吾衷曲，较药石为有效验。吾见君时，心绪已宁，更有一事。吾今日适接杜灵芳之简，约于九句钟来院。吾向医者言明，医者已许吾谈至十句钟为止。此子君曾于湖上见之，于吾为第一见，故吾求君陪我，或吾辞有不达意者，君须助我。君为吾至亲爱之友，此子亦为吾至亲爱之友，顾此子向未谋面，今夕相逢，得君一证吾心迹，一证彼为德容俱备之人，异日或能为我求于叔父，于事滋佳。"庄湜且言且振作其精神，不似带病之人，余心始释。然余思今夕处此境地，实生平所未经。盖男女慕恋，憔悴哀痛而外无可言，吾何能于其间置一词哉？继念庄湜今以一片真诚求我，我何忍却之？余复默坐。少间，女郎已至，驻足室外。庄湜略起肃之入。余鞠躬与之为礼。庄湜肃然言曰："吾心慕君，为日非浅，今日始亲芳范，幸何如也！"此际女郎双颊为酡，羞赧不知所对。庄湜复曰："在座者，即吾至友曼殊君，性至仁爱，幸勿以礼防为隔也。"女始低声应曰："知之。"庄湜曰："吾无时不神驰左右，无如事多乖忤，前此累次不愿见君者，实不得已。未审令兄亦尝有书传达此意否？"女复应曰："知之。"庄湜曰："余游西湖之日，接叔父书，谓闻人言，君受聘于林姓，亲迎有日，然欤？"女容色惨沮，而颤声答曰："非也。"庄湜继曰："如此事果确者，君将何以……"语未毕，女截断言曰："碧海青天，矢死不易，吾初心也！"庄湜心为摧折，不复言者久之。女忽问曰："妾中秋侍家母之钱塘观潮，令叔已知之耶？"庄湜曰："或知之也。"女曰："妾湖上访君未遇，令叔亦知之耶？"庄湜曰："唯吾与曼殊君知之耳。"女曰："令叔今去通州，何日归耶？"庄湜曰："不知。"女郎至此欲问而止者再，已而嗫嚅问曰："君与莲佩女士曾见面否？与妾同乡同塾，其人柔淑堪嘉也。"庄湜曰："吾居青岛时，曾三次见之，均吾姊绍介。"女曰："君偕曼殊君游湖所在，是彼告我者。彼今亦在武林，未与湖上相遇耶？"庄湜曰："且未闻之。"此际，余始得向庄湜插一言曰："子行后，果有女子来访。"女惊向余曰："请问先生，得毋密发虚鬟亭亭玉立者欤？"余曰："是矣。"庄湜闻言，泪盈其睫。女郎蹶然就榻，执庄湜之手，泫然曰："君知妾，妾亦知君。"言次，自拔玉簪授庄湜曰："天不从人愿者，碎之可尔。"余心良不忍听此女作不祥之语。余视表，此时刚十句钟矣，余乃劝女郎早归，裨庄湜安歇。女郎默默与余握手，遂凄然而别。嗟乎！此吾友庄湜与灵芳会晤之始，亦即会晤之终也。余既别庄湜灵芳二人而归，辗转思维，终不得二子真相。庄湜接其叔书，谓灵芳将结缡他姓，则心神骤变，吾亲证之，是庄湜爱灵芳真也。余复思灵芳与庄湜晋接时，虽寥寥数语，然吾窥伺此女有无限情波，实在此寥寥数语之外。余又忽忆彼与余握别之际，其手心热度颇高，此证灵芳之爱庄湜亦真也。据二子答问之言推之，事或为其叔中梗耳。庄湜云与莲佩凡三遇，均其婶氏引见，则莲佩必为其叔婶所当意之人。灵芳问我"密发虚鬟，亭亭玉立"，此八字者，舍湖上第二次探问庄湜之女郎而外，吾固不能遽作答辞也。然则所谓莲佩女士者，余亦省识春风之面矣。弟未审庄湜亦爱莲佩如爱灵芳否？莲佩亦爱庄湜如灵芳否？既而余愈思愈见无谓，须知此乃庄湜之情关玉扃，并非属我之事也，又奚可以我之理想，漫测他人情态哉？余乃解衣而睡，遂入梦境。顾梦境之事，似与真境无有差别。但以我私心而论，梦境之味，实长于真境滋多。今兹请言吾梦，梦偕庄湜、灵芳、莲佩三子，从锦带桥泛棹里湖，见四围荷叶已残破不堪，犹自战风不已，时或泻其泪珠，一似哀诉造物。余怜而顾之，有一叶摇其首而对余曰："吾非乞怜于尔，尔何不思之甚也？"将至西泠桥下，灵芳指水边语莲佩曰："此数片小花，作金鱼红色者，亦楚楚可人。先吾亲见之而开，今吾复亲见之而谢，此何花也？"莲佩曰："吾未识之，非苹花耶？"庄湜转以问余。余曰："此与苹同种而异类，俗名'鬼灯笼'，可为药料者也。"言时，已过西泠桥。灵芳、莲佩忽同声歌曰："同携女伴踏青去，不上道傍苏小坟。"俄而歌声已杳。余独卧胡床之上，窗外晨曦在树，晓风新梦，令人惘然。余饭后,复至医院,以紫白相间之花十二当赠庄湜。庄湜静卧榻上。昨夕之事,余不欲重提只字,乃絮论湖上之游。明知此于庄湜为不入耳之言,然余不得不如是也。余见昨夕女所遗簪,犹在枕畔,因谓庄湜曰:"此物子好自藏之。"庄湜开眸微视,则摇其首。余为出其巾裹之,置枕下。已而,庄湜向余曰:"吾婶晨朝来言,吾叔将归,与吾同居别业。"余曰:"令叔年几何?"庄湜曰:"六十一。"继曰:"吾叔屡次阻吾与灵芳相见,吾至今仍不审其所以然。然吾心爱灵芳,正如爱吾叔也。"余顺问曰:"灵芳之兄,何人也?"庄湜曰:"吾同学而肝胆照人者也。"余曰:"彼今何在?"曰:"瑞士。"余曰:"有书至否?"曰:"有,书皆为我与灵芳之事者。"余曰:"云何?"曰:"劝我邀求阿姊早订婚约,但吾婶之意则在莲佩。"余曰:"莲佩何如人耶?"曰:"彼为吾婶外甥,幼工刺绣,兼通经史,吾婶至爱之。"余即接曰:"子亦爱之如爱灵芳耶?"庄湜微叹而答曰:"吾亦爱之如吾婶也。"余曰:"然则二美并爱之矣。"庄湜复叹曰:"君思'弱水三千'之义,当识吾心。"余曰:"今问子,心所先属者阿谁?"曰:"灵芳",余曰:"子先觌面者为莲佩,而先属意者乃灵芳,其故可得闻欤?"曰:"前者吾游京师,正袁氏欲帝之日。某要人者,吾故人也。一日,招我于其私宅,酒阑,出文书一纸,嘱余译以法文。余受而读之,乃通告列国文件,盛载各省劝进文中之警句,以证天下归心袁氏。余以此类文句,译成国外之语,均虚妄怪诞、诌谀便辟之辞,非余之所能胜任也,于是敬谢不敏。某要人曰:'子不译之,可。今但恳子联名于此,愿耶?'余曰:'我非外交官,又非元老,何贵署区区不肖之名?'遂与某要人别。三日,有巡警提余至一处,余始知被羁押。时杜灵运为某院秘书,闻吾为奸人所陷,鼎力为余解免。事后弃职,周游大地,今羁瑞士。灵运弱冠失父,偕灵芳游学罗马四年,兄妹俱有令名者也。当余新归海上,偕灵运卜居涌泉路,肥马轻裘与共。灵运将行,余与之同撮一小影,为他日相逢之券。积日,灵运微示其贤妹之情,拊余肩而问曰:'亦有意乎?'余感激几于泣下,其时吾心许之,而未作答词焉。吾思三日,乃将灵运之言闻于叔婶,叔婶都不赞一辞,吾亦置之不问。一日,灵运别余,萧然自去。灵运情义，余无时不深念之，顾虽未见其妹之面，而吾寸心注定，万劫不能移也！"余曰："子既爱之，而不愿见之，是又何故？"庄湜曰："始吾不敢有违叔父之命也。"余曰："佳哉！为人子侄，固当如是。今吾思令叔之所以不欲子与灵芳相见者，亦以子天真诚笃，一经女子眼光所摄，万无获免。此正令叔慈爱之心所至，非猜薄灵芳明矣。吾今复有一言进子。以常理度之，令叔婶必为子安排妥当，子虽初心不转，而莲佩必终属子。子若能急反其所为，收其向灵芳之心，移向莲佩，则此情场易作归宿，而灵芳亦必有谅子之一日。不然者异日或有无穷悲慨，子虽入山，悔将何及？"余言至此，庄湜面色顿白，身颤如冒寒，余颇悔失言。然而为庄湜计，舍此再无他言可进。余待庄湜神息少靖乃去。数日，其叔婶果挈庄湜居于江湾之别业。余往访之，见其叔手《东莱博议》一卷，坐藤椅之上，且观且摇其膝。庄湜引余至其前曰："阿叔，此吾友曼殊君，同吾游武林者也。"其叔闻言，乃徐徐脱其玳瑁框大眼镜，起立向余略点其首问曰："自上海来乎？"余曰："然。"又曰："吾闻汝足迹半天下，甚善，甚善。今日天色至佳，汝在此可随意游览。"余曰："敬谢先生。"时侍婢将茶食陈于藤几之上。庄湜引余坐定，其叔劝进良殷，以手取山楂糕、糖莲子分余，又分庄湜。余密觇其爪甲颇长，且有黑物藏于爪内，余心谓："墨也，彼必善爪书。"茶既毕，庄湜导余观西苑。余且行且语庄湜曰："令叔和蔼可亲，子试自明心迹，于事或有济也。"庄湜曰："吾叔恩重，所命靡不承顺，独此一事，难免有逆其情意之一日，故吾无日不耿耿于怀。迹吾叔心情，亦必知之而怜我。特以此属自由举动，吾叔故谓蛮夷之风不可学也。"尔时隆隆有车声，庄湜与余即至苑门。车门既启，一女子提其纤鞋下地。余静立瞻之，乃临存湖上之第二女郎也。女一视余，即转目而视庄湜，含娇含笑，将欲有言。余知庄湜中心已战栗，但此时外貌矫为镇定。女果有言曰："闻玉体有恙，今已平善耶？"庄湜曰："谢君见问，愈矣。"女曰："吾前归自青岛，即往武林探君，不料君已返沪。"言至此，回其清盼而问余曰："曼殊先生，归几日矣？"余曰："归已六日。"女少思，已而复问庄湜曰："湖上遇灵芳姊耶？"庄湜曰："彼时适外出，故未遇之。"

女急续曰："然则至今亦未之见面耶？"此语似夙备者。斯时庄湜实难致答，乃不发一言。女凝视庄湜，而目中之意，似曰："枕畔赠簪之时，吾一一知之矣。"少选，侍婢请女入。余同庄湜往草场中，徘徊流盼。忽而庄湜颜色惨白，凝立不动。余再三问之，始曰："余思及莲佩前此垂爱之情及阿婶深恩，而吾今兹爱情所向，乃乖忤如是，中心如何可安？复悟君前日训迪之言，吾心房碎矣！"余见庄湜忧深而言婉，因慰之曰："子勿戚戚弗宁，容日吾当代子陈情于令叔，或有转机，亦未可料。"实则余作此语，毫无把握。然而溺于爱者，乃同小儿。其视吾此语，亦如小儿闻人话饼，庄湜又焉知余之所惴惴者耶？

（未完）

（原载《新青年》第二卷第三号，一九一六年十一月）

>>>

碎簪记（续前号）

苏曼殊

余辞庄浥归，中途见一马车瞥然而过。车中人，即莲佩也。其眼角颇红。余心叹此女，实天生情种，亦横而不流者矣。方今时移俗易，长妇姹女，皆竞侈邪，心醉自由之风。其实假自由之名而行越货，亦犹男子借爱国之义而谋利禄。自由之女，爱国之士，曾游女市侩之不若。诚不知彼辈性灵果安在也！盖余此次来沪，所见所闻，无一赏心之事。则旧友中不少怀乐观主义之人。余平心而论，彼负抑塞磊落之才，生于今日，言不救世，学不匡时，念天地之悠悠，唯有强颜欢笑，情郁于中，而外貌矫为乐观。迹彼心情，苟谓诸国老独能关心国计民生则亦未也。迄余行至黄浦时约十句钟，扪囊只有铜板九枚。心谓为时夜矣，复何能至友人住宅？昔余羁异国，不能谋一宿。乃往驿路之待客室，吸烟待旦。此法独不能行之上海。余径至一报馆访某君。某君方埋首乱纸堆中，持管疾书。见余笑曰："得毋谓我下笔千言、胸无一策者耶？"余曰："此不生问题者也。夜深吾无宿处，故来奉扰。"其君曰："甚善！吾有烟榻，请子先卧。吾毕此稿，即来共子余谈。吾每日以勋爵勋爵入阁入阁诸名词见累，正欲得素心人一谈耳。"余问曰："子于何时就寝？"某君曰："明晨五六点钟，始能就寝。子不知报馆中人，一若依美国人之起卧为准则耶？"余曰："然则听我去睡。明晨五六句钟适吾起时也。"某君曰："子自卧，吾自为文。"余乃和衣而睡。明晨余更至一友人家，友人顾问余曰："子冬衣犹未剪裁，何日返西湖去？"余曰："未定。"友人出百金纸币相赠曰："子取用之。"余接金即至英界购一表，计七十圆。意离沪时以此表还赠其公子上学之用，亦达其情。余购表后，又购吕宋烟二十圆之谱，即返向日寄寓友人之处。翌日接庄湜笺，约余速往。余既至，庄湜即牵余至卧室，细语余曰："吾婶明日往接莲佩来此同住，吾今殊难为计。最好君亦暂寓舍间，共语晨夕。若吾一人独居，彼必时来缠扰。彼日吾冷然对之，彼怅惘而归，吾知彼必有微言陈于吾婶也。"余曰："尊婶尚有何语？"庄湜曰："此消息得之侍婢，非吾婶见告者。"余曰："余一周之内，须同四川友人重赴西湖，愧未能如子意也。"庄湜曰："使君住此一周亦佳，不然者吾唯有逃之一法。"余即曰："子逃向何处？"庄湜曰："吾已审思，如事迫者，吾唯有约灵芳同往苏州，或长江一带商埠。"余曰："灵芳知子意否？"庄湜曰："病院一别，未尝再见，故未告之。"余曰："善！余来陪子住细细商量可也。子若贸然他遁，此下下策，余不为子取也。"余是日即与庄湜同居。其叔婶遇余一切殷渥，余甚感之。明日莲佩亦迁来南苑，所携行李甚简单，似不久住也者。余见庄湜与莲佩每相晤面，亦不作他语，但莞尔示敬而已。有时见莲佩伫立厅前，庄湜则避面而去。莲佩故心知之而无如何也。一日天阴，气候颇冷，余同庄湜闲谈书斋中。忽见侍婢捧百叶水晶糕进曰："此燕小姐新制，嘱馈公子并客。"庄湜受之。侍婢去未移时，而莲佩从容含笑入斋，问起居。庄湜此时无少惊异，亦不表殷勤之貌。但曰："多谢点心，请燕小姐坐近炉次，今日气候甚寒也。"莲佩待余两人归元座，乃敛裾坐于炉次。盖服西装也，上衣为雪白毛绒所织，披其领角，束桃红领带，状若垂巾。其短裾以墨绿色丝绒制之，着黑长袜，履十八世纪流行之舃，乃元色天鹅绒所制。尖处结桃红（Ribon），不冠，但虚鬟其发。两耳饰钻石作光，正如乌云中有金星出焉。余见庄湜危坐，不与之一言。余乃发言问曰："燕小姐尝至欧美否？"莲佩低鬟应曰："未也。吾意二三年后，当往欧洲一吊新战场。若美洲，吾不愿往，且无史迹可资凭睇。而其人民以 Make money 为要义，常曰'Two dallors is always better than one dallor'，视吾国人，直如狗耳。吾又何颜往彼都哉？人谓美国物质文明，不知彼守财虏正思利用物质文明，而使平民日趋于贫。故倡人道者有言曰：'使大地空气而能买者，早为彼辈吸收尽矣。'"此语一何沉痛耶！言已，出素手加煤于炉中。庄湜乘间取书自阅。莲佩加煤既已，遂辞余两人，回身敛裾而去。余语庄湜曰："斯人恭让温良，好女子也。"庄湜愁叹不语，余乃易一新吕宋烟吸之。未及其半，庄湜忽抛书语余曰："此人于英法文学，俱能道其精义。盖从苏格兰处士查理司习声韵之学，五年有半，非但容仪佳也，此人实为我良师。吾深恨相逢太早，至反不愿见之，嗟夫命也！"庄湜言时，含泪于眶。顷之，谓余曰："君今同我一访灵芳可乎？其兄久无书至，吾正忧之。"余曰："可。"遂同行。至巴子路，问其婢，始知灵芳母女往昆山已数日，乃怅怅去之。比归别业，则见莲佩迎于苑门之外，探怀出一函呈庄湜曰："是灵芳姊手笔，告我云已至昆山，不日返也。"翌日，天气清明。饭罢，庄湜之婶，命余等同游。其别业旧有二车。此日，二车均多添一马、成双马车。是日莲佩易紫罗兰色西服。余等既出，途中行人，莫不举首惊望。以莲佩天生丽质，有以惹之也。甫至南京路，日已傍午。余等乃息于春申楼进午餐焉。当余等凭阑俯视之际，余见灵芳于马路中乘车而过，灵芳亦见余等。但庄湜与莲佩并语，未之见，余亦不以告之。餐罢，即往惠罗、汇司诸肆购物。以莲佩所用之物，俱购自西肆者。是日莲佩倍觉欣欢，乃益增其媚。庄湜即奉承婶氏慈祥颜色，亦不云不乐。余即类星轺随员，故无所增减于胸中。莲佩复自购泰西银管四枝，赠庄湜一双，赠余一双。观剧之双眼镜二，庄湜一，余一。诸事既毕，即往徐园，而徐家汇、而梁园、而崔圃。游兴既阑，庄湜请于其婶曰："今夕不归别业可乎？"其婶曰："不归固无不可，但旅馆太不洁净。"庄湜曰："有西人旅舍曰圣乔治，颇有幽致。如阿婶愿之，吾今夕当请阿婶观泰西歌剧，其婶即曰："今夕闻歌，是大佳事，但汝须恭请燕小姐为我翻译。"庄湜曰："善。"向晚，余等遂往博物院剧场，至则泰西，仕女云集，盖是夕所演为名剧也。莲佩一一口译之，清朗无异台中人。余实惊叹斯人灵秀所终。余等已观至两句钟之久，而莲佩犹滔滔不息。忽一乌衣子弟登台，怒视坐上人，以凄丽之音言曰：What the world calls love, I neither know nor want. I know God's love, and that is not weak and mild. That is hard even unto the terror of death;it offers caresses which leave wounds. What did God answer in the olive-grove, when the Son lay sweating in agony,and prayed and prayed: "Let this cup pass from me？"Did He take the cup of pain from His mouth？ No, child;He had to drain it to the depth.莲佩至此忽停其悬河之口。庄湜之婶问之曰："何以不译？"再问而莲佩已呆若木鸡。余与庄湜俱知莲佩尔时深为感动，但庄湜之婶以为优人作狎辞，即亦不悦，遂命余等归于旅邸。既归，余始知是日为莲佩生日也。明日凌晨，莲佩约庄湜共余出行草地中。行久之，莲佩忽以手轻扶庄湜左臂，低首不语，似有倦态。梨窝微泛玫瑰之色。庄湜则面色转白，但仍顺步徐行。比至廊际，余上阶引彼二人至一小客室。谓庄湜曰："晨餐尚有一句半钟。吾侪暂歇于此。子听鸟声乎，似云将卒岁也。"莲佩闻余言，引领外盼。已而语庄湜曰："汝观郊外木叶半已零坠，飞鸟且绝迹，雪景行将陈于吾人睫畔。"且言且注视庄湜。奈庄湜一若罔闻，拈其表链，玩弄不已。余忽见有旅客手执球网，步经客室而去。余亦随之往观。已有二女一男，候此人于草地。余观彼四人击网球，技甚精妙。余返身欲呼庄湜、莲佩同观。岂料余至客室，则见庄湜犹痴坐梳花椅上，目注地毡，默不发言。莲佩则偎身于庄湜之右，披发垂于庄湜肩次。哆其唇樱，睫间颇有泪痕。双手将丝巾叠折卷之，此丝巾已为泪珠浸透。二人各知余至，莲佩心中，似谓吾今作是态者，虽上帝固应默许，吾钟吾爱，无不可示人者。而庄湜此时，心如冰雪。须知对此倾国弗动其怜爱之心者，必非无因，顾莲佩芳心不能谅之。读者或亦有以恕莲佩之处。在庄湜受如许温存腻态，中心亦何尝不碎？第每一思念上帝汝临，无二尔心之句，即亦凛然为不可侵犯之男子耳。余问庄湜曰："尊婶睡醒么？"庄湜微曰："吾今往谒阿婶。"遂借端而去。莲佩即起离椅，就镜台中理其发，而后以丝巾净拭其靥。余中心甚为莲佩凄恻，此盖人生至无可如何之事也。迄余等返江湾，庄湜频频叹喟，复时时细诘侍婢。是夕余至书斋觅书，乃见庄湜，含泪对灯而坐。余即坐其身畔，正欲觅辞慰之，庄湜凄声语余曰："灵芳之玉簪碎矣。"余不觉惊曰："何时碎之？何人碎之？"庄湜曰："吾俱不知。吾归时，即枕下取观始知之。"庄湜言已，呜咽不胜。适其时莲佩亦至，立庄湜之前问曰："君何谓而哭也？或吾有所开罪于君耶？幸相告也。"百问不一答。莲佩固心知其哭也为彼，遂亦即庄湜身畔，掩面而哭。久之，侍婢扶莲佩归卧室。余见庄湜战栗不已，知其病重矣，即劝之安寝。明晨，余复看庄湜。庄湜见余，如不复识。但注目直视，默不一言。余即时请谒其叔，语以庄湜病症颇危。而稍稍道及灵芳之事，冀有以助庄湜于毫末。其叔怒曰："此人不听吾言，狂悖已甚！烦汝语彼，吾已碎其玉簪矣。此人年少任情，不知炫女不贞炫士不信，古有明训耶？"言已，就案草一方交余曰："据此人病状，乃肝经受邪之证。用人参、白芍、半夏各三钱，南星、黄连各二钱，陈皮、甘草、白芥子各一钱，水煎服，两三剂则愈，烦为我照料一切。"言时浩叹不置。余接方嗒然而退，招侍婢往药局配方。侍婢低声语余曰："燕小姐昨夜死于卧室，事甚怪，主母戒勿泄言于公子。"余即问曰："汝亲见燕小姐死状否？"侍婢曰："吾今早始见之，盖以小刃自断其喉部也。"余曰："万勿告公子，汝速去取药。"及余返庄湜卧内，庄湜面发紫色，其唇已白，双目注余面不转。余问安否？累问，庄湜都如不闻。余静坐室中待侍婢归。庄湜忽而摇首叹息，一似知莲佩昨夕之事者。然余心料无人语彼，何由知之。忽侍婢归以药付余，复以一信呈庄湜。庄湜观信既已，即以授余，面色复变而为青。余侧身抚其肩，庄湜此时略下其泪，然甚稀疏。余知此乃灵芳手笔，顾今无暇阅之。更迟半句钟，侍婢将汤药而进。庄湜徐徐服之，然后静卧。余乃乘间披灵芳之信览之。信曰："湜君足下，病院相晤之后，银河一角，咫尺天涯。每思隆情盛意，即亦点首太息而已。今者我两人情分绝矣，前日趋叩高斋，正君偕莲姑出游时也。蒙令叔出肺腑之言相劝。昔日遗簪，乃妾请于令叔碎之用践前言者也。今兹玉簪既碎，而吾初心易矣。望君勿恋恋细弱，须一意怜爱莲姑。妾此生所不与君结同心者，有如皦日。复望君顺承令叔婶之命，以享家庭团圆之乐，则薄命之人亦堪告慰。嗟乎！但愿订姻缘于再世，尽燕婉于来生。自兹诀别，夫复何言！灵芳再拜。"余观竟，一叹庄湜一生好事，已成逝水；一叹莲佩之不可复作，而灵芳此后情境，余不暇计及之矣。庄湜忽醒而吐，余重复搓其背。庄湜吐已语余曰："灵芳绝我，我固谅之。盖深知其心也。惜吾后此无缘复见灵芳。"然而言至此，咽气不复成声。余即扶之而卧，直至晚上，都不作一言。余嘱侍婢好好看视。冀其明日神识清爽，即可仍图欢聚。余遂离其病榻，归寝室。然余是夕已震恐不堪，亦惟有静坐吸烟，联吸十余枝，始解衣而睡。出新表视之，不觉一点半钟。余甫合眼，忽闻有人启余寝室之门。望之，则见侍婢持烛仓皇带泪而启余曰："公子气断矣。"余急起趋至其室，案庄湜之体，冷如冰霜。少间，其叔婶俱至。其叔舍太息之外无他言，惟其婶垂泪颤声抚庄湜曰："汝真不解事，累我至此田地。"言已复哭。天明余亟雇车驰至红桥某当铺，出新表典押，意此表今不送人亦无不可。余既典得四十金，即出。乃遇一女子，其面右腮有红痣如瓜子大，猛忆此女乃灵芳之婢。遂问之曰："灵姑安否？"女含泪不答。余知不佳，时女引余至当铺屋角语余曰："姑娘前夕已自缢恫哉，今家中无钱部署丧事，故主母命我来此耳。"余闻此语，伤心之处，不啻庄湜亲闻之也。迟三日为庄湜出葬之日。来相送者，则其远亲一人，同学一人，都不知庄湜以何因缘而殒其天年也。既安葬于众妙山庄，余出厚资给守山者，令其时购鲜花，种于坟前，盖不忍使庄湜复见残英。今兹庄湜、灵芳、莲佩之情缘既了，彼三人者，或一日有相见之期，然而难也。

（完）

后序

余恒觉人间世，凡一事发生，无论善恶，必有其发生之理由。

况为数见不鲜之事，其理由必更充足。无论善恶，均不当谓其不应该发生也。食色，性也。况夫终身配偶，笃爱之情耶？人类未出黑暗野蛮时代，个人意志之自由，迫压于社会恶习者又何仅此？而此则其最痛切者。古今中外之说部，多为此而说也。前者吾友曼殊，造《绛纱记》，秋桐造《双枰记》，都是说明此义，余皆叙之。今曼殊造《碎簪记》，复命余叙，余复作如是观。不审吾友笑余穿凿，有失作者之意否耶？

一九一六年十一月二十二日，独秀叙。

（原载《新青年》第二卷第四号，一九一六年十二月）

白话新诗

朋友

胡适

（此诗天怜为韵，还单为韵，故用西诗写法，高低一格以别之。）

两个黄蝴蝶，双双飞上天。
　不知为什么，一个忽飞还。
剩下那一个，孤单怪可怜。
　也无心上天，天上太孤单。

（原载《新青年》第二卷第六号，一九一七年二月）

人力车夫

胡适

"车子！车子！"

车来如飞。

客看车夫，忽然中心酸悲。

客问车夫："你今年几岁？拉车拉了多少时？"

车夫答客："今年十六，拉过三年车了，你老别多疑。"

客告车夫："你年纪太小，我不坐你车。我坐你车，我心惨凄。"

车夫告客："我半日没有生意，我又寒又饥。

你老的好心肠，饱不了我的饿肚皮。

我年纪小拉车，警察还不管，你老又是谁？"

客人点头上车，说："拉到内务部西！"

（原载《新青年》第四卷第一号，一九一八年一月）

>>>

鸽子

胡适

云淡天高，好一片晚秋天气！
有一群鸽子，在空中游戏。
看它们，三三两两，
回环来往，
夷犹如意，——
忽地里，翻身映日，白羽衬青天，鲜明无比！

（原载《新青年》第四卷第一号，一九一八年一月）

老鸦

胡适

六年十二月十一日,重读易卜生之《国民公敌》戏本,欲作一诗题之。是夜梦中作一诗,醒时乃并其题而忘之。出门,见空中鸽子,始忆梦中诗为"咏鸦与鸽"然终不能举其词。因为补作成二章。

一

我大清早起,
站在人家屋角上哑哑的啼。
人家讨嫌我,说我不吉利。——
我不能呢呢喃喃讨人家的欢喜!

二

天寒风紧,无枝可栖,
我整日里飞去飞回,整日里挨饥。——
我不能替人家带着哨儿翁翁央央的飞,
也不能叫人家系在竹竿头,赚一撮黄小米!

(原载《新青年》第四卷第二号,一九一八年二月)

>>>

新婚杂诗

胡适

一

十三年没见面的相思，于今完结。
把一桩桩伤心旧事，从头细说。
你莫说你对不住我，
我也不说我对不住你，——
且牢牢记取这十二月三十夜的中天明月！

二

回首十四年前，
初春冷雨，
中村箫鼓，
有个人来看女婿。
匆匆别后，便轻将爱女相许。
只恨我十年作客，归来迟暮。
到如今，待双双登堂拜母，
只剩得荒草新坟，斜阳凄楚！

最伤心，不堪重听，灯前人诉阿母临终语！

三

与新妇自江村回，至杨桃岭上望江村、庙首诸村，及其此诸三。

重山叠嶂，

都似一重重奔涛东向！

山脚下几个村乡，

百年来多少兴亡，

不堪回想！

更何须回想！——

想十万万年前，这多少山头都不过是大海里一些儿微波暗浪！

四

记得那年，

你家办了嫁妆，

我家备了新房，

只不曾捉到我这个新郎！

这十年来，

换了几朝帝王，

看了多少世态炎凉！

锈了你嫁奁中的刀剪，

改了你多少嫁衣新样。——

更老了你和我人儿一双！

只有那十年陈的爆竹，越陈偏越响！

（吾自定婚仪，本不用爆竹。以其为十年前所办，故不忍弃）

五

  十几年的相思，刚才完结。

  没满月的夫妻，又匆匆分别。

  昨夜灯前絮语，全不管天上月圆月缺。

  今宵别后，便觉得这窗前明月，格外清圆，格外亲切。

  你该笑我，饱尝了作客情怀，别离滋味，还逃不了这个时节！

（原载于《新青年》第四卷第四号，一九一八年四月）

三溪路上大雪里一个红叶

胡适

（六年十二月作的）

我行山雪中，抬头忽见你！
我不知何故，心里很欢喜。
踏雪摘下来，夹在小书里。
还想作首诗，写我欢喜的道理。
不料此理很难写，抽出笔来还搁起。

（原载《新青年》第五卷第四号，一九一八年十月）

一颗星儿

胡适

我喜欢你这颗顶大的星儿,
可惜我叫不出你的名字。
我只记得,每月月圆时,月光遮尽了满天星,总不能遮住你。
今朝风雨后,闷沉沉的天气,
我望遍天边,寻不见一点半半光明,
回转头来,
只有你在那杨柳高头,依旧亮晶晶地!

八年四月二十五夜

(原载《新青年》第六卷第五号,一九一九年五月)

乐观

胡适

（八年八月三十日夜的感想，九月二十八日夜补作。）

一

"这棵大树很可恶，
它碍着我的路！
来！
来快把它斫倒了——
连树根也掘去！——
哈哈！好了！"

二

大树被斫做柴烧，
树根不久也烂完了。
斫树的人很得意，
他觉得很平安了。

三

但是那树还有许多种子，——
很小的种子，包在有刺的壳里，——
上面盖着枯叶，
叶上堆着白雪，
很小的东西，谁也不注意。

四

雪消了，
枯叶被春风吹跑了。
那有刺的壳都裂开，
每个上面长出两瓣嫩叶，
笑眯眯地，好像是说：
"我们又来了！"

五

过了许多年，
坝上田边，都是大树了。
辛苦的工人在树下乘凉，
聪明的小鸟在树上歌唱，——
那斫树的人哪里去了？

（原载《新青年》第六卷第六号，一九一九年十一月）

威权

胡适

（八年六月十一夜作）

威权坐在山顶上，
指挥一班铁索锁着的奴隶替他开矿。
他说，"你们谁敢倔强？
我要把你们怎么样就怎么样！"

奴隶们做了一万年的工，
头颈上的铁索渐渐地磨断了。
他们说，"等到铁索断时，
我们要造反了！"

奴隶们同心合力，
一锄一锄地掘到山脚底。
山脚底挖空了，
威权倒撞下来，活活地跌死！

（原载《新青年》第六卷第六号，一九一九年十一月）

《尝试集》集外诗五篇

胡适

我们三个朋友

（九，八，二二，赠任叔永与陈莎菲）

（上）

雪全消了，
春将到了，
只是寒威如旧。
冷风怒号，
万松狂啸，
伴着我们三个朋友。
风稍歇了，
人将别了，——
我们三个朋友。
寒流秃树，
溪桥人语，——
此会何时重有？

　　　　　（下）

　　　　别三年了！

　　　　月半圆了，

　　　照着一湖荷叶；

　　　　照着钟山，

　　　　照着台城，

　　　照着高楼清绝。

　　　　别三年了，

　　　又是一种山川了，——

　　　依旧我们三个朋友。

　　　　此景无双，

　　　此日最难忘，——

　　让我的新诗祝你们长寿！

湖上

　　九，八，二四，夜游后湖——即玄武湖，——主人王伯秋要我作诗，我竟作不出诗来，只好写一时所见，作了这首小诗。

　　　　水上一个萤火，

　　　　水里一个萤火，

　　　　　平排着，

　　　　　轻轻地，

　　　打我们的船边飞过。

　　　它们俩儿越飞越近，

　　　渐渐地并作了一个。

译张籍的《节妇吟》有跋

（原文）君知妾有夫，赠妾双明珠。感君缠绵意，系在红罗襦。妾家高楼连苑起，良人执戟明光里。知君用心如日月，事夫誓拟同生死。还君明珠双泪垂，恨不相逢未嫁时？

你知道我有丈夫，

你送我两颗明珠。

我感激你的厚意，

把明珠郑重收起。

但我低头一想，

忍不住泪流脸上：

我虽知道你没有一毫私意，

但我总觉得有点对他不起。

我噙着眼泪把明珠还了，——

只恨我们相逢太晚了！

中唐的诗人很有几个注意社会问题的。元微之、白乐天的乐府自然是人人都认为有"社会文学"的价值的，不用说了。当时还有许多"社会诗人"，如元稹自序里说的李绅、李余、刘猛都有讨论社会问题的乐府。只可惜这三个人的乐府都不传了。但是当时做这种社会乐府的许多诗人之中，最有文学天才的要算张籍。张籍的乐府在唐代文学里要算是第一人了。他的《贾客乐》《将军行》《少年行》《董逃行》《牧童词》《筑城词》《山农词》《别离曲》《妾薄命》《促促词》《山头鹿》《离妇》，都是极好的社会文学。我最爱的是《乌夜啼引》和《节妇吟》两篇，这两篇都是中国文学里绝无仅有的"哀剧"。我在病中读了他的全集，译了这两篇解闷；可惜《乌夜啼引》

译的不好，不值得存稿；现在只存这一篇。

这首诗中间"妾家高楼连苑起，良人执戟明光里"两句，还不能完全脱去古诗《陌上桑》"东方千余骑，夫婿居上头"等话的俗套，所以我把它们删去了。

此诗的长处在于有哀剧"Tragedy"的意味。《陌上桑》的好处在于天真烂漫，但没有哀剧意味。我译的《老洛伯》诗的末段：

> 我如今坐也坐不下，
> 　哪有心肠纺纱？
> 我又不敢想着他：
> 　想着他须是一桩罪过。
> 我只得努力做一个好家婆，
> 　我家老洛伯并不曾待差了我。

与张籍这篇的末段是同样的哀剧。张籍写了这种境地，却题作"节妇吟"，便可见他的卓识。张籍作"妇人问题"的诗，用意都比别人深一层。

如《妾薄命》云：
……君爱龙城征战功，妾愿青楼歌乐同。
人生各个有所欲，讵得将心入君腹？

又如《离妇》云：
十载来夫家，闺门无疵瑕。薄命不生子，古制有分离。……有子未必荣，无子坐生悲。为人莫作女，作女实难为！

这竟是痛骂孔二先生了。

九，八，三〇

艺术

报载英国第一"莎翁剧家"福北洛柏臣（Forbes-Robertson）（复姓）现在不登台了，他最后的"告别辞"说他自己做戏的秘诀只是一句话："我做戏要做的我自己充分愉快。"这句话不单可适用于做戏；一切艺术都是如此。病中无事，戏引申这话，作成一首诗。

我忍着一副眼泪，
扮演了几场苦戏？
一会儿替人伤心，
一会儿替人着急。
我是一个多情的人，
这副眼泪如何忍得？
做到了最伤心处，
我的眼泪热滚滚地直滴。
台下的人看见了，
不住地拍手叫好
他们看他们的戏，
哪懂得我的烦恼？

九，九，二二

例外

自从我闭门谢客，
果然客渐稀疏。
最顽皮的是诗神，

挡驾也挡他不住。
我把酒和茶都戒了,
近来戒到淡巴菰,
本来还想戒新诗,
只怕我赶诗神不去。

诗神含笑说:
"我来决不累先生,
谢大夫不许你劳神,
他不能禁你偶然高兴。"
他又涎着脸劝我:
"新诗做做何妨?
做得一首好诗成,
抵得吃人参半磅!"

九,十,六,病中

(原载《新青年》第八卷第三号,一九二〇年十一月)

梦与诗

胡适

都是平常经验，

都是平常影像，

偶然涌到梦中来，

变幻出多少新奇花样！

都是平常情感，

都是平常言语，

偶然碰着个诗人，

变幻出多少新奇诗句！

醉过方知酒浓，

爱过方知情重：——

你不能做我的诗，

正如我不能做你的梦。

（自跋）这是我的"诗的经验主义"（Poetic empiricism）。简单一句话：做梦尚且要经验做底子，何况作诗？现在人的大毛病就在爱作没有经验做底子的诗。北京一位新诗人说"棒子面一根一根地往嘴里送"；上海一位诗学大家胡怀琛先生说"昨日蚕一眠,今日蚕二眠,明日蚕三眠,蚕眠人不眠"!吃面养蚕何尝不是世间最容易的事?但没有这种经验的人,连吃面养蚕都不配说。——何况作诗?

九,一〇,一〇

(原载《新青年》第八卷第五号,一九二一年一月)

平民学校校歌

胡适

靠着两只手,

拼得一身血汗,

大家努力做个人,

不做工的不配吃饭!

做工即是学,

求学即是做工:

大家努力做先锋,

同做有意识的劳动!

十,四,十二

(注)此歌曾经赵元任先生及萧友梅先生各为制有曲谱。

(原载《新青年》第九卷第六号,一九二二年七月)

>>>

希望

胡适

我从山中来,
带得兰花草;
种在小园中,
希望开花好。

一日望三回,
望到花时过;
急煞种花人,
苞也无一个。

眼见秋天到,
移花供在家。
明年春风回,
祝汝满盆花!

十,十,四

(原载《新青年》第九卷第六号,一九二二年七月)

紫踯躅花之侧

康白情

一对赤着脚的小儿女，
（至多不过十六七罢）
搬了满车的稻梗，
慢慢地走过紫踯躅花之侧。
妇人推着；
男子挽着；
曼声歌着；
叽嘎叽嘎的车声，
浅不凌，浅不凌的鸟讴声，
自然成韵地和着。
蓝花的白帕子漾着满田坎的紫踯躅花。
紫踯躅花有什么香，
他们并不觉得。
紫踯躅花有什么色，
他们并不觉得。

一九二〇年五月，在东京访新村作

（原载《新青年》第八卷第一号，一九二〇年九月）

相隔一层纸

刘半农

一

屋子里拢着炉火,
老爷吩咐开窗买水果,
说"天气不冷火太热,
别任它烤坏了我"。

二

屋子外躺着一个叫花子,
咬紧了牙齿,对着北风呼"要死!"
可怜屋外与屋里,
相隔只有一层薄纸!

(原载《新青年》第四卷第一号,一九一八年一月)

游香山纪事诗

刘半农

一

扬鞭出北门，心在香山麓。
朝阳浴马头，残露湿马足。

二

古墓傍小桥，桥上苔如洗。
牵马饮清流，人在清流底。

三

一曲横河水，风定波光静。
谁家双白鹅，荡碎垂杨影？

四

场上积新刍，屋里藏新谷。
肥牛系场头，摇尾乳新犊。

两个碧蜻蜓，飞上牛儿角。

五

网畔一渔翁，闲取黄烟吸。
此时入网鱼，是笑还是泣？

六

白云如温絮，广覆香山巅。
横亘数十里，上接苍冥天。
今年秋风厉，棉价倍往年。
愿得天上云，化作地下棉。
举世悉温饱，乐土在眼前！

七

渔舟横小塘，渔父卖鱼去。
渔妇治晨炊，轻烟入疏树。

八

公差捕老农，牵人如牵狗。
老农喘且嘘，负病不能走。
公差勃然怒，叫嚣如虎吼。
农或求稍停，挥鞭击其手。
问农犯何罪？欠租才五斗。

（原载《新青年》第四卷第二号，一九一八年二月）

>>>

卖萝卜人

刘半农

（这是半农做"无韵诗"的初次试验）

一个卖萝卜人——很穷苦的——住在一座破庙里。
一天，这破庙要标卖了，便来了个警察，说——
"你快搬走！这地方可不是你久住的。"
"是！是！"
他口中应着，心中却想——"叫我搬到哪里去！"
明天，警察又来，催他动身。
他瞪着眼看，低着头想，撒撒手，踏踏脚，却没说——"我不搬。"
警察忽然发威，将他撵出门外。
又把他的灶也捣了，一只砂锅，碎作八九片！
他的破席、破被和萝卜担，都撒在路上。
几个红萝卜，滚在沟里，变成了黑色！
路旁的孩子们，都停了游戏奔来。
他们也瞪着眼看，低着头想，撒撒手，踏踏脚，却不作声！
警察去了，一个七岁的孩子说：
"可怕……"
一个十岁的答道：

"我们要当心,别做卖萝卜的!"

七岁的孩子不懂:

他瞠着眼看,低着头想,却没撒手,没踏脚!

(原载《新青年》第四卷第五号,一九一八年五月)

>>>

窗纸

刘半农

天天早晨，一梦醒来，看见窗上的纸，被沙尘封着，雨水渍着，斑驳陆离，演出许多幻象：

看！这是落日余晖，映着一片平地，却没人影。

这是两个金字塔，三五株棕榈，几个骑骆驼、拿着矛子的。

不好！是满地的鲜血，是无数骷髅，是赤色的毒蛇，是金色的夜叉！

看！乱哄哄的是什么？——是拍卖场，正是万头攒动，人人想出廉价，收买他邻人的破产物！

错了！是只老虎，怒汹汹坐在树林里，想是饿了！不是！是一蓬密密的髭须，衬着个 Tolstoy 的面孔——好个慈善的面孔。

又错了。Tolstoy 已死，究竟是个老虎！

还不是的，是个美人——美极了。

看。美人为什么哭？眼泪太多了——看！——一滴！——两滴！——一斛！——两斛！——竟是波浪滔滔，化作洪水！

看！满地球是洪水，Noah 的方船也沉没了——水中还有妖怪，吞吃他尸首！

看！好光明！天边来了个明星！——唉！——是个彗星！

……

"朋友！别再看，快发疯了！"

"怎么处置他？"

"扯去旧的，换上新的。"

"换上新的，怕不久又变了旧的。"

（原载《新青年》第五卷第一号，一九一八年七月）

无聊

刘半农

阴沉沉的天气。
里面一座小院子里，杨花飞得满天，榆钱落得满地。
外面那大院子里，却开着一棚紫藤花。
花中有来来往往的蜜蜂；有飞鸣上下的小鸟；有个小铜铃，系在藤上。
春风徐徐吹来，铜铃叮叮当当，响个不止。
花要谢了，嫩紫色的花瓣，微风飘细雨似的，一阵阵落下。

（原载《新青年》第五卷第一号，一九一八年七月）

悼曼殊

刘半农

[一八（？？）——一九一八]

一

这一个人死了。
我与他，只见过一次面，通过三次信。
不必说什么"神交十年""嗟惜弥日"，
只觉他死信一到，我神经上大受打击。
无事静坐时，一想到他，便不知不觉说——
"可怜！"

二

有人说他痴，我说"有些像"；
有人说他绝顶聪明，我说"也有些像"；
有人说他率真，说他做作，我说"都像"；
有人骂他，我说"和尚不禁人骂"；
更有人说他是"奇人"，却遭了"庸死"，我说——
"庸死未尝不好！"

三

只此一个和尚，

百千人看了，化作百千个样子。
我说他可怜，只是我的眼光，
却不知道他究竟可怜不可怜。

四

记得两年前，我与他相见，
同在上海一位朋友家里。
那时候，室中点着盏暗暗的石油灯，
我两人靠着窗口，各自坐了张低低的软椅。
我与他谈论西洋的诗，
谈了多时，他并不开口，只是慢慢地吸雪茄。
到末了，忽然高声说——
"半农这个时候，你还讲什么诗，求什么学问！"

五

"犹是阿房三月泥，烧作未央千片瓦。"
这是杭州某人的诗句。
我两人匆匆别了，他有信来，说
"这两句诗，做得甚奇！"
又约我去游西湖说——
"雪茄尚可吸两月，湖上可以钓鱼，一时不到上海了。"

六

西湖是至今没有游成！

（原载《新青年》第五卷第六号，一九一八年十二月）

>>>

小湖

刘半农

小湖里一片清流,
水晶般的澄明洁净,
映出它边上的几行杨柳,
和它面上的三五白鸥。
便在黑夜里,
它还透出一片冷光。
地上的树,
天上的星,
和远远近近的渔灯萤火,
都映射在冷光底里,
保存着它们本来的影像。
普遍的黑暗,
却没有能普遍到小湖身上。

到了冬天,
刮几回风,
下几回雪,
小湖里冰冻起来;

墨黑的沙尘,

把它密密封着。

那么,

你或者要悲伤,

说:"澄明洁净的小湖,

不幸也变成了这样。"

你情理中的(然而是无谓的)悲伤,

却并不长久。

到明年一见春光,

澄明洁净的小湖,

仍旧还它原样;——

恰恰是一丝不错,

符合着你心中的想望。

(原载《新青年》第七卷第二号,一九二〇年一月)

牧羊儿的悲哀

刘半农

他在山顶上牧羊；
他抚摩着羊颈的柔毛，
说"鲜嫩的草，
你好好的吃罢！"

他看见山下一条小涧，
急水拥着落花，
不住的流去。
他含着眼泪说，
"小宝贝，你上哪里去？"

老鹰在他头顶上说，
"好孩子，我耍把戏给你看：
我来在天顶上打个大圈子！"

他远望山下的平原：
他看见礼拜堂的塔尖，
和礼拜堂前的许多墓碣；

他看见白雾里，
隐着许多人家。
天是大亮的了，
人呢？——早咧，早咧！

哇！
他回头过去，放声号哭：
"羊呢？我的羊呢？"
他眼光透出眼泪，
看见白雾中的人家；
看见静的塔尖，
冷的墓碣。
人呢？——早咧！
天是大亮的了！
他还看见许多野草，
开着金黄色的花。

一九二〇，六，七

（原载《新青年》第八卷第二号，一九二〇年十月）

地中海

刘半农

我乘着新凉天气，
从亚洲来到欧洲，
最先看看的，
便是淡淡的斜阳，
闪动着一片葡萄酒色的地中海。
地中海！
我敬你，爱你；
你是孕育文明的慈母：
你把你的乳汁哺养他，
从最初时直到现在。

但是，唉！
那边水面上，
露出三两个桅杆，
油漆也剥落了，
绳索也断了：
即此一点，
便可想见五六年来，

……
慈母啊！
我想你心中，
一定有无限的悲哀。
但是慈母的心肠，
只是单纯的爱。
我还希望你，
把过去的眼泪，
化成无限的乳汁，
哺养那无限的未来。

一九二〇年三月八日下午三时

（原载《新青年》第八卷第二号，一九二〇年十月）

奶娘

刘半农

我呜呜地唱着歌,

轻轻地拍着孩子睡。

孩子不要睡,

我可要睡了!

孩子只还哭,

我可不能哭。

我呜呜地唱着,

轻轻地拍着;

也不知道是什么时候了,

孩子才勉强地睡着,

我也才勉强地睡着。

我睡着了,

还在呜呜地唱,

还在轻轻地拍;

我梦里看见,

拍着我自己的孩子,

他热温温的，

在我胸口儿睡着……

啊啦！——

孩子又醒了，

我，我的梦！——也就醒了。

一九二一年一月一九日伦敦

（原载《新青年》第九卷第四号，一九二一年八月）

一个小农家的暮

刘半农

她在灶下煮饭,
新砍的山柴,
必必剥剥地响。
灶门里嫣红的火光,
闪着她嫣红的脸,
闪红了她青布的衣裳。

他含着个十年的烟斗,
慢慢地从田里回来;
屋角里挂去了锄头,
便坐在稻床上,
调弄着只亲人的狗。

他还踱到栏里去,
看一看他的牛;
回头向她说,
"怎样了——
我们新酿的酒?"

门对面青山的顶上，
　　松树的尖头，
已露出了半轮的月亮。

孩子们在场上看着月，
　　还数着天上的星：
"一，二，三，四……"
"五，八，六，两……"

　　他们数，
　　　　他们唱：
"地上人多心不平，
　　天上星多月不亮。"

一九二一年二月七日伦敦
此二语是江阴谚

（原载《新青年》第九卷第四号，一九二一年八月）

鸽子

沈尹默

空中飞着一群鸽子,笼里关着一群鸽子,街上走的人,小手巾里还兜着两个鸽子。

飞着的是受人家的指使,带着鞘儿翁翁央央,七转八转绕空飞,人家听了欢喜。

关着的是替人家做生意,青青白白的毛羽,温温和和的样子,人家看了欢喜。有人出钱便买去,买去喂点黄小米。

只有手巾里兜着的那两个,有点难算计。不知它今日是生还是死——恐怕不到晚饭时,已在人家菜碗里。

(原载《新青年》第四卷第一号,一九一八年一月)

人力车夫

沈尹默

日光淡淡,白云悠悠,风吹薄冰,河水不流。
出门去,雇人力车。街上行人,往来很多:车马纷纷,不知干些什么?
人力车上人,个个穿棉衣,个个袖手坐,还觉风吹来,身上冷不过。
车夫单衣已破,他却汗珠儿颗颗往下堕。

(原载《新青年》第四卷第一号,一九一八年一月)

月夜

沈尹默

霜风呼呼地吹着，
月光明明地照着。
我和一株顶高的树并排立着，
却没有靠着。

（原载《新青年》第四卷第一号，一九一八年一月）

雪

沈尹默

丁巳腊月大雪,高低远近,一望皆白。人声不喧哗,鸟雀绝迹。

理想中的仙境,什么"琼楼""玉宇""水晶宫阙",怕都不如今日的京城清洁!

人人都嫌北方苦寒,雪地冰天。我今却不愿可爱的红日,照我眼前。

不愿见日,日终当出。红日出,白雪消,粉饰仙境不坚牢!可奈它何!

(原载《新青年》第四卷第四号,一九一八年四月)

月

沈尹默

明白干净的月光，我不曾招呼她，她却有时来照着我；我不曾拒绝她，她却慢慢地离开了我。

我和她有什么情分？

(原载《新青年》第五卷第一号，一九一八年七月)

耕牛

沈尹默

好田地，多黏土，只是无耕牛的苦。
难道这地方的人穷，连耕牛都买不起？
听说来了许多人，都带着长刀子，把这个地方的耕牛，个个都吓死。
吓死几个畜生，算得什么事？
不过少种几亩地，少出几粒米。
好在少米的地方也少人，哪里还愁有人会饿死？

（原载《新青年》第五卷第一号，一九一八年七月）

三弦

沈尹默

　　中午时候，火一样的太阳，没法去遮拦，让它直晒着长街上。静悄悄少人行路，只有悠悠风来，吹动路旁杨树。

　　谁家破大门里，半院子绿茸茸细草，都浮着闪闪的金光。旁边有一段低低土墙，挡住了个弹三弦的人，却不能隔断那三弦鼓荡的声浪。

　　门外坐着一个穿破衣裳的老年人，双手抱着头，他不声不响。

（原载《新青年》第五卷第二号，一九一八年八月）

刘三来言子谷死矣

沈尹默

君言子谷死，我闻情恻恻。
满座谈笑人，一时皆太息。
平生殊可怜，痴黠人莫识。
既不游方外，亦不拘绳墨。
任性以行游，关心惟食色。
大嚼酒案旁，呆坐歌筵侧。
寻常觉无用，当此见风力。
十年春申楼，一饱犹能忆。
于今八宝饭，和尚吃不得！

（原载《新青年》第五卷第六号，一九一八年十二月）

生机

沈尹默

枯树上的残雪，渐渐都消化了；那风雪凛冽的余威，似乎敌不住微和的春气。

园里一树山桃花，它含着十分生意，密密地开了满枝。

不但这里，桃花好看；到处园里，都是这般。

刮了两日风，又下了几阵雪。

山桃虽是开着，却冻坏了夹竹桃的叶。地上的嫩红芽，更僵了发不出。

人人说天气这般冷，草木的生机恐怕都被挫折；谁知道那路旁的细柳条，它们暗地里却一齐换了颜色！

（原载《新青年》第六卷第四号，一九一九年四月）

小妹

沈尹默

自从九月六日起,我们的旧家庭里,少了一个你。

小妹!我和你相别许久了。我记得别你时,看得很清楚,——白丝巾蒙着你的脸,身上换了一套簇新的绸衣服。

人力车上坐着一位青年的女子,她用手帕托着腮,——认得她是谁?仔细看来,却不是你。

路上遇见三三两两携手谈心的女青年,她们是谁?听来声音,却都不像你。

幽深的古庙里,小小一间空屋,放着一张尘土蒙着的小桌子,人说你住在这里,我怎能够相信呢?你从前所说的绿茵茵的柳树,清浏浏的河水,和那光明宽敞的房子,却都在哪里?

(原载《新青年》第六卷第六号,一九一九年十一月)

香山早起作，寄城里的朋友们

沈兼士

天刚明，披了衣，拄了杖，
散步到石桥旁，
坐在个石头上，
受他山水的供养。
静悄悄地，领略些带露的草香，
听一阵迎风的松响，
赤脚临水，洗脱了肮脏。
这时候，自然的乐趣，
同那活泼泼的小孩子一样。
一忽而，山头上吐出了太阳，
金闪闪的光，照得北京城隐约可望。
一般都是太阳照的地方，
何以城里那样烦热，
乡下这样清凉？

（原载《新青年》第五卷第四号，一九一八年十月）

山中杂诗一

沈兼士

泉

脑弱失眠宵洗脚，眼疲抛卷午浇头。
爱他冷冷清清的，傍着梅边自在流。

（原载《新青年》第五卷第六号，一九一八年十二月）

山中杂诗二

沈兼士

（西风大作，温度斗降，桥边散步，写所见）

五更山雨振林木，晨起凉意先上足。
野猫亲人去又来，残蝉咽风断难续。
赤膊小孩抱果筐，晌午桥头行彳亍。
为言"今日天气凉，满筐果子卖不出。
卖不出，不打紧。肚里挨饿可难忍！"

（原载《新青年》第五卷第六号，一九一八年十二月）

>>>

小河

周作人

有人问我这诗是什么体,连我自己也回答不出。法国波特来尔(Baudelaire)提倡起来的散文诗,略略相像,不过他是用散文格式,现在却一行一行地分写了。内容大致仿欧洲的俗歌。俗歌本来最要叶韵,现在却无韵。或者算不得诗,也未可知,但这是没有什么关系。

一条小河,稳稳地向前流动。
经过的地方,两面全是乌黑的土,
生满了红的花,碧绿的叶,黄的实。

一个农夫背了锄来,在小河中间筑起一道堰,
下流干了,上流的水,被堰拦着,下来不得!
不得前进,又不能退回,水只在堰前乱转。
水要保他的生命,总须流动,便只在堰前乱转。
堰下的土,逐渐淘去,成了深潭。
水也不怨这堰——便只是想流动,
想同从前一般,稳稳地向前流动。

一日农夫又来,土堰外筑起一道石堰。

土堰坍了，水冲着坚固的石堰，还只是乱转。

堰外田里的稻，听着水声，皱眉说道：

"我是一株稻，是一株可怜的小草，

我喜欢水来润泽我，

却怕他在我身上流过。

小河的水是我的好朋友，

他曾经稳稳地流过我面前，

我对他点头，他向我微笑，

我愿他能够放出了石堰，

仍然稳稳地流着，

向我们微笑；

曲曲折折地尽量向前流着，

经过的两面地方，都变成一片锦绣。

他本是我的好朋友，

只怕他如今不认识我了。

他在地底里呻吟，

听去虽然微细，却又如何可怕！

这不像我朋友平日的声音，

——被轻风揉着走上沙滩来时，

快活的声音。

我只怕他这回出来的时候，

不认识从前的朋友了，

便在我身上大踏步过去；

我所以正在这里忧虑。"

田边的桑树，也摇头说

"我生得高，能望见那小河，

他是我的好朋友，

他送清水给我喝，

使我能生肥绿的叶，紫红的桑葚。

他从前清澈的颜色，

现在变了青黑。

又是终年挣扎，脸上添出许多痉挛的皱纹。

他只向下钻，早没工夫对我点头微笑，

堰下的潭，深过了我的根了。

我生在小河旁边，

夏天晒不枯我的枝条，

冬天冻不坏我的根，

如今只怕我的好朋友，

将我带倒在沙滩上，

拌着他卷来的水草。

我可怜我的好朋友，

但实在也为我自己着急。"

田里的草和蛤蟆，听了两个的话，

也都叹气，各有他们自己的心事。

水只在堰前乱转；

坚固的石堰，还是一毫不摇动。

筑堰的人，不知到哪里去了？

八年一月二十一日

（原载《新青年》第六卷第二号，一九一九年二月）

两个扫雪的人

周作人

阴沉沉的天气，
香粉一般白云，下得漫天遍地。
天安门外白茫茫的马路上，全没有车马踪迹，
只有两个人在那里扫雪。
一面尽扫，一面尽下；
扫净了东边，又下满了西边；
扫开了高地，又填平了洼地。
粗麻布的外套上，已经积了一层雪，
他们两人还只是扫个不歇。
雪愈下愈大了；
上下左右，都是滚滚的香粉一般白雪。
在这中间，仿佛白浪中浮着两个蚂蚁，
他们两人还只是扫个不歇。
祝福你扫雪的人！
我从清早起，在雪地里行走，不得不谢谢你。

八年一月十三日

（原载《新青年》第六卷第三号，一九一九年三月）

微明

周作人

醉了回来，倒头便睡，
蕾腾里不知过了多少时刻。
一觉醒时，——看四面全然昏黑，
只有窗纸上，现出微白。
不知这是黄昏呢？还是黎明？
静听窗外树上的声息，
不知是夜乌呢？是离巢小鸟的叫声？
无论如何，醒了便只得披衣坐起，
看这微明究竟是什么，
睁眼只望着窗纸。

一月二十三日

（原载《新青年》第六卷第三号，一九一九年三月）

爱与憎

周作人

师只教我爱，不教我憎；
但我虽然不全憎，也不能尽爱。
爱了可憎的，岂不薄待了可爱的？

农夫田里的害虫，应当怎么处？
蔷薇上的青虫，看了很可憎；
但它换上美丽的衣服，翩翩地飞去。
稻苗上的飞蝗，披着可爱的绿衣，
　　它却只吃稻苗的新叶。
　　我们爱蔷薇，也能爱蝴蝶。
　　为了稻苗，我们却将怎么处？

一九一九年十月一日

（原载《新青年》第七卷第二号，一九二〇年一月）

儿歌

周作人

小孩儿，你为什么哭？
你要泥人儿么？
你要布老虎么？
也不要泥人儿，
也不要布老虎；
对面杨柳树上的三只黑老鸹。
哇儿哇儿地飞去了。

这篇诗是我仿儿歌而作的。我想新诗的节调，有许多地方可以参考古诗乐府与词曲，而俗歌——民歌与儿歌——是现在还有生命的东西，它的调子更可以拿来利用。我这一篇只想模拟儿歌的纯朴这一点，也还未能做到。三只黑老鸹并不含有什么神秘的意思，不过因为乌鸦很多，最为习见罢了。儿童性爱天物，他的拜物教的思想，融入诗中，可以造成一种泛神思想的意境，许多有名的儿童诗都是这样；但是我们不容易希望做到罢了。

十月二十二日

（原载《新青年》第八卷第四号，一九二〇年十二月）

病中的诗

周作人

自从三月中肋膜炎复发，进了病院之后，连看书写字都被禁止，变成了纯粹的病人，除却生病以外，一件事都不能做了。但是傍晚发热以及早晨清醒的时候，常有种种思想来到脑里，有的顷刻消灭，有的暂时存留；偶值兄弟走来看我，便将记得的几篇托他笔录下来，作一个记念，这结果便是我的《病中的诗》。或者有人想，躺在病室里，隔开世事，做诗消遣，似乎很是风雅的事。其实是不然的。因为我这些思想的活动，大概在发热苦痛中居多，并非从愉快里得来的。待到病苦退去的时候，这种东西也自然要渐渐减少的罢。

一九二一年四月十七日

原诗计六首，现在又添上了首尾的两首，一总八篇。第八首本为日本的杂志《生长的星之群》而作；武者小路君替他们所办的这杂志来要材料，我译了几首诗，又新作了这一首寄去。现在译出，便附在这后面。

九月五日再记

一、梦想者的悲哀

读 Bebel 的《妇人论》而作

"我的梦太多了。"

外面敲门的声音，

恰将我从梦中叫醒了。

你这冷酷的声音，

叫我去黑夜里游行么？

啊，曙光在哪里呢？

我的力真太小了，

我怕要在黑夜里发了狂呢！

穿入室内的寒风，

不要吹动我的火罢。

灯火吹熄了，

心里的微焰却终于不灭，——

只怕在风中发火，

要将我的心烧尽了。

啊，我心里的微焰，

我怎能长保你的安静呢？

一九二一年三月二日

二、过去的生命

这过去的我的三个月的生命，哪里去了？

没有了，永远地走过去了。

我亲自听见他沉沉的，缓缓的，一步一步的，

在我床头走过去了。

我坐起来，拿了一支笔，在纸上乱点，

想将他按在纸上，留下一些痕迹，——

但是一行也不能写，

一行也不能写。

我仍是睡在床上，
亲自听他沉沉的，缓缓的，一步一步地在我床头走过去了。

四月四日在病院中

三、中国人的悲哀

　　中国人的悲哀呵，
　　我说的是做中国人的悲哀呵。
　　也不是因为外国人欺侮了我；
　　也不是因为本国人迫压了我；
　　他并不指着姓名要打我，
　　也并不喊着姓名来骂我。
　　他只是向我对面走来，
　　嘴里哼着什么曲调，一直过去了。
　　我睡在家里的时候，
　　他又在墙外的他的院子里，
　　放起双响的爆竹来了。

四月六日作

四、歧路

　　荒野上许多足迹，
　　指示着前人走过的道。
　　有向东的，有向西的，
　　也有一直向南去的；
　　这许多道路究竟到一同的去处么？
　　我的性灵使我相信是这样的。

而我不能决定向哪一条路去，

　　只是睁了眼望着，站在歧路的中间。

　　　我爱耶稣，

　　　但我也爱摩西。

耶稣说："有人打你右脸，连左脸也转过来由他打。"

　　摩西说："以眼还眼，以牙还牙。"

　　　　吾师乎，吾师乎！

　　　你们的言语怎样的确实呵！

　　我如果有力量，我必然跟耶稣背十字架去了。

　　我如果有较小的力量，我也跟摩西做士师去了。

　　　　但是，懦弱的人，

　　　　你能做什么事呢？

四月十六日

五、苍蝇

　　　我们说爱，

　　　　爱一切众生；

　　　但是我——却觉得不能全爱。

　　　我能爱狼和大蛇，

　　　　能爱在林野背景里的猪。

　　　我不能爱那苍蝇。

　　　我憎恶它们，我诅咒它们。

　　　　大小一切的苍蝇们，

　　　　美与生命的破坏者，

　　　中国人的好朋友的苍蝇们呵！

　　　　我诅咒你的全灭，

用了人力以外的

最黑最黑的魔术的力。

四月十八日

六、小孩

一个小孩在我的窗外跑过,

我也望不见他的头顶。

他的脚步声虽然响,

但于我还很寂静。

东边一株大树上住着许多乌鸦,

又有许多看不见的麻雀,

它们每天成群地叫,

仿佛是朝阳中的一部音乐。

我在这些时候,

心里便安静了,

反觉得以前的憎恶,

都是我的罪过了。

四月二十日

七、小孩

（一）

我看见小孩,

每引起我的贪欲,

想要做富翁了。

我看见小孩,

又每引起我的瞋恚,

令我向往种种主义的人了。

我看见小孩,

又每引起我的悲哀,

洒了我多少心里的眼泪:

呵,你们可爱的不幸者,

不能得到应得的幸福的小人们!

我感谢种种主义的人的好意,

但我也同时体会得富翁的哀愁的心了。

(二)

荆棘丛里有许多小花,

长着憔悴嫩黄的叶片。

将它移在盆里端去培植呢?

拿锄头来掘去荆棘呢?

呵,呵,

倘使我有花盆呵!

倘使我有锄头呵!

五月四日

八、对于小孩的祈祷

小孩呵,小孩呵,

我对你们祈祷了。

你们是我的赎罪者。

请你们赎我的罪,

和我所未能赎的先人的罪,

用了你们的笑,

你们的欢喜与幸福,

能够成了真正的"人"的荣誉。

你们的前面有美的花园,

平安的往那边去罢,

从我的头上跳过了,

而且替我赎了那个罪,——

我不能走到那边,

并且连那微影也容易望不见了的罪。

八月二十八日在西山

(原载《新青年》第九卷第五号,一九二一年九月)

>>>

山居杂诗

周作人

一

一丛繁茂的藤萝，
绿沉沉地压在弯曲的老树的枯株上，
又伸出两三枝粗藤，
大蛇一般地缠到柏树上去；
在古老深碧的细碎的柏叶中间，
长出许多新绿的大叶来了。

二

六株盆栽的石榴，
围绕着一大缸的玉簪花，
开着许多火焰似的花朵。
浇花的和尚被捉去了，
花还是火焰似的开着。

三

我不认识核桃,

错看它作梅子,

卖汽水的少年,

又说它是白果。

白果也罢,梅子也罢,

每天早晨走去看它,

见它一天一天地肥大起来,

总是一样的喜悦。

一九二一年八月十日在北京西山

四

不知什么形色的小虫,

在槐树枝上吱吱地叫着。

听了这迫切尖细的虫声,

引起我一种仿佛枯焦气味的感觉。

我虽然懂得它歌里的意思,

但我知道它正唱着迫切的恋之歌,

这却也便是它的迫切的死之歌了。

六月十七日晚

五

一片槐树的碧绿的叶,

现出一切的世界的神秘;

空中飞过的一个白翅膀的百蛉子,
又牵动了我的惊异。
我仿佛会悟了这神秘的奥义,
却又实在未曾了知。
但我已经很是满足,
因为我得见了这个神秘了。

六月二十一日

六

后窗上糊了绿的冷布,
在窗口放着两盆紫花的松叶菊;
窗外来了一个大的黄蜂,
嗡嗡地飞鸣了好久,
却又惘然地去了。
啊,我真做了怎样残酷的事呵!

六月二十二日

七

"苍蝇纸"上吱吱的声响
是振羽的机械的发音么?
是诉苦的恐怖的叫声么?
"虫呵,虫呵!难道你叫着,业便会尽了么?"
我还不如将你两个翅子都粘上了罢。

六月二十五日在西山

(原载《新青年》第九卷第五号,一九二一年九月)

现代话剧

>>>

终身大事
（游戏的喜剧）

胡适

[序]前几天有几位美国留学的朋友来说，北京的美国大学同学会不久要开一个宴会。中国的会员想在那天晚上演一出短戏。他们限我于一天之内编成一个英文短戏，预备给他们排演。我勉强答应了，明天写成这出独折戏，交与他们。后来他们因为寻不到女角色，不能排演此戏。不料我的朋友卜思先生见了此戏，就拿去给《北京导报》主笔习德仁先生看，习先生一定要把这戏登出来，我只得由他。后来因为有一个女学堂要排演这戏，所以我又把它翻成中文。

这一类的戏，西文叫作 Farce，译出来就是游戏的喜剧。

这是我第一次弄这一类的玩意儿，列位朋友莫要见笑。

人物

田太太

田先生

田亚梅女士

算命先生（瞎子）

田宅的女仆李妈

布景

田宅的会客室。右边有门，通大门。左边有门，通饭厅。背面有一张沙发榻。两旁有两张靠椅。中央一张小圆桌子，桌上有花瓶。桌边有两张坐椅。左边靠壁有一张小写字台。

墙上挂的是中国字画，夹着两块西洋荷兰派的风景画。这种中西合璧的陈设，很可表示这家人半新半旧的风气。

开幕时，幕慢慢地上去，台下的人还可听见台上算命先生弹的弦子将完的声音。田太太坐在一张靠椅上。算命先生坐在桌边椅子上。

田太太：你说的话我不大听得懂。你看这门亲事可对得吗？

算命先生：田太太，我是据命直言的。我们算命的都是据命直言的。你知道——

田太太：据命直言是怎样呢？

算命先生：这门亲事是做不得的。要是你家这位姑娘嫁了这男人，将来一定没有好结果。

田太太：为什么呢？

算命先生：你知道，我不过是据命直言。这男命是寅年亥日生的，女命是巳年申时生的。正合着命书上说的"蛇配虎，男克女。猪配猴，不到头"。这是合婚最忌的八字。属蛇的和属虎的已是相克的了。再加上亥日申时，猪猴相克，这是两重大忌的命。这两口儿要是成了夫妇，一定不能团圆到老。仔细看起来，男命强得多，是一个夫克妻之命，应该女人早年短命。田太太我不过是据命直言，你不要见怪。

田太太：不怪，不怪。我是最喜欢人直说的。你这话一定不会错。昨天观音娘娘也是这样说。

算命先生：哦！观音菩萨也这样说吗？

田太太：是的，观音娘娘签诗上说——让我寻出来念给你听。（走到写字台边，翻开抽屉，拿出一条黄纸，念道）这是七十八签，下下。签诗说："夫妻则生定，因缘莫强求。逆天终有祸，婚姻不到头。"

算命先生："婚姻不到头"？这句诗和我刚才说的一个字都不错。

田太太：观音娘娘的话自然不会错的。不过这件事是我家姑娘的终身大事，我们做爷娘的总得二十四分小心地办去。所以我昨儿求了签诗，总还有点不放心，今天请你先生来看看这两个八字里可有什么合得拢的地方。

算命先生：没有，没有。

田太太：娘娘的签诗只有几句话，不容易懂得。如今你算起命来，又和签诗一样。这个自然不用再说了。（取钱付算命先生）难为你。这是你对八字的钱。

算命先生：（伸手接钱）不用得，不用得。多谢，多谢。想不到观音娘娘的签诗居然和我的话一样！（立起身来）

田太太：（喊道）李妈（李妈从左边门进来）你领他出去。（李妈领算命先生从左边门出去）

田太太：（把桌上的红纸庚帖收起，折好了，放在写字台的抽屉里。又把黄纸签诗也放进去，口里说道）可惜！可惜这两口儿竟配不成！

田亚梅女士：（从右边门进来。她是一个二十三四岁的女子，穿着出门的大衣，脸上现出有心事的神气。进门后，一面脱下大衣，一面说道）妈，你怎么又算起命来了？我在门口碰着一个算命的走出去。你忘了爸爸不准算命的进门吗？

田太太：我的孩子，就只这一次，我下次再不干了。

田女：但是你答应了爸爸以后不再算命了。

田太太：我知道，我知道，但是这一回我不能不请教算命的。我叫他来把你和那陈先生的八字排排看。

田女：哦！哦！

田太太：你要知道，这是你的终身大事，我又只生了你一个女儿，我不能糊里糊涂地让你嫁一个合不来的人。

田女：谁说我们合不来？我们是多年的朋友，一定很合得来。

田太太：一定合不来。算命的说你们合不来。

田女：他懂得什么？

田太太：不单是算命的这样说，观音菩萨也这样说。

田女：什么？你还去问过观音菩萨吗？爸爸知道了更要说话了。

田太太：我知道你爸爸一定同我反对，无论我做什么事，他总同我反对。但是你想，我们老年人怎么敢决断你们的婚姻大事。我们无论怎样小心，保不住没有错。但是菩萨总不会骗人。况且菩萨的话，和算命的说的，竟是一样，这就更可相信了。（*立起来，走到写字台边，翻开抽屉*）你自己看菩萨的签诗。

田女：我不要看，我不要看！

田太太：（*不得已把抽屉盖了*）我的孩子，你不要这样固执。那位陈先生我是很喜欢他的。我看他是一个很可靠的人。你在东洋认得他好几年了，你说你很知道他的为人。但是你年纪还轻，又没有阅历，你的眼力也许会错的。就是我们活了五六十岁的人，也还不敢相信自己的眼力。因为我不敢相信自己，所以我去问观音菩萨又去问算命的。菩萨说对不得，算命的也说对不得，这还会错吗？算命的说，你们的八字正是命书最忌的八字，叫作"猪配猴，不到头"，因为你是巳年申时生的，他是——

田女：你不要说了，妈，我不要听这些话。（*双手遮着脸，带着哭声*）我不爱听这些话！我知道爸爸不会同你一样主意。他一定不会。

田太太：我不管他打什么主意。我的女儿嫁人，总得我肯（*走到她女儿身边，用手巾替她揩眼泪*）。不要掉眼泪。我走开去，让你仔细想想。我们都是替你打算，总想你好。我去看午饭好了没有。你爸爸就要回来了。不要哭了，好孩子。（*田太太从饭厅的门进去了*）

田女：（*揩着眼泪，抬起头来，看见李妈从外面进来，便用手招呼她走近些，低声说*）李妈我要你帮我的忙。我妈不准我嫁陈先生——

李妈：可惜，可惜！陈先生是一个很懂礼的君子人。今儿早晨，我在路上碰着他，他还点头招呼我咧。

田女：是的，他看见你带了算命先生来家，他怕我们的事有什么变卦，所以他立刻打电话到学堂去告诉我。我回来时，他在他的汽车里远远地跟在后面。这时候恐怕他还在这条街的口子上等候我的信息。你去告诉他，说我妈不许我们结婚。但是爸爸就回来了，他自然会帮我们。你叫他把汽车动到后面街上去等我的回信。你就去罢。（李妈转身将出去）回来！（李妈回转身来）你告诉他——你叫他——你叫他不要着急！（李妈微笑出去）

田女：（走到写字台边，翻开抽屉，偷看抽屉里的东西。伸出手表看道）爸爸应该回来了，快十二点了。

（田先生约莫五十岁的样子，从外面进来。）

田女：（忙把抽屉盖了，站起来接他父亲）爸爸，你回来了！妈说……妈有要紧话同你商量，——有很要紧的话。

田先生：什么要紧话？你先告诉我。

田女：妈会告诉你的。（走到饭厅边，喊道）妈，妈，爸爸回来了。

田先生：不知道你们又弄什么鬼了。（坐在一张靠椅上。田太太从饭厅那边过来）亚梅说你有要紧话——很要紧的话要同我商量。

田太太：是的，很要紧的话。（坐在左边椅子上）我说的是陈家这门亲事。

田先生：不错，我这几天心里也在盘算这件事。

田太太：很好，我们都该盘算这件事了。这是亚梅的终身大事，我一想起这事如何重大，我就发愁，连饭都吃不下了，觉也睡不着。那位陈先生我们虽然见过好几次，我心里总有点不放心。从前人家看女婿总不过偷看一面就完了。现在我们见面越多了，我们的责任更不容易担了。他家是很有钱的，但是有钱人家的子弟总是坏得多，好得少。他是一个外国留学生，但是许多留学生回来不久就把他们原配的妻子休了。

田先生：你讲了这一大篇，究竟是什么主意？

田太太：我的主意是，我们替女儿办这件大事，不能相信自己的主意。我就不敢相信我自己。所以我昨儿到观音庵去问菩萨。

田先生：什么？你不是答应我不再去烧香拜佛了吗？

田太太：我是为了女儿的事去的。

田先生：哼！哼！算了罢。你说罢。

田太太：我去庵里求了一签。签诗上说，这门亲事是做不得的。我把签诗给你看。（要去开抽屉）

田先生：呸！呸！我不要看。我不相信这些东西！你说这是女儿的终身大事，你不敢相信自己，难道那泥塑木雕的菩萨就可相信吗？

田女：（高兴起来）我说爸爸是不信这些事的。（走近他父亲身边）谢谢你。我们该应相信自己的主意，可不是吗？

田太太：不单是菩萨这样说。

田先生：哦！还有谁呢？

田太太：我求了签诗，心里还不很放心，总还有点疑惑。所以我叫人去请城里顶有名的算命先生张瞎子来排八字。

田先生：哼！哼！你又忘记你答应我的话了。

田太太：我也知道。但是我为了女儿的大事，心里疑惑不定，没有主张，不得不去找他来决断决断。

田先生：谁叫你先去找菩萨惹起这点疑惑呢？你先就不该去问菩萨，你该先来问我。

田太太：罪过，罪过，阿弥陀佛，那算命的说的话同菩萨说的一个样儿。这不是一桩奇事吗？

田先生：算了罢！算了罢！不要再胡说乱道了。你有眼睛，自己不肯用，反去请教那没有眼睛的瞎子，这不是笑话吗？

田女：爸爸，你这话一点儿也不错。我早就知道你是帮助我们的。

田太太：（怒向她女儿）亏你说得出，"帮助我们的"，谁是"你们"？"你们"是谁？你也不害羞！（用手巾蒙面哭了）你们一齐通同起来反对我；我女儿的终身大事，我做娘的管不得吗？

田先生：正因为这是女儿的终身大事，所以我们做父母的应该格外小心，格外慎重。什么泥菩萨哪，什么算命合婚哪，都是骗人的，都不可相信。亚梅你说是不是？

301

田女：正是，正是。我早知道你决不会相信这些东西。

田先生：现在不许再讲那些迷信的话了。泥菩萨，瞎算命，一齐丢去！我们要正正经经地讨论这件事，（对田太太）不要哭了，（对田女）你也坐下。

（田女在沙发上坐下）

田先生：亚梅，我不愿意你同那姓陈的结婚。

田女：（惊慌）爸爸，你是同我开玩笑，还是当真？

田先生：当真。这门亲事一定做不得的。我说这话，心里很难过，但是我不能不说。

田女：你莫非看出他有什么不好的地方？

田先生：没有。我很欢喜他。拣女婿拣中了他，再好也没有了，因此我心里更不好过。

田女：（摸不着头脑）你又相信菩萨和算命？

田先生：决不，决不。

田太太与田女：（同时问）那么究竟为了什么呢？

田先生：好孩子，你出洋长久了，竟把中国的风俗规矩全都忘了。你连祖宗定下的祠规都不记得了。

田女：我同陈家结婚，犯了哪一条祠规？

田先生：我拿给你看。（站起来从饭厅边进去）

田太太：我竟想不出什么。阿弥陀佛，这样也好，只要他不肯许就是了。

田女：（低头细想，忽然抬头显出决心的神气）我知道怎么办了。

田先生：（捧着一大部族谱进来）你瞧，这是我们的族谱。（翻开书页，乱堆在桌上）你瞧，我们田家两千五百年的祖宗，可有一个姓田的和姓陈的结亲？

田女：为什么姓田的不能和姓陈的结婚呢？

田先生：因为中国的风俗不准同姓的结婚。

田女：我们并不同姓。他家姓陈我家姓田。

田先生：我们是同姓的。中国古时的人把"陈"字和"田"字读成一样的音。

我们的姓有时写作"田"字，有时写作"陈"字，其实是一样的。你小时候读过《论语》吗？

田女：读过的，不大记得了。

田先生：《论语》上有个陈成子，旁的书上都写作田成子便是这个道理。两千五百年前，姓陈的和姓田的只是一家。后来年代久了，那写作"田"字的便认定姓田，写作"陈"字的便认定姓陈。外面看起来好像是两姓，其实是一家。所以两姓祠堂里都不准通婚。

田女：难道两千五百年前同姓的男女也不能通婚吗？

田先生：不能。

田女：爸爸，你是明白道理的人，一定不认这种没有道理的祠规。

田先生：我不认它也无用。社会承认它。那班老先生承认它。你叫我怎么样呢？还不单是姓田和姓陈的呢，我们衙门里有一位高先生告诉我说，他们那边姓高的祖上本是元朝末年明初年陈友谅的子孙，后来改姓高。他们因为六百年前姓陈，所以不同姓陈的结亲；又因为两千五百前姓陈的本又姓田，所以又不同姓田的结亲。

田女：这更没有道理了！

田先生：管它有理无理，这是祠堂里的规矩，我们犯了祠规就要革出祠堂。前几十年有一家姓田的在南边做生意，就把一个女儿嫁给姓陈的。后来那女的死了，陈家祠堂里的族长不准她进祠堂。她家花了多少钱，捐到祠堂里做罚款，还把"田"字当中那一直拉长了，上下都出了头，改成了"申"字，才许她进祠堂。

田女：那是很容易的事。我情愿把我的姓当中一直也拉长了改作"申"字。

田先生：说得好容易！你情愿，我不情愿咧！我不肯为了你的事连累我受那班老先生的笑骂。

田女：（气得哭了）但是我们并不同姓！

田先生：我们族谱上说是同姓，那班老先生也都说是同姓。我已经问过许多老先生了，他们都是这样说，你要知道，我们做爹娘的，办儿女的终身

303

大事，虽然不该听泥菩萨、瞎算命的话，但是那班老先生的话是不能不听的。

田女：（作哀告的样子）爸爸！

田先生：你听我说完了。还有一层难处。要是你这位姓陈的朋友是没有钱的，倒也罢了，不幸他又是很有钱的人家。我要把你嫁了他，那班老先生必定说我贪图他家有钱，所以连祖宗都不顾，就把女儿卖给他了。

田女：（绝望了）爸爸！你一生要打破迷信的风俗，到底还打不破迷信的祠规！这是我做梦也想不到的！

田先生：你恼我吗？这也难怪。你心里自然总有点不快活。你这种气头上的话，我决不怪你——决不怪你。

李妈：（从左边门出来）午饭摆好了。

田先生：来，来来。我们吃了饭后再谈罢。我肚里饿得很了。（先走进饭厅去）

田太太：（走近她女儿）不要哭了。你要自己明白，我们都是想你好。忍住。我们吃饭去。

田女：我不要吃饭。

田太太：不要这样固执。我先去，你定一定心就来。我们等你咧。（也进饭厅去了。李妈把门随手关上，自己站着不动）

田女：（抬起头来，看见李妈）陈先生还在汽车里等着吗？

李妈：是的。这是他给你的信，用铅笔写的。（摸出一张纸，递与田女）

田女：（读信）"此事只关系我们两人，与别人无关。你该自己决断。"（重念末句）"你该自己决断！"是的，我该自己决断！（对李妈说）你进去告诉我爸爸和妈，叫他们先吃饭不用等我。我要停一会儿再吃。（李妈点头自进去。田女士站起来，穿上大衣，在写字台上匆匆写了一张字条，压在桌上花瓶底下。她回头一望，匆匆从右边门出去了。略停一会）

田太太：（戏台里的声音）亚梅你快来吃饭，菜要冰冷了，（门里出来）你哪里去了？亚梅。

田先生：（戏台里）随她罢！她生了气了，让她平平气就会好了。（门里出来）她出去了？

田太太：她穿了大衣出去了。怕是回学堂去了。

田先生：（看见花瓶底下的字条）这是什么？（取字条念道）"这是孩儿的终身大事，孩儿应该自己决断。孩儿现在坐了陈先生的汽车去了。暂时告辞了。"

（田太太听了，身子往后一仰，坐倒在靠椅上。田先生冲向右边的门，到了门边，又回头一望，眼睁睁地显出迟疑不决的神气。幕下来）

（跋）这出戏本是因为几个女学生要排演，我才把它译成中文的。后来因为这戏里的田女士人跟人跑了，这几位女学生竟没有人敢扮演田女士。况且女学堂似乎不便演这种不很道德的戏！所以这稿子又回来了。我想这一层很是我这出戏的大缺点。我们常说要提倡写实主义。如今我这出戏竟没有人敢演，可见得一定不是写实的了。这种不合写实主义的戏，本来没有什么价值，只好送给我的朋友高一涵去填《新青年》的空白罢。

（适）

（原载《新青年》第六卷第三号，一九一九年三月）

人力车夫

（短剧）

陈绵

人物

李二　人力车夫
李氏　李妻
红儿　李女
秃子　李子
学生

布景

李二家——一间破屋子的里面——左面，一个临街的板门——右面，靠墙一个土炕，炕上铺着一领破席，里边一个用破麻包卷着的铺盖——正面墙上，高高的一个小窗，窗纸已经破碎，窗栏也有几根折断的——左角，一个柴锅，锅台是用黄土堆的，上面放着些罐子、碗、盆、筷子，炉口已被锅烟熏黑，土做的炉筒也裂了缝子，屋顶、墙上，都熏成了棕色——当中，一张桌子、两三个板凳、一个瓦盆——墙角上结满了蜘蛛的网——屋中是黑暗的，只有几缕阳光从小窗和板门上的缝里射进来。

（附注——剧中"哎！"字是京白应词，不是叹词。）

李氏：（坐在炕上，做着活计。）红儿呀！你该买药去啦！

红儿：（在桌旁洗着衣服。）哎！（走到李氏旁边。）

李氏：（从怀中摸出一把铜子，先拿一个给红儿。）买一个子儿大腌萝卜——（又拿八个给红儿。）这八个买两斤杂合面儿来，快喳呵！

红儿：（伸手接钱。）哎！妈，再给得一个子儿，买点儿线。

李氏：（拍了拍怀。）嗐！哪儿还有啦！孩儿呀！这回存了十二吊钱，连昨天你爸爸挣的五吊钱，一共是十七吊，你爸爸昨天晚上才买了件棉袄。你们身上穿的是去年的，存着没敢给你们当了。我跟你爸爸的棉袄，是今年夏天你跟秃子病的时候当的，直到昨儿晚上你爸爸才穿上棉袄，我的棉袄还不知在哪儿呢。嗐！这日子怎么过！你等你爸爸回来再买罢！

红儿：哎！（低着头出去了。）

李氏：（向炉边望了一望，要起身下炕。）哎哟！柴火也没有了，我还得捡柴火去。（听见外面有人嚷着玩。）秃子！秃子！你回来啦？

秃子：（在后台里面。）大中华民国万岁！大中华民国万岁！（推着门进来，挑着一个卖茶的小担。）是我！妈叫我干什么呀！

李氏：（仍坐在炕上。）你刚才嚷的什么？

秃子：（把挑子放在地下。）我听大街上的学生嚷的。今天街上的学生多极啦，都拿白旗子，排着队走。我同隔壁的狗儿，我们还拿着棍儿给他们举枪立正来着呢！我竟听说什么"福建！杀人！"

李氏：真个的这是怎么回事！等回头你爸爸回来，咱们问问他。你先给我捡柴火去！你这半天卖了几碗茶？

秃子：卖了十二碗，六个子儿。我花了一个子儿，买糖吃啦，还剩五个子儿。

李氏：你这孩子！快拿来给我罢！刚才你姊姊要买一个子儿线都没有。捡柴去罢！好孩子！拿罐子打点儿水来！等你姊姊回来，咱们好蒸窝头。

秃子：哎！（拿了罐子，跳着出去——在后台里面。）姊姊！你回来啦！你看见学生队过了吗？

红儿：（在后台里面。）看见了！天不早啦，你快去打水去罢！（走进屋里。）妈！今天杂合面儿长了价儿啦，卖五个子儿一斤啦！（把手里拿的大腌萝卜和一个白纸包放在桌上。）

李氏：（下了炕，走近桌子。）他们说，"今年庄稼不错！"怎么会涨了价哪？

红儿：我听米铺里的人说："米都卖给了外国，带的连杂合面儿都贵啦。"

李氏：嘻！真正要我们苦人的命啦！

秃子：（抱着柴，提着罐，笑着进来。）水打来喽！（把罐放在桌旁，把柴放在锅边。）

李氏：（帮着红儿倒水，和面。）秃子，这儿没你的事，你再上街上卖一会儿茶去！看你爸爸回来没有。（对红儿说）真个的，你爸爸怎么这时候还不回来？（秃子挑着挑子出去。）

红儿：许是跟上回一样，今天我爸爸准有好买卖。那天我爸爸不是天黑了才回来？那一天不是卖了十吊多钱吗？

李氏：那么咱们先熬点儿粥，喝着。（李氏、红儿点火，熬粥。）

李二：（一个学生扶着，跑了进来。手里拿着一节折断的车把，头上，流着血，慢慢地坐在炕上。）哎哟！……

李氏：（脸色变白了，颠着说。）你这……这是怎么一回事？（颠着，撕下了衣襟，替李二缠头。）

李二：（喘着。）我让汽车给碰啦！巡警看着汽车跑……没一个人管我……多亏这位先生……好在离家近，扶我回来……嘻！这个年头哪儿还有穷人走的路……嗳！红儿跟秃子的妈呀！我今天怕是活不成啦……你们好好的过罢……嗳！秃子他哪儿去啦？……

李氏：（哭着，大声的说。）你别瞎说说啦，不要紧的！秃子卖茶去啦！（对红儿说。）红儿！你叫你弟去！

红儿：（擦着泪，开开门，遥指着外面远处。）哎哟！妈！您快来看，那不是秃子！壶破了，水流了一地！一个大兵还在那里踢他！

（李氏各人都向外看。）

（原载《新青年》第七卷第五号，一九二〇年四月）

308

通信

通　信

胡适　陈独秀

独秀先生足下：

二月三日，曾有一书奉寄，附所译《决斗》一稿，想已达览。久未见《青年》，不知尚继续出版否？今日偶翻阅旧寄之贵报，重读足下所论文学变迁之说，颇有鄙见，欲就大雅质正之。

足下言曰："吾国文艺犹在古典主义、理想主义时代，今后当趋向写实主义。"此言是也，然贵报三号登谢无量君长律一首，附有记者按语，推为"希世之音"。又曰："子云、相如而后，仅见斯篇，虽工部亦只有此工力，无此佳丽……君国人伟大精神，犹未丧失也欤，于此征之。"细检谢君此诗，至少凡用古典套语一百事（中略）。稍读元、白、柳、刘（禹锡）之长律者，皆将谓贵报案语之为厚诬工部而过誉谢君也。适所以不能已于言者，正以足下论文学已知古典主义之当废，而独啧啧称誉此古典主义之诗，窃谓足下难免自相矛盾之诮矣。适尝谓：凡人用典或用陈套语者，大抵皆因自己无才力，不能自铸新辞，故用古典套语转一湾子，含糊过去，其避难趋易，最可鄙薄。在古大家集中，其最可传之作，皆其最不用典者也。老杜《北征》何等工力！然全篇不用一典（其"不开殷周衰，中自诛褒妲"二语乃比拟非用典也），其《石壕》《羌村》诸诗亦然。韩退之诗亦不用典，白香山《琵琶行》全篇不用一典，《长恨歌》更长矣，仅用"倾国""小玉""双成"三典而已。律诗之佳者，亦不用典，堂皇莫如"云移雉尾开宫扇，日映龙鳞识圣颜"；

宛转莫如"岂谓尽烦回纥马，翻然远救朔方兵"；纤丽莫如"梦为远别啼难唤，书被催成墨未浓"；悲壮莫如"永夜角声悲自语，中天月色好谁看"。然其好处，岂在用典哉（又如老杜《闻官军收河南河北》一首更可玩味）！总之，以用典见长之诗，决无可传之价值。虽工亦不值钱，况其不工但求押韵者乎？

尝谓今日文学之腐败极矣，其下焉者，能押韵而已矣。稍进，如南社诸人，夸而无实，滥而不精，浮夸淫琐，几无足称者（南社中间亦有佳作，此所讥评就其大概言之耳）。更进，如樊樊山、陈伯严、郑苏庵之流，视南社为高矣。然其诗皆规摹古人，以能神似某人某人为至高目的。极其所至，亦不过为文学界添几件赝鼎耳，文学云乎哉！

综观文学堕落之因，盖可以"文胜质"一语包之。文胜质者，有形式而无精神，貌似而神亏之谓也。欲救此文胜质之弊，当注重言中之意，文中之质，躯壳内之精神。古人曰："言之不文，行之不远。"应之曰，若言之无物，又何用文为乎？

年来思虑观察所得，以为今日欲言文学革命，须从八事入手，八事者何？

一曰不用典。
二曰不用陈套语。
三曰不讲对仗（文当废骈，诗当废律）。
四曰不避俗字俗语（不嫌以白话作诗词）。
五曰须讲求文法之结构。

此皆形式上之革命也。

六曰不作无病之呻吟。
七曰不模仿古人语，语须有个我在。
八曰须言之有物。

此皆精神上之革命也。

此八事略具要领而已，其详细节目，非一书所能尽，当俟诸他日再为足下详言之。

以上所言，或有过激之处。然心所谓是，不敢不言。倘蒙揭之贵报，或可供当世人士之讨论。此一问题关系甚大，当有直言不讳之讨论，始可定是非。适以足下洞晓世界文学之趋势，又有文学改革之宏愿，故敢贡其一得之愚。伏乞恕其狂妄而赐以论断，则幸甚矣。匆匆不尽欲言。即祝撰安。

胡适白

拜诵惠书，敬悉一一。以提倡写实主义之杂志，而录古典主义之诗，一经足下指斥，曷胜惭感。惟今之文艺界，写实作品，以仆寡闻，实未尝觏。本志文艺栏，罕录国人自作之诗文。即职此故，不得已偶录一二诗，乃以其为写景叙情之作，非同无病而呻。其所以盛称谢诗者，谓其继迹古人，非谓其专美来者。若以西洋文学眼光，批评工部及元、白、柳、刘诸人之作，即不必吹毛求疵，其拙劣不通之处，又焉能免？望足下平心察之，实非仆厚诬古人也。承示文学革命八事，除五、八二项，其余六事，仆无不合十赞叹，以为今日中国文界之雷音。倘能详其理由，指陈得失，衍为一文，以告当世，其业尤盛。第五项所谓文法之结构者，不知足下所谓文法，将何所指？仆意中国字，非合音无语尾变化，强律以西洋之 Grammar，未免画蛇添足。（日本国语，乃合音，惟只动词、形容词有语尾变化。其他种词，亦强袭西洋文法，颇称附会无实用，况中国文乎？）若谓为章法语势之结构，汉文亦自有之，此当属诸修辞学，非普通文法。且文学之文与应用之文不同，上未可律以论理学，下未可律以普通文法，其必不可忽视者，修辞学耳。质之足下，以为如何？尊示第八项"须言之有物"一语，仆不甚解。或者足下非古典主义，而不非理想主义乎？鄙意欲求国文浮夸、空泛之弊，只第六项"不作无病之呻吟"一语足矣。若专求"言之有物"，其流弊将毋同于"文以载道"之说。以文学为手段、为器械，必附他物以生存。窃以为文学之作品，与应用文字作用不同。其美感与伎俩，所谓文学、美术自身独立存在之价值，是否可以轻轻抹杀，岂无研究之余地？况乎自然派文学，义在如实描写社会，不许别有寄托，自堕理障，盖写实主义之与理想主义不同也。以此以上二事，尚望足下有以教之。海内外讲求改革中国文学诸君子，倘能发为宏议，以资公同讨论，敢不洗耳静听！若来书所谓加以论断，以仆不学无文，何敢何敢！

独秀谨复

（原载《新青年》第二卷第二号，一九一六年十月）

通 信

程演生　陈独秀

　　独秀先生左右：读报得知足下近长北京大学文科，不胜欣祝。将于文科教授，必大有改革。西方实写之潮流，可输灌以入矣。其沉溺于陈旧腐浅古典文学及桐城派者，其亦闻而兴起乎！万望鼓勇而前，勿为俗见所阻。仆久欲作"予之中国近二十年文学观"一文，因循未果，然他日终必质之足下以评论之。余不尽宣。

程演生启

　　手教谨悉。仆对于吾国国学及国文之主张，曰百家平等，不尚一尊；曰提倡通俗国民文学。誓将此二义遍播国中，不独主张于大学文科也。大作何日告成，急欲一读。谨复。

独秀
（原载《新青年》第二卷第六号，一九一七年二月）

>>>

通　信

钱玄同　陈独秀

独秀先生鉴：

胡适之君之《文学改良刍议》，其陈义之精美，前已为公言之矣。兹反覆细读，窃有私见数端。愿与公商榷之。倘得藉杂志余幅，以就教于胡君，尤所私幸。

胡君"不用典"之论最精。实足祛千年来腐臭文学之积弊。尝谓齐梁以前之文学，如《诗经》《楚辞》及汉魏之歌诗、乐府等，从无用典者（古代文学，白描体外，只有比兴。比兴之体，当与胡君所谓"广义之典"为同类，与后世以表象之语直代实事者迥异）。短如《箜篌引》（文为"公无渡河，公竟渡河。堕河而死，当奈公何"），长如《焦仲卿妻》诗，皆纯为白描，不用一典。而作诗者之情感，诗中人之状况，皆如一一活现于纸上。《焦仲卿妻》诗，尤与白话之体无殊，至今已越千七百年。读之，犹如作诗之人与我面谈。此等优美文学，岂后世用典者所能梦见（后世如杜甫、白居易之"写实体"，亦皆具此优美。然如《长恨歌》中，杂用"小玉""双成"二典，便觉可厌）。自后世文人无铸造新词之材，乃力竞趋于用典，以欺世人。不学者从而震惊之，以渊博相称誉，于是习非成是。一若文不用典，即为俭学之征。此实文学窳败之一大原因。胡君辞而辟之，诚知本矣。惟于"狭义之典"，胡君虽主张不用，顾又谓"工者偶一用之，未为不可"，则似犹未免依违于俗论。弟以为凡用典者，无论工拙，皆为行文之疵病。即如胡君所举五事，一、二、三虽曰工切，亦是无谓。胡君自评，谓"其实此种诗尽可不作"，最为直捷痛快之论。若二所举之苏诗，胡君已有"近于纤巧"之论。弟以为苏轼此种词句，在不知文学之斗方名士读之，必赞为词令妙品。其实索然无味，只觉可厌，直是用典之拙者耳。四所举江亢虎之诔文，胡君称其"用赵宣子一典甚工切"，弟实不知其佳处。至如"未悬太白"一语，正犯胡君用典之拙者之第五条。胡君知"灞桥""阳关""渭城""莼鲈"为"古事之实有所指，不可移用"，则宜知护国军本无所谓"太白旗"，彼时纵然杀了袁世凯，当不能沿用"枭首示众"之旧例。如是则"悬太白"三字，无一合于事实。非用典之拙者而何。故弟意胡君所谓典之工者，亦未为可用也。

文学之文，用典已为下乘，若普通应用之文，尤须老老实实讲话，务期老妪能解。如有妄用典故、以表象语代事实者，尤为恶劣。章太炎先生尝谓公牍中用"水落石出""剜肉补疮"诸词为不雅。亡友胡仰曾君谓曾见某处告诫军人之文。有曰："此偶合之乌，难保无害群之马。果尔以有限之血蚨，养无数之飞蝗。"此不通至极。清及洪宪时代司法不独立。州县长官遇婚姻讼事，往往喜用滥恶之四六为判词，既以自炫其渊博，又藉以肆其轻薄之口吻。此虽官吏心术之罪恶，亦由此等滥恶之四六有以助之也。弟以为古代文学，最为朴实真挚。始坏于东汉，以其浮词多而真意少也。弊盛于齐梁，以其渐多用典也。唐宋四六，除用典外，别无他事，实为文学《燕山外史》中之最下劣者。至于近世《聊斋志异》《淞隐漫录》诸书，直可谓全篇不通。戏曲小说，为近代文学之正宗。小说因多用白话之故，用典之病少（白话中罕有用典者，胡君主张采用白话，不特以今人操今语，于理为顺。即为驱除用典计，亦以用白话为宜。蒙于胡君采用白话之论，固绝对赞同者也）。传奇诸作，即不能免用典之弊，元曲中喜用四书文句，尤为拉杂可厌。弟为此论，非荣古贱今。弟对于古今文体造句之变迁，决不以为古胜于今。亦与胡君所谓"有《尚书》之文，有先秦诸子之文，有司马迁班固之文，有韩柳欧苏之文，有语录之文，有施耐庵曹雪芹之文，此文之进化"。同意。惟用典一层，确为后人劣于前人之处，事实昭彰不能为讳也。

用典以外尚有一事，其弊与用典相似，亦为行文所当戒绝者，则人之称谓是也。人之有名，不过一种记号。夏殷以前，人止一名，与今之西人相同。自周世尚文，于是有"幼名、冠字，五十以伯仲，死谥"种种繁称，已大可厌矣。六朝重门第，争标郡望。唐宋以后，"峰泉溪桥楼亭轩馆"，别号日繁。于是一人之记号，多乃至数十，每有众所共知之人，一易其名称，竟茫然不识为谁氏者。一翻《宋元学案》目录，便觉头脑疼痛者，即以此故。而自昔文学之文，于此等称谓，尤喜避去习见。改用隐僻，甚或删削本名，或别创新称。近时流行，更可骇怪。如"湘乡""合肥""南海""新会""项城""黄陂""善化""河间"等，专以地名名人。一若其地往古来今，即此一人可为代表者然。非特使不知者无从臆想，即揆诸情理，岂得谓平。故弟意今后文学，凡称人，悉用其姓名，不可再以郡望别号地名等相摄代（又官名，地名须从当时名称，此前世文人所已言者，虽桐城派诸公，亦知此理。然昔人所论，但谓金石文学及历史传记之体宜然。鄙意文学之文，亦当守此格律。又文中所用事物名称，道古时事，自当从古称，若道现代事，必当从今称。故如古称"冠、履、袷、裳、笾、豆、尊、鼎"仅可用于道古。若道今事，必当改用"帽、鞋、领、裤、碗、盆、壶、锅"诸名，断不宜效法"不敢题糕"之迂谬见解）。

一文之中，有骈有散，悉由自然。凡作一文，欲其句句相对，与欲其句句不相对者，皆妄也。桐城派人鄙夷六朝骈偶，谓韩愈作散文，为古文之正宗。然观《原道》一篇，起首仁义二句，与道德二句相对。下文云："仁与义为定名，道与德为虚位。"又云："故道有君子小人，而德有凶有吉。"皆骈偶之句也。阮元以孔子文言为骈文之祖，因谓文必骈俪（近人仪征某君即笃信其说，行文必取骈俪。尝见其所撰经解，乃似墓志。又某君之文，专务改去常用之字，以同训诂之隐僻字代之，大有"夜梦不祥开门大吉"，改为"宵寐匪祯辟札洪庥"之风，此又与用僻典同病）。则当诘之曰，然则《春秋》一万八千字之经文，亦孔子所作，何缘不作骈俪，岂文才既竭、有所谢短乎。弟以为今后文学律诗可废，以其中四句必须对偶，且须调平仄也。若骈散之事，当一任其自然，如胡君所谓"近于语言之自然而无牵强刻削之迹"者。此等骈句，自在当用之列。

胡君所云"须讲文法",此不但今人多不讲求,即古书中亦多此病。如《乐毅报燕惠王书》中"蓟丘之植植于汶篁"二语,意谓齐国汶上之篁,今植于燕之蓟丘也。江淹《恨赋》"孤臣危涕,孽子坠心",实危心坠涕也。杜诗"香稻啄余鹦鹉粒,碧梧栖老凤凰枝"。香稻与鹦鹉,碧梧与凤凰,皆主宾倒置,此皆古人不通之句也。《〈史记〉裴骃集解序索隐》有句曰:"正是冀望圣贤,胜于饱食终日无所用心,愈于《论语》不有博弈者乎之人耳。"凡见此句者,殆无不失笑。然如此生吞活剥之引用成语,在文学文中亦殊不少,宋四六中,尤不胜枚举。

语录以白话说理,词曲以白话为美文,此为文章之进化,实今后言文一致之起点。此等白话文章,其价值远在所谓"桐城派之文""江西派之诗"之上,此蒙所深信而不疑者也。至于小说为近代文学之正宗,此亦至确不易之论,惟此皆就文体言之耳。若论词曲小说诸著,在文学上之价值,窃谓仍当以胡君"情感""思想"两事为标准。无此两事之词曲小说,其无价值亦与"桐城派之文""江西派之诗"相等。胡如元人杂曲,及《西厢记》《长生殿》《牡丹亭》《燕子笺》之类,词句虽或可观,然以无"高尚思想""真挚情感"之故,终觉无甚意味。至于小说,非诲淫诲盗之作(诲淫之作,从略不举,诲盗之作,如《七侠五义》之类是。《红楼梦》断非诲淫,实足写骄侈家庭,浇漓薄俗,腐败官僚,纨袴公子耳。《水浒》尤非诲盗之作,其全书主脑所在,不外"官逼民反"一义。施耐庵实有社会党人之思想也)。即神怪不经之谈(如《西游记》《封神传》之类),否则以迂谬之见解,造前代之野史(如《三国演义》《说岳》之类。)最卜者,所谓"小姐后花园赠衣物""落难公子中状元"之类,千篇一律,不胜缕指。故词曲小说,诚为文学正宗。而关于词曲小说之作,其有价值者则殊鲜(前此所谓文学家者,类皆喜描写男女情爱。然此等笔墨,若用写实派文学之眼光去做,自有最高之价值。若出于一己之儇薄思想,以秽亵之文笔,表示其肉麻之风流,则无丝毫价值之可言。前世文人,属于前者殆绝无,属于后者则滔滔皆是)。以蒙寡陋,以为传奇之中，惟《桃花扇》最有价值。小说之有价值者，不过施耐庵之《水浒传》，曹雪芹之《红楼梦》，吴敬梓之《儒林外史》三书耳。今世小说，惟李伯元之《官场现形记》，吴趼人之《二十年目睹之怪现状》，曾孟朴之《孽海花》三书为有价值。曼殊上人思想高洁，所为小说，描写人生真处，足为新文学之始基乎。此外作者，皆所谓公等碌碌、无足置齿者矣。刘铁云之《老残游记》胡君亦颇推许，吾则以为其书中惟写毓贤残民以逞一段为佳，其他所论，大抵皆老新党头脑不甚清晰之见解。黄龙子论"北拳南革"一段信口雌黄，尤足令人忍俊不禁。

总之，小说戏剧，皆文学之正宗，论其理固然。而返观中国之小说戏剧，与欧洲殆不可同日而语。小说略如上节所述。至于戏剧一道，南北曲及昆腔，虽鲜高尚之思想，而词句尚斐然可观。若今之京调戏，理想既无，文章又极恶劣不通，固不可因其为戏剧之故，遂谓有文学上之价值也。"假使当时编京调戏本者，能全用白话，当不至滥恶若此。"又中国戏剧，专重唱工。所唱之文句，听者本不求其解，而戏子打脸之离奇，舞台设备之幼稚，无一足以动人情感。夫戏中扮演，本期确肖实人实事，即观向来"优孟衣冠"一语，可知戏子扮演古人，当如优孟之像孙叔敖，苟其不肖，即与演剧之义不合。顾何以今之戏子绝不注意此点乎。戏剧本为高等文学，而中国之戏，编自市井无知之手，文人学士不屑过问焉，则拙劣恶滥固宜。弟尝为滑稽之比喻，谓中国之旧戏如骈文，外国之新戏如白话小说。以骈文外貌虽极炳烺，而叩其实质，固空无所有，即其敷引故实，泛填词藻之处，苟逐字逐句为之解释，则事理文理不通者殊多。旧戏之仅以唱功见长，而扮相布景举不合于实人实事，正同此例。白话小说能曲折达意，某也贤，某也不肖，俱可描摹其口吻神情。故读白话小说，恍如与书中人面语。新剧讲究布景，人物登场，语言神气务求与真者酷肖，使观之者几忘其为舞台扮演。故曰与白话小说为同例也。

梁任公实为创造新文学之一人，虽其政论诸作，因时变迁，不能得国人全体之赞同。即其文章，亦未能尽脱帖括蹊径。然输入日本新体文学，以新名词及俗语入文，视戏曲小说与论记之文平等（*梁君之作《新民说》《新罗*

马传奇》《新中国未来记》皆用全力为之，未尝分轻重于其间也）。此皆其识力过人处。鄙意论现代文学之革新，必数梁君。

至于当世，所谓桐城巨子，能作散文。选学名家，能作骈文。做诗填词，必用陈套语。所造之句，不外如胡君所举旅美某君所填之词。此等文人，自命典瞻古雅，鄙夷戏曲小说，以为猥俗不登大雅之堂者。自仆观之，公等所撰皆高等八股耳（此尚是客气话，据实言之，直当云变形之八股）。文学云乎哉（又如某氏与人对译欧西小说，专用《聊斋志异》文笔，一面又欲引韩柳以自重。此其价值，又在桐城派之下，然世固以大文豪目之矣）。

又弟对于应用之文，以为非做到言文一致地步不可。此论甚长，异日当木吾臆见，写成一文，以就正有道，兹则未遑详述也。

钱玄同白
二月二十五日

崇论宏议，钦佩莫名。仆对于吾国近代文学，本不满足，然方之前世，觉其内容与社会实际生活，日渐接近，斯为可贵耳。国人恶习，鄙夷戏曲小说为不足齿数，是以贤者不为，其道日卑。此种风气，倘不转移，文学界决无进步之可言。章太炎先生，亦薄视小说者也，然亦称《红楼梦》善写人情。夫善写人情，岂非文字之大本领乎。庄周司马迁之书，以文评之，当无加于善写人情也。八家七子以来，为文者皆尚主观的无病而呻。能知客观的刻画人情者盖少，况夫善写者乎。质之足下，以为如何。

独秀

（原载《新青年》第三卷第一号，一九一七年三月）

通　信

刘半农　陈独秀

独秀先生惠鉴：改良文学之事，关系甚重，苟不实心实力做去，恐此项学说，仍是昙花一现，不久即为学究派之腐说所战胜。故就鄙见所及，举关系实行一方面之事数项，条列如下，愿先生有以教之。

一《新青年》杂志，既抱鼓吹文学改良之宗旨，则此后本志所登文字，即当就新文学之范围做去。白话诗与白话小说固可登，即白话论文亦当采用。

一子民秋桐曼殊诸先生，均为当代文士所宗仰。倘表同意，宜请其多作提倡改良文学之文字。

一关于改良文学之文字，当允许各报转载，勿以杂志之版权问题妨害学说之进行。

一吾人今日所论之改良方法，仅举其落落大端。文学为一种精微玄妙之科学，其应行讨论之处，决非此落落大端所能尽，亦决非一时之中，三数人之心思才力所能尽。故《青年杂志》除时时登载此项论说外，应特辟"文学研究"栏以容众见。凡有关于文学问题，无论如何微细，亦一律刊入，以供同人讨论。

一今日学国文者，多取前人所作文字为读本。平心而论，前人文字虽有不尽为吾人所满意者，然亦未必尽非不可效法，只须选刻之人，能破除迷信古人之念而已。故最好商诸群益或他书局，请其延聘长于国学而有新文学思想之人，刻选自古至今之文字，不论文言白话散文韵文，但须确有可取，即采入书中，以资雒诵（私意此事对于后来学者颇觉重要）。

一改良文学，是永久的学问。破坏孔教，是一时的事业。因文学随时以进步，不能说今日已经改良，明日即不必改良。孔教之能破坏与否，却以宪法制定之日为终点。其成也固幸，其不成亦属无可奈何。故《青年杂志》对于文学改良问题，较破坏孔教更当认真一层。尤贵以毅力坚持之，不可今朝说了一番，明朝即视同隔年历本，置之不问。

刘半农白

所示各条，均应力谋实行。鄙意欲创造新文学，"国语研究"当与"文学研究"并重。本志拟锐意征求此二种材料。至特辟一栏与否，似不必拘泥。高明以为如何。

独秀

（原载《新青年》第三卷第三号，一九一七年五月）

通 信
——新文学及中国旧戏

张厚载　胡适　钱玄同　刘半农　陈独秀

记者足下：

仆自读《新青年》后，思想上获益甚多。陈胡钱刘诸先生之文学改良说，翻陈出新，尤有研究之趣味。仆以为文学之有变迁，乃因人类社会而转移，决无社会生活变迁，而文学能墨守迹象，亘古不变者。故三代之文，变而为周秦两汉之文，再变而为六朝之文，乃至于唐宋元明之文。虽古代文学家好摹仿古文，不肯自辟蹊径，然一时代之文，与他一时代之文，其变迁之痕迹，究竟非常显著。故文学之变迁，乃自然的现象，即无文学家倡言改革，而文学之自身，终觉不能免多少之改革；但倡言改革，乃应时代思潮之要求，而益以促进其变化而已。梁任公之《时务报》《新民丛报》，在前清时代八股思想未除净尽之日，乃能以新名词、新文体（**在当时固为最新之文体**），为士流所叹赏；其所著述，皆能风靡一时；则文学改良为社会固有之思想，为进化自然之现象，可以想见。故黄远生亦谓："文学之必须改革，乃时代思想当然之倾向。"（见所著《想影录》）且文学改良之后，文学上有三大利益：

（一）绝无窒碍思想之弊。旧文学之所以当然淘汰，即因其窒碍思想：如八股为旧文学中最劣等之文学，明太祖创设此种文学，即所以使人民绝对无思想之自由也。新文学第一利益，即使吾人思想活泼，不致为特种情形所障碍，而常有自由进取之精神。

（二）使文学有明确之意思，真正之观念。旧文学之弊，在笼统含糊；黄远生且以"笼统为国人之公毒，不仅文学一事。"（见《东方杂志》远生所著《国人之公毒》一篇）。新文学则绝无此种弊病，一字有一字之意思，一句有一句之意思，一节有一节之意思，一篇有一篇之意思，文字浅显，而意思明确；多作此种文字，可使吾人头脑清楚，知识明白。

（三）为文言一致之好机会。新文学干净明白，使人易于了解；且杂以普通习用之名词，尤为雅俗所共晓：如"结果""改良""脑筋简单""神经过敏"以至"当然""必要""事实""理想"等语，一般社会，几成为一种漂亮之俗语，尽人皆能言之，而文学上用此等语调，亦仍不失为雅洁，此岂非文言一致之动机乎？

有此三事，故仆对于改良文字，极表赞成。至于改良上具体的办法，如胡钱诸先生所举，仆最表同情者，为"不用典"一事，因此事最足以窒碍思想也。袁随园亦谓："用典如陈设古玩，各有攸宜；然明窗净几，亦有以绝无一物为佳者，孔子所谓'绘事后素'也。"又谓："唐人诗不用生典，叙风景不过'夕阳芳草'，用字面不过'月露风云'，一经调度，便日月轩新；犹之易牙治味，不过鸡猪鱼肉，华佗用药，不过青粘漆叶，其胜人处，不求之海外异国也"云云。则不用典故，一意白描，洵文学上之最美者也。此外，若趋重白话一节，仆亦赞成。惟以《水浒》《西厢》等书为极有价值的文学，与金圣叹批评《才子书》同一见解：而金圣叹之批评，乃未尝一为胡钱诸先生所援引，岂尚怕与人苟同耶？仆以为圣叹之批评，亦甚有价值，以其思想，即文学改良的思想也。先生等既倡言改良，而吐弃其人，不屑一称道其与先生等同一之论调，此仆所不解也。

仆尤有怀疑者一事，即最近贵志所登之诗是也。贵志第四卷第二号登沈尹默先生《宰羊》一诗，纯粹白话，固可一洗旧诗之陋习，而免窒碍性灵之虞。但此诗从形式上观之，竟完全似从西诗翻译而成；至其精神，果能及西诗否，尚属疑问。中国旧诗虽有窒碍性灵之处，然亦可以自由变化于一定范围之中，何必定欲作此西洋式的诗，始得为进化耶？西人翻译中国诗，自应作长短句，以取其便于达意。中国译外国人诗,能译成中国诗体,固是最妙;惟其难恰好译成中国诗体,故始照其原文字句,译成西洋式的长短句。《宰羊》一诗,及其他《人力车夫》《鸽子》《老鸦》《车毯》等作,并非译自西诗,又何必为此西诗之体裁耶?《旅欧杂志》载汪精卫先生译 *Fa'les de Florian* 一诗,作五言诗体,韵调格律,亦甚自然。彼译西诗,且用中国固有之诗体。先生等作中国诗,乃弃中国固有之诗体,而一味效法西洋式的诗,是否矫枉过正之讥,仆于此事,实在怀疑之至(《清华月刊》载《忏情丛谈》,对于先生等之文学改良谈攻击甚力,于白话诗尤甚)。仆之意思,以为文学改良,乃自然的进化。但一切诗文,总须自由进化于一定范围之内。胡先生之《尝试集》,仆终觉其轻于尝试,以此种尝试(沈先生之《宰羊》诗等,皆统论在内),究竟能得一般社会之信仰否,以现在情形论,实觉可疑。盖凡一事物之改革,必以渐,不以骤;改革过于偏激,反失社会之信仰,所谓"欲速则不达",亦即此意。改良文学,是何等事,决无一走即到之理。先生等皆为大学教师,实行改良文学之素志,仆佩服已非一日。但仆怀疑之点,亦不能不为胡沈诸先生一吐,故敢致书于贵记者之前,恳割贵志之余白,以容纳仆之意见,并极盼赐以明了之教训,则仆思想上之获益,当必有更进者。

张厚载白

又:戏剧为高等文学,钱、胡、刘三先生所论极是。胡适之先生更将有《戏剧改良私议》之作,刘半农先生亦谓当另撰关于改良戏剧之专论,仆皆渴望其发表,以一读为快。但胡适之先生《历史的文学观念论》中,谓"昆曲卒至废绝,而今之俗剧乃起而代之"。俗剧下自注云:"吾徽之徽调,与今日京调高腔皆是也。"此则有一误点。盖"高腔"即所谓"弋阳腔",其在北京舞台上之运命,与"昆曲"相等。至现在则"昆曲"且渐兴,而"高腔"将一蹶不复起,从未闻有"高腔"起而代"昆曲"之事。又论中所主张废唱而归于说白,乃绝对的不可能。此言亦甚长,非通讯栏所能罄。刘半农先生谓"一人独唱，二人对唱，二人对打，多人乱打，中国文戏、武戏之编制，不外此十六字"云云。仆殊不敢赞同。只有一人独唱，二人对唱，则"二进宫"之三人对唱，非中国戏耶？至于多人乱打，"乱"之一字，尤不敢附和。中国武戏之打把子，其套数至数十种之多，皆有一定的打法；优伶自幼入科，日日演习，始能精熟；上台演打，多人过合，尤有一定法则，决非乱来；但吾人在台下看上去，似乎乱打，其实彼等在台上，固从极整齐极规则的工夫中练出来也。又钱玄同先生谓"戏子打脸之离奇"，亦似未可一概而论。戏子之打脸，皆有一定之脸谱，"昆曲"中分别尤精，且隐喻褒贬之义，此事亦未可以"离奇"二字一笔抹杀之。总之中国戏曲，其劣点固甚多；然其本来面目，亦确自有其真精神。固欲改良，亦必以近事实而远理想为是。否则理论甚高，最高亦不过如柏拉图之"乌托邦"，完全不能成为事实耳。近有刘筱珊先生，颇知中国戏曲固有之优点，其思想亦新，戏剧改良之议，仆以为可与彼一斟酌之也。

张厚载又白

缪子君以评戏见称于时，为研究通俗文学之一人，其赞成本社改良文学之主张，固意中事。但来书所云，亦有为本社同人所不敢苟同者。今就我个人私见所及，略一论之。

来书云："中国旧诗虽有窒碍性灵之处，然亦可以自由变化于一定范围之中，何必定欲作此西洋式的诗，始得为进化耶？"又云："汪精卫先生译西诗且用中国固有之诗体。先生等作中国诗，乃弃中国固有之诗体，而一味效法西洋式的诗，是否矫枉过正，仆于此事，实在怀疑之至。"今试问何者为西洋式之诗？来书谓沈刘两君及我之《宰羊》《人力车夫》《鸽子》《老鸦》《车毯》等作皆为"西洋式的长短句"。岂长短句即为"西洋式"耶？实则西洋诗固亦有长短句，然终以句法有一定长短者为多。亦有格律极严者。然则长短句不必即为西洋式也。中国旧诗中长短句多矣。《三百篇》中，往往有之。乐府中尤多此体。《孤儿行》《蜀道难》皆人所共晓。至于词，旧皆名"长短句"。词中除《生查子》《玉楼春》等调之外，皆长短句也。长短句乃诗中最近语言自然之体，无论中西皆有之。作长短句未必即为"西洋式的诗"也。平心论之，沈君之《人力车夫》最近《孤儿行》，我之《鸽子》最近词。此外则皆创体也。沈君生平未读西洋诗，吾稍读西洋诗而自信无摹仿西洋诗体之处。来书所云，非确论也。

以上所说，但辩明吾辈未尝采用西洋诗体，并非谓采用西诗体之为不是也。吾意以为，如西洋诗体文体果有采用之价值，正宜尽量采用。采用而得当，即成中国体。然此另是一问题，兹不具论。

来书两言诗文须"自由变化于一定范围之中"。试问自由变化于一定范围之"外"，又有何不可？又何尝不是自然的进化耶？来书首段言中国文学变迁，自三代之文以至于梁任公之"新文体"，此岂皆"一定范围之中"之变化耶？吾辈正以为文学之为物，但有"自由变化"而无"一定范围"，故倡为文学改革之论，正欲打破此"一定范围"耳。

来书谓吾之《尝试集》为"轻于尝试"，此误会吾尝试之旨也。《尝试集》之作，但欲实地试验白话是否可以作诗，及白话入诗有如何效果。此外别无他种奢望。试之而验，不妨多作。试之而不验，吾亦将自戒不复作。吾亦甚望国中文学家都来尝试尝试，庶几可见白话韵文是否有成立之价值。今尝试之期仅及年余，尝试之人仅有二三；吾辈方以"轻于尝试"自豪，而笑旁观者之不敢"轻于一试"耳！

来书末段论戏剧，与吾所主张，多不相合，非一跋所能尽答，将另作专篇论之。惟吾《历史的文学观念论》中所谓"高腔"，并非指"弋阳腔"，乃四川之"高腔"。四川之"高腔"与"徽调""京调"，同为"俗剧"，以其较"昆腔""弋阳腔"皆更为通俗也。

胡适
七年三月二十七日

我所谓"离奇"者即指此"一定之脸谱"而言；脸而有谱，且又一定，实在觉得离奇得很。若云"隐喻褒贬"，则尤为可笑。朱熹做《纲目》学孔老爹的笔削《春秋》，已为通人所讥讪；旧戏索性把这种"《阳秋》笔法"画到脸上来了：这真和张家猪肆记卍形于猪鬣，李家马坊烙圆印于马蹄一样的办法。哈哈！此即所谓中国旧戏之"真精神"乎？

金圣叹用迂谬的思想去批《水浒》，用肉麻的思想去批《西厢》，满纸"胡说八道"，我看了实在替他难过。玄同虽不学，然在本志上发表之文章，似乎尚不至与金氏取"同一之论调"。

钱玄同
1，April，1918

"二人对唱"一句话，仅指多数通行脚本之大体言之，若要严格批驳，恐怕京戏中不特有《二进宫》之三人对唱，必还有许多是四人对唱、五人对唱，……以至于多人合唱的。且"唱"字亦用得不妥：——戏子登场，例须念引子报名，岂可算得唱；淫戏中的小旦小生，做了许多手势，只用胡琴衬托，并不开口，岂可算得唱；《下河南》中，许多丑角打混，岂可算得唱；……诸如此类，举不胜举。是足下所驳倒者，只一"二"字；鄙人自为批驳，竟可将全句打消。然我辈读书作文，对于所用字义，固然有许多是一定不可移易；却也有许多应当放松了活看的。这句话，并不是鄙人自为文饰；汪容甫的《说三九》，早就辩论得很明白了。至于"多人乱打"，鄙人亦未尝不知其"有一定的打法"；然以个人经验言之，平时进了戏场，每见一大伙穿脏衣服的，盘着辫子的，打花脸的，裸上体的跳虫，挤在台上打个不止，衬着极喧闹的锣鼓，总觉眼花缭乱，头昏欲晕。虽然各人的见地不同，我看了以为讨厌，决不能武断一切，以为凡看戏者均以此项打工为讨厌；然戏剧为美术之一，苟诉诸美术之原理而不背（是说他能不背动人美感。足下谓"吾人台下看去，似乎乱打"，似即不能动人美感之一证。），即无"一定的打法"，亦决不能谓之"乱"；否则即使"极规则极整齐"，似亦终不能谓之不"乱"也。

刘半农

一九一八，四，一三

谬子君鉴：

尊论中国剧，根本谬点，乃在纯然囿于方隅，未能旷域外也。剧之为物，所以见重于欧洲者，以其为文学美术科学之结晶耳。吾国之剧，在文学上美术上科学上果有丝毫价值邪？尊谓刘筱珊先生颇知中国剧曲固有之优点，愚诚不识其优点何在也。欲以"隐喻褒贬"当之邪？夫褒贬作用，新史家尚鄙弃之，更何论于文学美术。且旧剧如《珍珠衫》《战宛城》《杀子报》《战蒲关》《九更天》等，其助长淫杀心理于稠人广众之中，诚世界所独有，文明国人观之，不知作何感想。至于"打脸""打把子"二法，尤为完全暴露我国人野蛮暴戾之真相，而与美感的技术立于绝对相反之地位。若谓其打有定法，脸有脸谱，而重视之邪？则作八股文之路闰生等，写馆阁字黄自元等，又何尝无细密之定法，"从极整齐极规则的工夫中练出来"，然其果有文学上美术上之价值乎？演剧与歌曲，本是二事；适之先生所主张之"废唱而归于说白"，及足下所谓"绝对的不可能"，皆愿闻其详。

独秀

（原载《新青年》第四卷第六号，一九一八年六月）

>>>

通 信
——论中国旧戏之应废

周作人　钱玄同

玄同兄：

　　《随感录》第十八条中所说关于旧戏的话及某君的话，我都极以为然。我于中国旧戏也全是门外汉，所以技工上的好坏，无话可说。但就表面观察，看出两件理由，敢说：中国旧戏没有存在的价值。

　　第一，我们从世界戏曲发达上看来，不能不说中国戏是野蛮的。但先要说明，这"野蛮"两个字，并非骂人的话；不过是文化程序上的一个区别词，毫不含着恶意。譬如说人年纪大小，某甲还幼稚，某乙已少壮，正是同一用法。中国戏多含原始的宗教的分子，是识者所共见的；我们只要翻开 Ridgeway 所著《非欧罗巴民族的演剧舞蹈》，就能看出这些五光十色的脸、舞蹈般的动作、夸张的象征的科白：凡中国戏上的精华，在野蛮民族的戏中，无不全备。在现今文明国的古代，也曾有过。野蛮是尚未文明的民族，正同尚未长成的小孩一般；文明国的古代，就同少壮的人经过的儿时一般，也是野蛮社会时代：中国的戏，因此也不免得一个野蛮的名称。原来野蛮时代，也是民族进化上必经的一阶级，譬如个人长成，必须经过小儿时代。所以我们对于原始民族与古代的戏，并不说他是野蛮便一概抹杀；因他在某一社会、某一时期上，正相适合：在那时原有存在的理由，在后世也有可研究的价值。小孩应了年岁的差别，自有各种游戏。这游戏在大人看来，不免幼稚，但在小孩却正适应，所以我们承认他在儿童社会中，有存在的理由；而且我们也可以研究他，于儿童心理学上，很有益处。但我们自己却决不去一同玩耍；因年纪长了，识见自然更进，觉得小时的游戏没有意味了。倘若二三十岁的人，还在那里做那些小儿的游戏，便觉不甚相宜；虽不能说它是件恶事，却不能不说是件坏事，——不是道德上的不善，是实际上的有害。——我们因此可以断定这人的精神不发达，还在小儿时代那一阶级：是退化的征候。中国虽然久已看惯了旧戏，换点花样怕就是要不"惯"；但在现今时代，已不甚相宜，应该努力求点长进，收起了千年老谱才是。人不能做小孩过一世，民族也不能老做野蛮，反以自己的"丑"骄人：这都是自然所不容许的。若世上课有如此现象，那便是违反自己的事，是病的现象，——退化衰亡的预兆。

旧戏应废的第二理由，是有害于"世道之心"。我因为不懂旧戏，举不出详细的例。但约略计算，内中有害分子，可分作下列四类：淫、杀、皇帝、鬼神（这四种，可称作儒道二派思想的结晶。用别一名称，发现在现今社会上的，就是：一"房中"，二"武力"，三"复辟"，四"灵学"）。在中国民间传布有害思想的，本有"下等小说"及各种说书，但民间有不识字、不听过说书的人，却没有不曾看过戏的人，所以还要算戏的势力最大。希望真命天子，归依玉皇大帝（及"道教搢绅录"上的人物），想做"好汉"，这宗民间思想，全从戏上得来；至于传布淫的思想，方面虽多，终以戏为最甚：唱说之外，加以扮演，据个人所见，已很有奇怪的实例。皇帝与鬼神的思想，中国或尚有不以为非的人；淫、杀二事，当然非"精神文明最好"的中国所应有，其为"世道人心"之害，毫无可疑，当在应禁之列了。中国向来固然也曾禁止，却有什么效果呢？因为这两件，——皇帝与鬼神的两件，也是如此，——是根本的野蛮思想，也就是野蛮戏的根本精神：做了那种戏，自然不能缺这两件——或四件；要除这两件也只有不做那种戏。

我对于旧戏的意见，略如上面所说，想兄也以为然。至于建设一面，也只有兴行欧洲式的新戏一法。现在有一种大惊小怪的人，最怕说欧洲式，最怕说"欧化"。其实将他国的文艺学术运到本国，决不是被别国征服的意思。

不过是经过了野蛮阶级蜕化出来的文明事物在欧洲先发现，所以便跳了一步，将他拿来，省却自己的许多力气。既然拿到本国，便是我的东西，没有什么欧化不欧化了。倘若亚洲有了比欧洲更进化的戏，自然不必去舍近求远；只可惜没有这样如意的事。

周作人
七年十一月一日

启明兄：你来信的话，我句句都赞成。末段"其实将他国的文艺学术运到本国，……没有什么欧化不欧化了"数语，更是至精至确之论。吴稚晖先生道"今日欧美的物质文明，并非西学，乃是人类进化阶级上应有的新学"。（见本号）这话虽然是专说科学，其实一切美术、文艺皆应作如是观。我们对于一切学问事业，固然不"保存国粹"，也无所谓"输入欧化"；总之趋向较合真理的去学、去做，那就不错。至于有一班人，已到成年还在那里骑竹马，带鬼脸，或简直还要"打哇哇""斗斗虫"；我们固然尽可睨之而笑，听其自由。但他们如其装出小儿样子，向着别的成年人的面孔唾唾沫，拿笔在书上乱画乱涂，这是不能不训斥他、管教他、开导他的。你道我这话对不对？

钱玄同
6, November, 1918.

（原载《新青年》第五卷第五号，一九一八年十一月）